馬一浮編選《群經統類》整理叢書
何俊 主持整理

儀禮集說

下

【元】敖繼公 撰 孫寶 點校

上海古籍出版社

儀禮集説卷九

公食大夫禮第九

注曰：於五禮屬嘉禮。

疏曰：此篇「魚、腸胃、倫、膚」，皆七篇末云「上大夫魚、腸胃、倫、膚若九，若十有一。下大夫則若七，若九」。則此大夫，謂子、男之下大夫也。

繼公謂：此篇主言食小國小聘之賓，蓋與前篇互見其禮也。

公食大夫之禮。使大夫戒，各以其爵。食，音嗣。下並同，異者别見之。

云「各以其爵」，則兼卿大夫言矣。此蓋顧下經見上大夫之禮而立文也。飲食之禮，賓主敵，則主人親戒速，所以尊賓也。此使戒賓而各以其爵，亦其義耳。

上介出請，入告。三辭。

注曰：爲既先受賜，不敢當。

疏曰：饗食，皆當三辭。

繼公謂：食必三辭者，重於燕也。燕則再辭而許。

賓出，拜辱。大夫不答拜，將命。賓再拜稽首。

注曰：受命。

繼公謂：賓不言朝服可知也。既對，乃北面而拜。拜辱，説見《鄉飲酒》。

大夫還。

注曰：復於君。

賓不拜送，遂從之。

云「不拜送」，明有拜送者先拜送，乃從之，國君於王使之禮也。

右戒賓

賓朝服，即位于大門外，如聘。朝，直遥反。

拜命之時，賓固朝服矣。於此乃著之者，明其與聘服異，亦因事而見之。如聘，謂賓入于次乃即位，而主君之擯者亦三人也。賓即位亦于西方，東面。介立于其東南，北面，西上。

右賓即位

即位。具。

賓即位，而主人之有司乃具者，節也。具，如具官饌之具。謂具，其所當陳設之物也。

羹定。甸人陳鼎七，當門，南面，西上，設扃鼏。鼏若束若編。

注曰：凡鼎鼏，蓋亦茅爲之。長則束本，短則編其中。

繼公謂：甸人掌以薪蒸，役外内饔之事，故此時爲陳鼎也。天子則外饔爲之大牢，而用七鼎，以所食者乃下大夫也。篇首雖言「使大夫戒，各以其爵」，而篇中則實主言下大夫耳。陳鼎於庭少北而東西，則當門陳鼎。當門南面，君禮也。西上，明爲賓也。設扃鼏在陳鼎之前，於此乃言之者，亦因而見之也。若束若編亦謂七者，皆科用其一耳。此與「若丹若墨」之文意同。

設洗如饗。

注曰：必如饗者，先饗後食，如其近者也。饗禮亡，燕禮則設洗於阼階東南。

小臣具槃匜，在東堂下。匜，音移。

爲公設盥也。匜盛盥水，槃盛盥棄水也。凡行禮，其以槃匜盥而不就洗者，尊者一人而已，有敵者則否。不言簞巾，文略耳。祭禮，有槃匜必有簞巾。

宰夫設筵，加席、几。

注曰：設筵於户西，南面而左几。公不賓至授几者，親設湆醬，可以略此。

無尊。

言此者，嫌酒漿或用尊也。

飲酒、漿飲，俟于東房。

注曰：其俟奠于豐上也。

繼公謂：酒言「飲」者，指其所用名之也。漿云「飲」者，明其爲六飲之一者也。漿在六飲而云「漿飲」，亦猶醴在五齊而云「醴齊」之類也。言俟者，見其已在觶，特俟時而設之耳。

凡宰夫之具，饌于東房。

注曰：凡，非一也。飲食之具，宰夫所掌也。酒漿不在凡中者，雖無尊，猶嫌在堂。

繼公謂：此所饌者，謂豆籩、簠鉶也。

右陳設

公如賓服，迎賓于大門内。大夫納賓。賓入門左，公再拜。賓辟，再拜稽首。公揖入，賓從。辟，音避。

此行禮於禰廟，亦有每門每曲之揖。不言者，亦文省。此説已在《聘禮》後，不見者放此。

及廟門，公揖入。賓入。

注曰：廟，禰廟也。

三揖。至于階，三讓。公升二等，賓升。

此下大夫與公升階之儀，乃與卿同。然則，升階尊卑之差不過一等。此三揖與《士冠禮》者同，與《聘禮》者異。

右迎賓

大夫立于東夾南，西面，北上。

注曰：東夾南，東西節也。

繼公謂：大夫，亦兼上下者言也。下大夫西面辟，擯者及士位而在此耳。東夾南，即東堂南。舍坫而取節於夾，見其去堂遠也。羣臣至是方即位於廟，則是鄉者公亦不在廟明矣，此其異於臣禮與？士冠、士昏禮，主人皆先待於廟，乃出迎賓。

士立于門東，北面，西上。

注曰：非其正位，辟賓在此。

繼公謂：立于門東，宜東上而統於君。乃西上者，順其本位之列，所以見此，非正位也。西方北上、門東西上，皆上左也。聘時，大夫士之位亦宜如是。

小臣東堂下，南面，西上。

小臣者，小臣正、小臣師與其從者也。

宰東夾北，西面。

宰，大宰也。東夾北，北堂下之東方也。宰，尊官，於此乃見之者，位定在後耳。宰與羣臣同入，以其位在内，故後於在外者。

内官之士，在宰東北，西面，南上。

注曰：夫人之官，内宰之屬也。自卿大夫至此，不先即位，從君而入者，明助君食賓，自無事。

繼公謂：内官之士，内小臣之屬也。在宰東北，少退於宰也。此惟取節於宰，則宰獨立於此明矣。

介門西北面，西上。

注曰：西上，自統於賓。

繼公謂：介位序於内官之後，見其不從賓而入，變於聘時也。上擯則隨公而入，立于階下。

承擯、紹擯亦隨入，立于士東，少進，負東塾，北面，東上。

右羣臣及介即位

公當楣，北鄉，至再拜，賓降也。公再拜。鄉，許亮反。下並同。

疏曰：公方一拜，賓即降。賓降後，公又一拜。

繼公謂：至再拜，言其拜至之數也。賓降之上，不言公壹拜者，文脱耳。於公壹拜而賓降者，急於答拜，亦所以辟之。至再拜，説見《士昏禮》。

賓西階東，北面，答拜。擯者辭，

注曰：辭拜於下。

拜也。

不從其命而拜。

公降一等，辭曰：「寡君從子，雖將拜，興也。」

曰者，擯者辭也。公降一等，辭止，其又拜也。公辭而賓猶欲拜，故擯者復釋辭以止之，而賓終不從命也。君於臣乃拜至，其禮太崇，故答之，亦與常禮異。

賓栗階升，不拜。

注曰：自以已拜也。

繼公謂：升不拜者，以其終拜於公辭之後也。栗階，説見《燕記》。

命之，成拜。階上北面，再拜稽首。

注曰：賓降拜，主君辭之，賓雖終拜，於主君之意猶爲不成。

繼公謂：拜下者，臣也。拜于上者，賓也。既升而命之成拜，所以賓之。

右拜至

士舉鼎，去鼏於外，次入。陳鼎于碑，南面，西上。右人抽扃，坐委于鼎西，南順出，自鼎西。左人待載。

「冪」當作「鼏」，去鼏亦右人也。次，序也。次入鼎在西者，先在東者後也。「碑」下脱一「南」字，西南之「南」衍文，皆傳寫者誤也。朝位君南面，故陳鼎於内外皆順之。鼎西，每鼎之西也。順出，以次而出也。順出，正禮也。其或逆出，由便耳。左人待載，蓋各立于其鼎之東，南面。

雍人以俎入，陳于鼎南。旅人南面，加匕于鼎，退。

注曰：雍人，掌割亨之事者。雍人言入，旅人言退，文互相備也。匕俎每器一人，諸侯官多也。

繼公謂：雍人西面于鼎南，陳俎，俎南順。旅人南面于鼎北，加匕，匕北枋。退，蓋兼執匕俎者而言。旅人，其士旅食與？

大夫長盥，長，之兩反。

以長而序盥也，亦目下事之辭。

洗東南，西面，北上。

當盥者七人，皆違其位而立於此也。國君設洗當東霤，於東夾南爲少東。洗之東南，則又東矣。

序進盥，退者與進者交于前。

前者，其立處之西也。於洗南爲少東，交于前，不言相右可知也。此可見經文之例矣。

卒盥，序進，南面匕。

南面，立于鼎後也。匕，出鼎實也。

載者西面。

注曰：載者，左人。亦序自鼎東，西面於其前，大夫匕則載之。

疏曰：在鼎南稍東也。

繼公謂：西面，執俎以載也。

魚腊飪。

注曰：食禮宜孰，饗有腥者。

疏曰：上云「羹定」，恐魚腊不在其中，故此特著「魚腊飪」也。又曰，《國語》云「王饗用體薦」，體薦則腥矣。《樂記》云「大饗，俎腥魚」，是饗禮有腥也。

載體進奏。奏，七豆反。

注曰：體，謂牲與腊也。

繼公謂：體者，三牲則右體，腊其一純與？言體而不言骨，見其尊者耳。牲體之數五，其脊、脅各三而皆二骨，以並腊則倍之也。《少牢饋食禮》曰：「腊一純而俎。」進奏，注見《鄉飲酒記》。

魚七，縮俎，寢右。

注曰：寢右，進鬐也。

繼公謂：魚七者，腸胃有俎，故魚亦放其數也。縮俎者，首尾鄉俎之前後也，所以變於牲。

寢右進鬐，亦進奏之意。魚鬐在上，腴在下。《士喪禮》曰：「載魚左首，進鬐。」

腸、胃七，同俎。

注曰：以其同類也。不異其牛、羊腴，賤也。此俎實凡二十八。

疏曰：牛羊各有腸、胃，腸、胃各七，四七二十八也。

繼公謂：腸、胃七者，大牢之下數也。與牲異俎者，大牢之禮也。

倫膚七。

倫膚者，雍人所倫之膚也。倫，猶擇也。膚乃七者，亦效腸胃之數也。《少牢饋食禮》曰：「雍人倫膚九。」

腸、胃、膚，皆横諸俎，垂之。

注曰：腸、胃垂及俎拒。

繼公謂：横諸俎者，以其皆出於牲體，故載於俎也。與牲體同言「垂之」，見其長也。不言其垂之所及者，腸、胃與膚其長或異。

大夫既匕，匕奠于鼎，逆退，復位。

匕奠于鼎，謂加匕於鼎上也。位，東夾南。

右鼎入匕載

公降盥。賓降，公辭。

注曰：辭其從己。

繼公謂：公辭，賓亦對，而反位于階西。於是小臣各執槃、匜、簞巾以就公盥。

卒盥，公壹揖，壹讓。公升，賓升。

壹讓者，殺於初。

宰夫自東房授醯醬。

注曰：授公也。

繼公謂：此亦並授也，下放此。

公設之。

示親饋。

賓辭，北面坐遷而東遷所。

辭時，蓋東面於公之西。辭者辭，公親設也。東遷所，東遷於其所也。所者，謂醬之正位也。

公設之處，於其正位爲少西。必少西者，爲賓當遷之故也。遷之者，示其不敢當公親設之意，且以爲禮也。下皆放此。

公立于序内，西鄉。賓立于階西，疑立。疑，舊魚乙反。

事未至，故離其拜位也。序内西鄉，主位也。階西，西階上之西也。公與賓各俟於此，與《鄉飲酒》之主人立于階東之意同。公不立于阼階東者，公尊也。

宰夫自東房薦豆六，設于醬東，西上。韭菹以東醓醢、昌本，昌本南麋臡，以西菁菹、鹿臡。臡，音尼。

注曰：昌本，昌蒲本菹也。醓有骨，謂之臡。菁，蕪菁，即蔓菁也。

疏曰：《周禮》醢人朝事之豆八，此用其六。

繼公謂：六豆爲二列，内列自西而東，外列自東而西。惟云「西上」者，明外列統於内列也。食禮用朝事之豆者，君尊，故其用之，自上者始也。若朝事饋食之禮，兩有則其籩、豆乃各有所屬云。

士設俎于豆南，西上。牛、羊、豕、魚在牛南，腊、腸胃亞之。膚以爲特。

當豆南者，牛俎也。羊俎之半也，亞次也。設俎之法，每者必當兩豆，欲其整也。特，在豕東。

旅人取匕，甸人舉鼎。順出，奠于其所。

注曰：其所，謂當門。

繼公謂：甸人加扃，乃舉鼎。其出也，亦匕先而鼎後。

宰夫設黍、稷六簋于俎西，二以並，東北上。黍當牛俎，其西稷，錯以終，南陳。錯，七各反。

東北上，惟指「黍當牛俎」者言也。錯以終者，稷南黍、黍東稷、稷南黍、黍西稷也。上列之黍當牛俎，則次列之稷當魚俎，而後列南於魚俎之西也。一簋當一俎，則其位之疏數可知矣。

大羹湆不和，實于鐙。宰右執鐙，左執蓋，由門入，升自阼階，盡階，不升堂，授公，以蓋降，出，入反位。大，音泰。鐙，音登。盡，子忍反。

注曰：不和，貴其質。瓦豆謂之鐙。宰謂大宰。有蓋者，饌自外入，爲風塵。

疏曰：宰以蓋出於門外，乃更入門，反於東夾北位也。

繼公謂：此大羹，謂牛汁。不和者，以無肉菜，尚質也。以五味調物謂之和，《周禮》曰「凡和，春多酸，夏多苦」之類是也。凡湆皆不和，經特於此見之。自門入者，湆在爨也。《士昏禮》曰

「大羹湆在爨」，《記》曰「亨于門外東方」，足以明之矣。入反位，自東壁而適東夾北也。

公設之于醬西，賓辭，坐遷之。

注曰：亦東遷所。

繼公謂：設湆于醬西，是醬湆東上也。凡醬湆之位變於正豆。

宰夫設鉶四于豆西，東上，牛以西羊，羊南豕，豕以東牛。

東上，變於豆。

飲酒，實于觶，加于豐。

具饌之時，則然矣。言於此者，爲下文發之。

宰夫右執觶，左執豐，進設于豆東。

注曰：食有酒者，優賓也。

繼公謂：不授觶者，以未用也。設於豆東者，不主於飲，且後用之，故不欲其妨。

宰夫東面坐，啓簋會，各卻于其西。會，如字。

注曰：會，簋蓋也。亦一一合卻之，各當其簋之西。

疏曰：《少牢》云「佐食啓會」，蓋二以重設于敦南。

繼公謂：此六簋爲三列，每列之二會，則各相重而卻置於列之西，故曰「各卻于其西」。

右設正饌

贊者負東房，南面，告具于公。

贊者，所謂上贊也。負東房，負其墉也。《士喪禮》曰：「祝負墉，南面。」然則，此其上贊之正位與？具，謂正饌已具。

公再拜，揖食。 食，如字。

再拜者，欲賓食禮之也。拜，亦當楣北面。

賓降拜，公辭。賓升，再拜稽首。賓升席，坐取韭菹，以辯擩于醢，上豆之間祭。 辯，音遍。下並同。擩，人悦反。

擩，猶染也。此所擩者，醓醢而下五豆惟云醢者，省文耳。《少牢》、《饋食》用四豆，尸取韭菹，擩于三豆，是其徵也。上豆，韭菹、醓醢也。祭於二豆之間，少北。此節見《少牢》下篇。

贊者東面坐取黍，實于左手，辯，又取稷，辯，反于右手，興，以授賓。賓

祭之。

注曰：賓亦興受，坐祭之於豆祭。

疏曰：此所授者，皆遠賓者也。

繼公謂：辯，謂辯取於三簋，先黍後稷，不欲其雜也。每取黍稷，皆以右手，而實于左手。既則反于右手也，亦壹以授賓。不言壹者，其文已明也。

三牲之肺不離，贊者辯取之，壹以授賓。賓興受，坐祭。

注曰：「不離」者，刌之也，亦祭於豆祭。

繼公謂：云「不離」者，見其爲切肺，且明無舉肺也。食而舉肺脊者，其肺則離之。云壹者，見其不再也。必著之者，嫌每肺當別授之也。上言「興授」，此言「興受」，文互見耳。

挩手，扱上鉶以柶，辯擩之，上鉶之間祭。

疏曰：此云「上鉶之間祭」者，著其異於餘者，餘祭於上豆之間。

繼公謂：「扱上鉶以柶」，謂以内列牛鉶之柶，扱其鉶也。「辯擩之」者，遂以柶擩三鉶也。此四鉶皆有柶，其擩之，則惟用其上者之柶，與《少牢饋食禮》略同。上鉶之間謂内列，二鉶之間少北也。祭鉶不於豆祭而於鉶間者，其《大牢》之禮異與？

祭飲酒於上豆之間。魚、腊、醬、湇不祭。

注曰：不祭者，非食物之盛者。

繼公謂：魚、腊屬於牲，醬屬於豆，湇屬於鉶，故此雖設之，亦不祭。蓋已祭其大，則略其細也。不言腸、胃、膚者，在魚、腊之下，不祭可知。

右賓祭正饌

宰夫授公飯粱，公設之于湇西。賓北面辭，坐遷之。

注曰：既告具矣，而又設此加也。

繼公謂：粱言飯者，以賓主食之也。北面辭，蓋於公之左而少退。上云「北面坐遷」，與此文互見也。遷之，亦東遷所。

公與賓皆復初位。

注曰：位，序内階西。

宰夫膳稻于粱西。

「膳」當作「設」，字之誤也。膳、設聲相近，由是誤云。

士羞、庶羞皆有大、蓋，執豆如宰。

注曰：大，以肥美者特爲臠，所以祭也。魚或謂之膴。膴，大也。唯醢醬無大。如宰，如其進大羹湆。右執豆，左執蓋。

繼公謂：言執於蓋、豆之間，見其兩執也。案，注曰「唯醢醬無大」者，以經文云「皆」，故言此以明之。醢醬，四醢及芥醬也。

先者反之，

先者，即執膷豆者也。既設膷豆，則以次受其餘於西階上。而設之反者，既往而復來之辭。

此文似失其次，而在是。

由門入，升自西階。

由門入，則三牲與魚亦於門外，雍爨爲之與？

先者一人升，設于稻南簋西，間容人。間，如字。

注曰：簋西，黍稷西也。必稻南者，明庶羞加，不與正豆併也。間容人者，賓當從間往來也。

繼公謂：先者一人，士之長設膷者也。設膷于稻南，言其東西節也。簋西，言其南北節也。案，注云「必稻南」者，明庶羞加不與正豆併，謂稻乃加食，其位不間，諸簋之西，庶羞之東也。

與正饌併，而庶羞又設於稻南，明庶羞亦爲加不與正豆併也。併，謂同爲一處。唯云正豆者，以其器同也。

旁四列，西北上。

注曰：不統於正饌者，雖加，自是一禮。

繼公謂：云旁者，見正饌之中席，而此在旁也。下文云「賓坐席末，取粱」，即稻，而庶羞在稻南，足以明之矣。西北上謂腳豆，在諸豆之西北也。必西北上者，放正豆之位，亦變於席之所上也。

腳以東臐、膮、牛炙。炙，之夜反。下並同。餘見前篇。

炙，炙肉。

炙南醢，以西牛胾、醢、牛鮨。胾，側吏反。鮨，巨之反。

注曰：先設醢，缾之以次也。胾，切肉也。《内則》謂鮨爲膾，然則膾用鮨。今文「鮨」作「鰭」。

繼公謂：此二醢爲牛之炙。胾，膾設也。案，注云「先設醢，缾之以次也」，謂炙南之醢爲炙而設，故其次在胾之上。

鮨南羊炙，以東羊胾、醢、豕炙。

此一醓，爲羊炙、羊胾設也。

炙南醓，以西豕胾、芥醬、魚膾。

注曰：芥醬，芥實醬也。《内則》曰：「膾春用葱，秋用芥。」

繼公謂：此一醓，爲豕炙、豕胾設。芥醬，爲魚膾設也。牛三品二醓，尊也。羊二品一醓，降於牛也。豕亦二品一醓，而醓次於炙，又異於羊也。魚一而已。其芥醬復先於膾，又異於豕也。古人於食物之微，亦以多寡先後示尊卑之義，則其精微周密之意亦可見矣。

衆人騰羞者盡階，不升堂，授，以蓋降，出。 盡，子忍反。

注曰：授，授先者一人。

繼公謂：進羞而言騰，亦取其自下而上之意。衆人不升設者，降於俎也。以羞授先者一人，先者每爲設之，所謂先者反之也。以蓋降出，惟謂衆人其先者之蓋，則次者既授豆而受之，并以出矣。

贊者負東房，告備于公。

注曰：復告庶羞具者，以其異饌。

繼公謂：此言備者，備周於具。

右設加饌

贊升賓。

注曰：命賓升席。

繼公謂：公壹者已再拜，揖食，故於此惟贊者升，賓禮不可褻也。升賓之辭，蓋曰：「吾子其升也。」

賓坐席末，取粱，即稻，祭于醬湆間。

坐席末者，就加饌也。取粱，即稻，言不反粱於左手也。不祭于豆，祭而于醬湆間者，以其近也，且别於正饌。

贊者北面坐，辯取庶羞之大，興，一以授賓。賓受，兼壹祭之。

一一、壹同贊者，壹以授賓，賓兼壹祭之禮之節，當然也。賓於黍、稷、牲、肺皆壹祭之，特於此發之耳。祭不言其所，亦於醬湆間可知。

右賓祭加饌

賓降拜。

拜者，爲將食故也。

公辭。賓升，再拜稽首。公答再拜。賓北面自間坐，左擁簠粱，右執湆以降。

注曰：間，兩饌之間也。擁，抱也。必取粱者，公所設也。

繼公謂：擁之者，示其重也。必取湆者，飯則先啜湆，故特取之，以降者爲公立于堂，已不敢坐食于席也。必以降者，臣也。云簠粱，見其器也。凡粱、稻，皆以簠。

公辭，賓西面坐奠于階西，東面對。

注曰：奠而後對，成其意也。

繼公謂：公辭，止其食於下也。階西，賓所欲食之處也。故於此奠之對者，釋其所以降之意，且從命也。

西面坐取之，栗階升，北面，反奠于其所，降辭公。

公不許其降，食乃敢辭，公爲禮之節然也。辭公之意，與鄉者欲食于下之意同。降而辭者，亦以其臣也。

公許，賓升，公揖退于箱。擯者退，負東塾而立。

注曰：箱，東夾之前。

賓坐，遂卷加席。公不辭。卷，九阮反。下同。

注曰：贊者以告公，公聽之。

繼公謂：卷加席者，北面坐而卷自末也。公不辭，以其降等也。若於朝君則辭，而賓反之矣。

賓三飯以湇醬。宰夫執觶漿飲，與其豐以進。飯，扶晚反。

注曰：緣賓意，欲自潔清。

繼公謂：漿觶，亦先加於豐上，如飲酒可知。

賓挩手，興受。

注曰：受觶。

宰夫設其豐于稻西。

注曰：酒在東，漿在西，是所謂左酒右漿。

繼公案：左酒右漿，《弟子職》文。

庭實設。

注曰：乘皮。

繼公謂：此與下文行禮之節，亦略與《聘禮》醴賓者同。

賓坐祭，遂飲，奠于豐上。

其祭亦於醬湆閒。

右賓食

公受宰夫束帛以侑，西鄉立。

注曰：侑，猶勸也。主國君以爲食，賓殷勤之意未至，復發幣以勸之。西鄉立，序内位也。

受束帛于序端。

繼公謂：是時公受束帛，蓋于東箱醴時。公在堂，則受于序端。侑者，食賓而從之，以貨財之之稱。勸人食，亦曰侑。

賓降筵，北面。

注曰：以君將有命也。北面，於西階上。

擯者進相幣。相，息亮反。賓降，辭幣，升聽命。

辭幣者，謂既受賜食，不宜又辱賜幣也。公於是降一等，止其降，且不許其辭。賓即栗階，升聽命也。經似有脱文。

降拜，公辭。賓升，再拜稽首。受幣，當東楹，北面。退，西楹西，東面立。

西楹西，亦少北也。

公壹拜，賓降也。公再拜，介逆出，賓北面揖，執庭實以出。

北面揖之者，象親受之也。凡庭實並受。

公降立。

注曰：俟賓反。

繼公謂：亦立于中庭。

上介受賓幣，從者訝受皮。

右侑幣

此一節經文有不釋者，已見於前篇醴賓條故也。

賓入門左，没霤，北面，再拜稽首。

霤門，内霤也。没霤，庭南也。拜者，謝侑幣之賜也。没霤而拜，以公立于中庭也。

公辭。

辭其拜於庭也。

揖讓如初，升。

此三揖時，公在中庭，與賓三揖，則是與聘禮者同矣。云「如初」，亦大略之言也。既升，則介入復位。

賓再拜稽首，公答再拜。

曏也賓拜賜于庭南，公辭之，故成拜於此。

右賓拜侑幣

賓降，辭公如初。

注曰：將復食。

繼公謂：初，謂公許也。

賓升，公揖，退于箱。賓卒食會飯，三飲。食、飯，皆如字。

注曰：會飯，謂黍、稷也。此食黍、稷，則初時食稻、粱。

繼公謂：減簋飯，於會而食之，故云會飯。﨑者三飯乃飲，此凡三飲，蓋九飯也。九飯，大夫禮也。後禮更端，故與前三飯不相蒙。食加飯而飲漿，則此所飲者其酒與？

不以醬湆。

亦變於初禮也。先言醬者，不用之，故惟據所設之序而言。

挩手，興，北面坐。取粱與醬以降，西面，坐奠于階西。

注曰：示親徹也。

繼公謂：再食不用粱與醬，乃取以降者，重公所設也。公於正饌先設醬，加饌先設粱，故賓親徹此二者。階西，﨑者所欲食之處也。

東面，再拜稽首。

注曰：卒食拜也。

繼公謂：卒食而拜賜也，亦拜於階西。不於階東，又不北面，皆變於初，明其將遂退矣。

公降，再拜。

公拜，亦西面于阼階下。

右卒食

介逆出，賓出。公送于大門内，再拜。賓不顧。

於此復云「賓不顧」，嫌其或與聘問之時異也。

有司卷三牲之俎，歸于賓館。

注曰：卷，猶收也，無遺之辭也。

繼公謂：云「卷」者，明盡以其俎與其實歸之。此牲體皆在俎，則食時不舉之明矣。《少牢》、《特牲饋食禮》尸所舉者加于肵，《虞禮》則實于篚，《司儀職》言食禮舉數，上公九，侯伯七，子男五。以差言之，則大夫當三也。此乃不舉，其亦與《周官》異者乎？

魚、腊不與。與，音預。

言「卷三牲之俎」，則魚、腊不與可知。乃言之者，亦經文過於詳爾。

右賓出歸俎

明日，賓朝服拜賜于朝。拜食與侑幣，皆再拜稽首。

曏於既食，既受侑幣，皆已親拜謝公，今復往拜賜者，正禮不可廢也。此拜公不見，故無嫌於重複。

訝聽之。

注曰：受其言，入告出報也。此下大夫有士訝。

右賓拜賜

上大夫八豆、八簋、六鉶、九俎，魚、腊皆二俎。

注曰：《記》，公食上大夫，異於下大夫之數。

繼公謂：豆加茆菹、麋臡，簋加黍、稷，各一鉶。加羊豕，俎加鮮魚、鮮獸於膚之下，如饔九鼎之次。云九俎，則四四爲列而特鮮獸。

魚、腸胃、倫膚，若九若十有一，下大夫則若七若九。

注曰：此以命數爲差也。九，謂再命者也。十一，謂三命者也。七，謂一命者也。九或上或下者，皆再命者也。謂小國之卿大國，次國之大夫也。卿則曰上，大夫則曰下。大國之孤，視子、男。

疏曰：云「此以命數爲差」者，案《周禮·典命》：公侯伯之卿三命，大夫再命，士一命；子男之卿再命，大夫一命，士不命；則諸侯之臣分爲三等，三命、再命、一命，不命與一命同。此經魚、腸胃、倫膚亦分爲三等，有十一、有九、有七，則十一當三命，九當再命，七當一命。若然，惟有上、下二文者，以公、侯、伯之大夫與子男之卿同。再命，卿爵尊爲上，大夫爵卑爲下，則上言若九者，子、男之卿也。下言「若九」者，公、侯、伯之大夫也。故鄭云：「卿則曰上，大夫則曰下。」云「大國之孤視子、男」者，此經惟見三命以下，故鄭併論及之。案，《周禮·典命》「大國之孤四命」，又《大行人》云：「大國之孤執皮帛，以繼子、男。」又云：「其他，皆視小國之君。」若然，孤與子、男同十三，侯、伯十五，上公十七，差次可知。

繼公謂：其俎數之同者，又以此見尊卑也。因言上大夫以及下大夫，蓋以足前禮未備之意。

庶羞，西東毋過四列。

注曰：謂上、下大夫也。

繼公謂：欲間容人也。膷當稻南，若過四列，則近於簋矣。西東，西列、東列也。先言西者，上也。庶羞每列，自北而南縪之，此乃言「西東毋過四列」者，所以見庶羞雖多，其南北列之豆不得過四也。南北列之豆若過於四，則西東列亦過於四矣。

上大夫庶羞二十，加於下大夫以雉、兔、鶉、駕。鶉，音淳。駕，音如。

注曰：駕，無母。

疏曰：案，《爾雅》云：「鴽，鴾母。」郭氏曰：「鶕也，青州人呼曰鴾母。」

繼公謂：上言「東西毋過四列」，則此四者，爲一列於南也。

右食上大夫禮

若不親食，使大夫各以其爵朝服，以侑幣致之。

說見前篇。

豆實，實于罋，陳于楹外，二以並，北陳。簋實，實于筐，陳于楹内兩楹間，二以並，南陳。

豆實在罋，簋實在筐，又皆陳于楹間，皆變於食也。南北異陳，示不相統也。罋數如豆，北上。韭菹其東，醓醢屈，筐數如簋，南上。黍其東，稷錯也。

庶羞陳于碑内，

庶羞者，醓四，并魚膾與芥醬也。不陳於上，以牲在下，宜從之。庶羞主於牲肉也，上大夫又加以雉、兔、鶉、鴽。此豆實也，亦實於罋。

庭實陳于碑外。

此庭實不於西方參分庭一在南，又不執之，皆變於食也。

牛、羊、豕陳于門内，西方，東上。

生歸之，亦變於食。陳于門西，餼位也。

賓朝服以受，如受饔禮。

親食時朝服，故此致者、受者皆服之。云「如受饔禮」，則侑幣與食亦殊拜之。

無擯。

李寶之曰：「擯」當作「儐」，下同。

明日，賓朝服以拜賜于朝，訝聽命。

注曰：賜，亦謂食與侑幣。

右致食禮

大夫相食，親戒速。

注曰：《記》異於君者也。速，召也。先就告之歸具，既具，復自召之。

繼公謂：親戒而又速之者，以其敵也。

迎賓于門外，拜至，皆如饗拜。

注曰：饗，大夫相饗之禮也，今亡。

繼公謂：迎賓與拜至，亦皆再拜。大夫相饗，蓋亦附於《公饗大夫禮》中，而并亡之矣。

降盥，

賓亦從降，主人辭降。賓對。主人乃盥于洗，南面。卒盥，一揖一讓，升。經不言，文省也。禮，賓主敵則不設槃匜，惟盥于洗耳。

受醬、湇、侑幣、束錦也，皆自阼階降堂受，授者升一等。賓止也。

注曰：皆者，謂受醬、受湇、受幣也。降堂，謂止階上。

繼公謂：降堂、升一等，中等相授也。不受於堂，辟君也。中等相授，異於士也。大夫之階亦惟三等，於此見之矣。《考工記》言天子堂崇九尺，以是差之，則公、侯、伯七尺，子、男五尺，大夫、士皆三尺也。賓止之義，與上篇大夫止者同。《士冠禮》：「賓受冠，降階一等。」

賓執粱與湇，之西序端。

主人辭，賓反之。

亦爲主人立于堂，故不敢食於席也。其尊敵，故但辟之於堂上而已。粱不擁，亦降於君。

云「反之」，明不對也。此下當有「辭於主人降一等，主人從」十字，蓋傳寫脱之。

卷加席，主人辭，賓反之。

卷加席，亦謙也。辭則反之，敵也。

辭幣，降一等。

辭而降一等，爲恭也，亦略放於公食之禮而爲之。

主人從。

從，亦降一等也。從者，辭其降，且不許其辭。

受侑幣，再拜稽首。主人送幣，亦然。

著之者，主人非君嫌，不必稽首。

辭於主人，降一等，主人從。

從者，亦辭其降且許之，此謂再入而辭者也。然則，初辭亦有此文明矣。又《公食禮》「有賓再入之拜」，上經乃不見其異者，則是大夫禮無此拜也。

卒食，徹于西序端。

注曰：亦示親徹。

繼公謂：亦奠于鼏者所欲食之處也。

東面，再拜，降出。

注曰：拜，亦拜卒食。

繼公謂：拜不當階，又不北面，亦變於前。主人亦於阼階上，西面荅再拜也。

其他皆如公食大夫之禮。

他，謂在公食禮中而不見於上者也。然上禮所不見者，亦未可盡與公食禮相通。經云「皆如」者，大約言之耳。又此不別見所饌者之異，則是俎豆之屬亦皆如公食者矣。蓋大夫此禮爲公而舉，故其饌放之，而不嫌與之同也。大夫祭其宗廟惟用少牢，且於其始也不敢純用朝事之豆，則此食禮之意可見矣。

右大夫相食

若不親食，則公作大夫朝服以侑幣致之。

不言其禮者，與公致食之禮同可知。

賓受于堂，無擯。

注曰：與受君禮同。

繼公謂：言此者，嫌或與君禮異也。賓受大夫饘不於堂，故明之。賓阼階上北面再拜稽首，受幣于楹間，則異於君禮，不見者可知也。

右大夫致食

《記》。不宿戒。

宿戒者，先期日而戒之也。此禮當日乃戒，故云然。

戒不速。

經文已明。

不授几，無阼席。

經文亦已明。

亨于門外東方。亨，音烹。

門外，廟門外也。門外東方，雍爨在焉。

司宮具几與蒲筵常，緇布純。加萑席尋，玄帛純，皆卷自末。純，並音準。下並同。莞，音官。

注曰：丈六尺曰常，半常曰尋。末，經所終，有以識之。必長筵者，以有左右饌也。

疏曰：云「丈六尺曰常，半常曰尋」者，據《周禮·考工記》「殳長尋有四尺，崇于人四尺。車戟常，崇于殳四尺」之文而言也。

繼公謂：蒲筵而加莞席美者，在上也。筵常而加席尋，是加席之度必半於其筵，於此見之矣。莞，小蒲也。

宰夫筵，出自東房。

筵，亦謂布之也。

賓之乘車在大門外西方，北面立。乘，繩證反。

注曰：賓車將至，下行，而後車還立于西方。

疏曰：《少儀》云：「僕於君子，始乘則式。君子下行，然後還立。」是車還立于西方也。

繼公謂：唯云賓之乘車在此，則上介以下之車不然矣。車北面立者，俟賓之出，宜鄉之。云「立」，明其不説駕。

鉶芼，牛藿、羊苦、豕薇，皆有滑。芼，眉報反。

注曰：芼，菜也。藿，豆葉也。苦，苦荼也。滑，堇、荁之屬。

繼公案：《内則》曰「堇、荁、枌、榆、免、薨、滫、瀡以滑之」，故注以滑爲「堇、荁之屬」。

贊者盥，從俎升。

注曰：俎，其所有事。

繼公謂：贊者之所有事於賓者，簠俎庶羞之祭也。而俎先二者而設，故從之以升。

簠有蓋冪。

注曰：稻、粱將食乃設，去會於房，蓋以冪。

繼公謂：有蓋冪者，變於簠也。

凡炙無醬。 炙，之夜反。

注曰：已有鹹和。

繼公謂：凡，凡三牲也。此庶羞於三牲之炙皆爲設，醢唯魚膾乃用芥醬，是凡炙無醬矣。不言胾者，如炙可知。

上大夫蒲筵，加萑席，其純皆如下大夫純。卿擯由下。

擯無上事，故不必升堂。

上贊，下大夫也。

上贊，即經所謂贊者也。以其佐賓食於堂上，故云「上贊」，蓋對堂下之擯者而言也。擯贊者事相近，故以上下通之，此以下大夫爲之者，欲其不尊於賓。

上大夫庶羞。酒飲漿飲，庶羞可也。

此《記》難強解。

拜食與侑幣，皆再拜稽首。

《記》此於上大夫之後，恐或是爲彼言之。若然，亦長語矣。此篇中見上大夫禮之異者，俎豆簋鉶之加耳。其他不見之，則皆如下大夫禮可知，固無不稽首之嫌也，又何必贅言之哉？

【正誤】

宰東夾北西面

鄭本此下有「南上」二字。注曰：「古文無南上。」繼公案：經文惟言宰而已，是獨立於此也。「南上」之文，無所用之，又以下文證之，益可見矣。蓋傳寫今文者，因下文而衍此二字也。鄭氏不察而從之，非是，宜從古文。

委于鼎西

鄭本「委」作「奠」。注曰：「今文『奠』爲『委』。」繼公案：後篇皆作『委』，宜從今文。

《記》。加莞席尋，玄帛純。又曰：上大夫蒲筵，加莞席

鄭本「莞」皆作「萑」。注曰：「今文『萑』皆作『莞』。」繼公案：《司几筵》云：「諸侯祭祀席，蒲筵繢純，加莞席紛純。」是蒲筵之上宜加莞席也。而萑乃葦屬，其爲物麤惡，故《司几筵》惟於喪事則用萑席焉，似不可用之於此禮也。宜從今文，皆作「莞」。

儀禮集説卷十

覲禮第十

此篇主言同姓大國之君入覲于王之禮。初無四時之别，與《周官》所謂「秋見曰覲」之意異。

覲於五禮屬賓禮。

覲禮。至于郊，王使人皮弁用璧勞。侯氏亦皮弁迎于帷門之外，再拜。

勞，力報反。

注曰：郊，謂近郊，去王城五十里。皮弁者，天子之朝朝服也。

繼公謂：勞而用璧，以爲信天子於諸侯之禮也。璧無束帛，别於享禮，且爲其當還之也。凡以玉行禮而當還者，例不用帛。云「侯氏」者，指來覲之一者而言耳。若泛言之，乃云諸「帷門」者，以帷爲門也。《掌舍職》曰：「爲帷宫，設旌門。」彼天子之制也。然則，此但爲壇與帷門而已，其不爲宫與？蓋於壇之南，横設兩帷於兩旁，而空其中以當門也。不受於館舍而受於此，蓋其禮宜然爾。《小行人職》曰：「凡諸侯入，王則逆勞于畿。」小行人，下大夫也。以是差之，則天子之於諸侯有三勞者。遠郊宜使中大夫，近郊宜使卿。然此經惟言一勞之禮，亦似與《周官》異。

使者不答拜，遂執玉，三揖。至于階，使者不讓，先升。使，並色吏反。下使者，並同。

注曰：不讓、先升，奉王命，尊也。升者，升壇。

繼公謂：侯氏既拜，亦揖而先入門右，使者乃執玉也。言遂者，明即於此執之也。使者既入門左，侯氏乃與之三揖也。云「使者不讓」，則侯氏不先讓可知。侯氏不讓者，以使者尊，當先升而不敢讓之也。使者不讓而先升者，以其正奉至尊之命，故略之也。然則，主人與客讓升者，自敵以下之禮。然若客尊而當先升者，則宜先讓主人歟？客讓，則主人亦辭。

侯氏升聽命，降，再拜稽首，遂升受玉。

注曰：使者東面致命，侯氏東階上西面聽之。

繼公謂：降拜於階間，北面升就使者，北面訝受之。

使者左還而立，侯氏還璧，使者受。侯氏降，再拜稽首。使者乃出左。

還，音旋。

注曰：立者，見侯氏將有事於己，俟〔一〕之也。

繼公謂：左還，東面以俟〔二〕之也。侯氏就使者還璧，使者於是復南面受之，降拜，爲送玉也，亦於階間北面。還璧者，明其以爲信也。

侯氏乃止使者，使者乃入。侯氏與之讓，升。侯氏先升，授几。侯氏拜送几，使者設几，答拜。

有司既布席，侯氏乃出止使者。止，止其去也，且迎而欲儐之。使者亦禮辭，許。侯氏揖先入，使者乃入也。既入不言三揖者，如上禮可知。讓升，侯氏與使者三讓而先升，使事既畢，則行賓主禮也。儐而用几，尊王使也。授几、設几之儀，見於《士昏》、《聘禮》及《少牢》下篇，此經文略也。

侯氏用束帛、乘馬，儐使者。使者再拜受，侯氏再拜，送幣。乘，繩證反。下同。

注曰：拜者各於其階。

〔一〕「俟」原作「侯」，摛藻堂本改作「俟」，當是。
〔二〕「俟」原作「侯」，摛藻堂本改作「俟」，當是。

繼公謂：使者受儐，不稽首者，同爲王臣，故不因其受璧之禮也。其授受之節，蓋於壇中亦北面授。

使者降，以左驂出。侯氏送于門外，再拜。侯氏遂從之。驂，七南反。

使者亦左執幣，乃北面右執左驂以出也。四馬象在車前，故西者曰左驂。駕車之馬，兩服居中，兩驂在旁，使者以左驂出，侯氏之士以三馬從之。既則其從者並受幣而皆訝受馬也，從之者隨以入國。

右郊勞

天子賜舍。

注曰：賜舍，猶致館也。小行人爲承擯。

疏曰：天子尊極，故言賜舍，不言致館。注云「小行人爲承擯」者，案《小行人》云「及郊勞，視館，將幣，爲承而擯」是也。

繼公謂：侯氏至于國而即館，天子則使上大夫賜舍也。此舍謂公館。

曰：「伯父，女順命于王所，賜伯父舍。」女，音汝。

注曰：此使者致館辭。

疏曰：此及下經皆云伯父，謂同姓大國也。舉同姓大國，則同姓小國及異姓之國禮不殊也。

繼公謂：順命，謂順王命而來朝也。賜舍不用幣，尊者之禮也。

侯氏再拜稽首。

注曰：受館。

繼公謂：不著其所，是於舍門外也。使者東面致命，侯氏西面聽命，既則北面拜。

儐之束帛、乘馬。

注曰：王使人以命致館，無禮，猶儐之者，尊王使也。

繼公謂：凡儐使者必於受命之處，則此儐之亦當在舍門外也。侯氏於使者亦有迎送之拜，不言者，文略耳。下於大夫戒之禮亦然。　案，注云「禮」，謂禮物也。

右賜舍

天子使大夫戒曰：「某日，伯父帥乃初事。」

注曰：戒，使順循其事也。初，猶故也。

疏曰：初事者，以其四時朝覲，自是尋常故事也。

繼公謂：大夫者，卿也。此戒之亦於舍門外，其面位與賜舍同。

侯氏再拜稽首。

注曰：受覲日也。

右戒覲日

諸侯前朝，皆受舍于朝。同姓西面北上，異姓東面北上。朝，直遥反。餘並同。

注曰：言諸侯者，明來朝者衆矣。顧其入覲，不得並耳。諸侯上介先朝受舍，分别同姓、異姓受之，將有先後也。《春秋傳》曰「寡人若朝於薛，不敢與諸任齒」，則周禮先同姓。

李微之曰：受舍于朝，所謂外朝也。

繼公謂：朝，猶覲也。前朝者，先覲日也。此舍如廬舍之舍，謂覲時待事之處也。若諸侯相朝，則但授次而已，《聘禮記》所云「君之次」者是也。

右受舍于朝

侯氏裨冕，釋幣于禰。裨，婢禮反。

注曰：將覲，質明時也。裨冕者，衣裨衣而冠冕也。釋幣者，告將覲也。

繼公謂：裨冕者，冕服之次者也。侯氏，若上公也，則服鷩；侯伯也，則服毳；子、男也，則服希。是時天子受覲，亦服其裨冕，故覲者不得服其上服也。天子以大裘而冕十二章者爲上衮，冕九章者次之。禰，謂考也。釋幣者，告將覲也。其禮則筵几于其館堂户牖之間，南面。祝升自西階，君升自阼階。祝奠幣于几下，君北鄉。祝在左，君及祝再拜，興。祝曰：「孝嗣侯某將覲天子，敢用嘉幣，告于皇考某。」侯又再拜。君就東箱，祝就西箱。有間，君反位，祝乃取幣藏之。君反于阼，乃降而遂出也。歸則埋幣于禰廟西階之東，此朝以裨冕，亦與《周官》異。《大行人職》言朝服，云「上公冕服九章，侯伯七章，子男五章」，皆其上服也。

右釋幣

乘墨車，載龍旂、弧韣，乃朝以瑞玉，有繅。

注曰：墨車，大夫制也。乘之者，入天子之國，車服不可盡同也。交龍爲旂，諸侯之所建。弧，所以張縿之弓也。弓衣曰韣。瑞玉，謂公桓圭、侯信圭、伯躬圭、子穀璧、男蒲璧。

疏曰：云「墨車，大夫制」者，以《周禮·巾車職》云「大夫乘墨車」故也。云「乘之者入天子之國，車服不可盡同」者，《巾車》云同姓金路，異姓象路，四衛革路，據在本國所乘，並得與天子同。此乘墨車以朝，是車服不可盡同也。云「交龍爲旂，諸侯之所建」者，《司常職》文。云「弧所以張縿之弓」者，《爾雅》説旌旗正幅爲縿，故以此弧弓張縿之兩幅也。

繼公謂：乘墨車，屈也。載龍旂，不没其實也。晉韓宣子聘于周，自稱曰士。大國之卿自比天子之士，則其君自比於大夫，亦宜也。上云「前朝」，此云「乃朝」，則以覲名篇之意可見矣。

天子設斧依於户牖之間，左右几。依，於豈反。下同。

注曰：依，如今綈素屏風也。有繡斧文，所以示威也。斧，謂之黼。几，玉几也。立而左右几，優至尊也。其席莞席紛純，加繅席畫純，加次席黼純。

疏曰：《周禮·司几筵》云「左右玉几」，故知此几，玉几也。云其席莞席以下，亦《司几筵》文。

繼公謂：右亦設几者，至尊宜逸，不取便其右之義也。然則，天子升席不由下矣。生人左几，自諸侯而下。

天子衮冕，負斧依。

注曰：衮衣九章。其龍，天子有升龍，有降龍，衣此衣而冠冕，南鄉而立，以俟諸侯見。

疏曰：負，謂背之。九章，見《司服》注。

繼公謂：衮冕，天子之裨冕也。負斧依以俟侯氏入，所謂不下堂而見諸侯也。而《周官·齊僕職》乃言車送逆朝覲者之節，《大行人職》亦先言公、侯、伯、子、男其朝位，賓主之間相去之步數。乃云「廟中將幣」，亦與是禮異者與？

嗇夫承命，告于天子。

注曰：嗇夫，蓋司空之屬也。《春秋傳》曰：「嗇夫馳。」

繼公謂：侯氏以天子將廟受之其禮太重，故不敢當而辭焉。嗇夫於是承其命，以告于天子。擯者不承命者，是時在廟門内猶未出也。或曰，嗇夫，微者也，不可以與國君接而直告于至尊，蓋「嗇」當作「大」，字之誤也。未知是否？

天子曰：「非他，伯父實來，予一人嘉之。伯父其入，予一人將受之。」

言所以廟受之者，非有他也，以嘉其來朝之故耳。伯父其入，納賓之辭也。入告者又以天子此辭，出告侯氏。

侯氏入門右，坐奠圭，再拜稽首。

注曰：入門而右，不敢由賓客位也。卑者見尊，奠贄而不授。

擯者謁。

注曰：謁，猶告也。上擯告以天子前辭，欲親受之如賓客也。其辭所易者，曰「伯父其升」。天子見公擯者五人，見侯伯擯者四人，見子男擯者三人，皆宗伯爲上擯。

侯氏坐取圭，升致命。王受之玉。侯氏降，階東北面再拜稽首。擯者延之曰：「升。」升成拜，乃出。

注曰：擯者請之。侯氏坐取圭，則遂左，降拜稽首，送玉也。從後詔禮曰延。延，進也。

繼公謂：拜于西階東，别於内臣也。侯氏既成拜，宰乃受玉以東。是時，王於侯氏、氏之拜皆不答，所以見至尊之義也。

右覲

四享，皆束帛加璧，庭實唯國所有。四，注讀作三。

注曰：四，讀作三。古書作三、四，或皆積畫。此篇又多「四」字，字相似，由此誤也。《大行人職》曰：「諸侯廟中將幣，皆三享。」其禮差，又無取於四也。初享或用馬，或用虎、豹之皮，其次享龜也，金也，丹漆、絲纊、竹箭也，其餘無常貨。此地物非一國所能有，唯所有分爲三享，皆以璧帛致之。

奉束帛，匹馬卓上，九馬隨之，中庭西上，奠幣，再拜稽首。

注曰：馬必十匹者，不敢斥王之乘，用成數，敬也。

繼公謂：匹馬卓上，謂以一馬卓然居前而先行也。言此者，明其入不與九馬相屬也。中庭，西方南北之中也。庭實用十馬，且設於此，皆至尊禮異也。此奠幣，蓋於入門左之位。

擯者曰：「予一人將受之。」

受，親受也。此擯者曰，乃言「予一人」，則是擯者凡告於侯氏皆爲述王言矣。是亦異於國君以下擯者之禮與？

侯氏升致命。王撫玉。

撫之者，示受之。王不執璧帛者，貶於瑞玉，亦至尊禮異也。

侯氏降自西階，東面授宰幣，西階前再拜稽首。以馬出，授人，九馬隨之。

幣，謂璧帛。西階前拜送幣者，非其正位，以欲執馬由便也。擯者不延之以升，變於授圭時也。馬，左馬也。侯氏親以左馬出，敬之至也。王臣不於内受馬者，無以爲節，亦至尊之禮異也。凡他禮之庭實，其主人之士受之者，皆以堂上授受爲節。

事畢。

注曰：三享訖。

繼公謂：覲有三享，經之所見初享之儀耳。其次二享，庭實唯國所有，不可相蒙，故空其文。

右三享

乃右肉袒于廟門之東。

肉袒，示恐懼也。袒右，變於禮事也。爲之於廟門之東，亦變位。鄭氏曰：「凡以禮事者，左袒。」

乃入門右，北面立，告聽事。

入而復右，已事更端也。告聽事者，告擯者以己於此聽事也。事，謂己所以得罪于天子之事。《大戴記》曰：「肉袒入門而右，以聽事也。」

擯者謁諸天子，天子辭於侯氏，曰：「伯父無事，歸寧乃邦。」侯氏再拜稽首。

注曰：謁，告寧安也。乃，猶女也。

繼公謂：天子辭於侯氏者，天子以命擯者，擯者以告侯氏也。凡擯者於侯氏之行臣禮，如奠圭之類，皆以謁諸王。其告於侯氏也，則皆傳王命也。上文不言謁諸天子、天子辭於侯氏，此不言擯者告於侯氏，皆互見其文耳。云「伯父無事」者，辭其聽也。云「歸寧乃邦」者，安之之辭，實未使之歸也。

右聽事

出自屏南，適門西，遂入門左，北面立。王勞之，再拜稽首。擯者延之，曰：「升。」升成拜，降出。勞，力報反。

注曰：天子外屏。勞之，其道勞也。

疏曰：云「天子外屏」者，據此文出門，乃云「屏南」也。

繼公謂：出自屏南，乃適門西，則侯氏之出入天子之門，亦必由闑東矣。適門西，爲襲也。「西」下似脫「襲」字。袒於東，襲於西，宜相變也。王勞之，亦擯者傳王之辭。案，注云「天子外屏」，用《荀子》文。

右王勞

天子賜侯氏以車服，迎于門外，再拜。

注曰：賜車者，同姓以金路，異姓以象路，服則衮也、鷩也、毳也。

繼公謂：上云「賜舍」，則此門外乃舍門外也。凡舍，惟有一門。

路先設，西上，路下四，亞之。重賜無數，在車南。

注曰：路，謂車也。凡君所乘車曰路。路下四，謂乘馬也。亞之，次車而東也。《詩》云「君子來朝，何錫予之」，雖無予之路車乘馬，又何予之玄衮及黼？重，猶善也。所加賜善物多少，由恩也。《春秋傳》曰：「重錦三十兩。」

繼公謂：設路，亦於西方中庭北輈路車一而已。乃云「西上」者，以其與馬同設也。四馬設於車，東異於駕也。　案，注引重錦之文，以證重之爲善也。

諸公奉篋服，加命書于其上，升自西階，東面，大史是右。大，音泰。下大史同。

注曰：右，讀如「周公右王」之「右」。是右者，始隨入於升，東面，乃居其右。

繼公謂：奉篋服者，一人耳。乃云「諸公」者，若師、若傅、若保，不定也。置服於篋，故謂之篋服。命書，若《文侯之命》之類是也。先設庭實，乃奉其所以將命者，亦至尊之禮異也。此不言揖讓之禮，如勞可知。

侯氏升，西面立。大史述命。

注曰：讀王命書也。侯氏降兩階之間，北面再拜稽首。是時侯氏升降自阼階，故拜於兩階之間。不於階東者，拜至尊之命，宜異於常禮也。使者不辭之者，以其同爲王臣且尊之也。《春秋傳》，宰孔止齊侯毋下拜，以王命辭之也。升成拜亦於阼階上，不辭之而升成拜，尊者之禮也。必成拜者，放授玉之儀也。受勞者未有所放，故惟拜於下而已。

大史加書于服上，侯氏受。

注曰：受篋服。

繼公謂：受亦北面，諸公南面，訝受之。此受於堂，乃不著其所，是就而受之明矣。

使者出。侯氏送，再拜，儐使者。諸公賜服者，束帛、四馬。儐大史，亦如之。

注曰：既云拜送，乃言「儐使者」，以勞有成禮，略而遂言。

右賜車服

同姓大國則曰「伯父」，其異姓則曰「伯舅」，同姓小邦則曰「叔父」，其異姓小邦則曰「叔舅」。

注曰：此禮云「伯父」，據同姓大邦而言。

饗禮，乃歸。

注曰：禮，謂食燕也。《掌客職》曰：「上公三饗、三食、三燕，侯伯再饗、再食、再燕，子男一饗、一食、一燕。」

右言稱謂與其禮

諸侯覲於天子，爲宫方三百步，四門，壇十有二尋，深四尺，加方明于其上。壇，徒丹反。深，式鴆反。

注曰：爲宫者，於國外。八尺曰尋，十有二尋則方九十六尺也。深，謂高也，從上曰深。《司儀職》曰「爲壇三成」，成猶重也。三重者，自下差之爲三等，而上有堂焉。堂上方二丈四尺，上等、中等、下等，每面十二尺。方明者，上下四方神明之象也。王巡守至于方嶽之下，諸侯會之，亦爲此宫以見之。

繼公謂：爲宫者，築宫牆也。王十二歲若不巡守，則四方諸侯皆來朝。於是爲壇壝宫於國門外之南方而受之，此所謂大朝覲也。《司儀職》曰：「將合諸侯，則令爲壇三成。宫旁一門，詔王儀，南鄉，見諸侯。」正謂此也。方明云者，其制方而每面又各以色爲其神明之象，因以名之。加此於壇，爲將祀之也。《掌舍職》曰：「爲壇壝宫，設棘門。」

方明者，木也，方四尺。設六色：東方青，南方赤，西方白，北方黑，上玄，下黄。設六玉：上圭，下璧，南方璋，西方琥，北方璜，東方圭。琥，音虎。璜，音黄。

注曰：六色象其神，六玉以禮之，設玉者刻其木而著之。

繼公謂：設六色，以象天地四方之色也。設六玉，爲祀時以此禮之。上不以璧而以圭，下不以琮而以璧，亦與《周官》異也。所以然者，以四方之玉無所象，故於天地之玉亦不必象之也。用圭璧者，圭璧尊也。《大宗伯職》曰：「以玉作六器，以禮天地四方。以蒼璧禮天，以黄琮禮地，以青圭禮東方，以赤璋禮南方，以白琥禮西方，以玄璜禮北方。」謂方明之玉也。

上介皆奉其君之旂，置于宫，上左。公、侯、伯、子、男皆就其旂而立。

注曰：置于宫者，建之豫爲其君見王之位也。

繼公謂：旂上左，而公、侯、伯、子、男皆就其旂而立，則是五等之位自西而東皆北面，與朝事義所言諸侯之位異也。《射人職》言正朝之位，云「諸侯在朝，則皆北面朝」；《士職》言外朝之位，云「右九棘，公、侯、伯、子、男位焉」。然則，五等諸侯同在朝唯爲一列，亦可見矣。諸侯既入，立于位。王乃於壇上三揖之，土揖庶姓，時揖異姓，天揖同姓。

四傳擯。

王既揖，於是諸侯皆升，奠瑞玉。公於上等，侯、伯於中等，子、男於下等。既則皆拜於下，擯者總延之，曰：「升。」乃各升，成拜於奠玉之處。降，出，三享，奠玉幣，亦如之。傳擯者傳其擯辭，使之升拜也。一朝三享，凡四此於享，亦升之異於特覲者，以其衆也。

天子乘龍，載大旂，象日月、升龍、降龍。出，拜日於東門之外，反祀方明。

注曰：馬八尺以上爲龍。大旂，大常也。王建大常，縿首畫日月。其下及旒，交畫升龍、降龍。

繼公謂：載大旂者，以拜日及祀方明也。《巾車職》曰：「玉路，樊纓，十有再就，建大常，十有二斿，以祀。」此載大常，則乘玉路矣。東門，即此宫之東門也。拜日於東，鄉其所出之處也。於宫門外者，由便爾。祀方明者，祀上下四方之神也。上下四方之神唯壹祀之者，因朝爲之，故其禮簡。《大宗伯職》曰：「皆有牲幣，各放其器之色。」謂祀方明之禮也。此言已受諸侯之朝享，乃帥而拜日，其節亦與朝事義不同。

禮日於南門外，禮月與四瀆於北門外，禮山川丘陵於西門外。

門，亦謂宫門。禮，謂祀之也。不言祀者，以異於正祭，變其文耳。禮日於南，禮月與四瀆於北，禮山川丘陵於西，皆隨其地之陰陽而爲之，與拜日於東之義異也。禮川不於北者，四瀆尊，宜辟之也。此三禮者，皆與上事相屬而舉之。天子巡守，有懷柔百神、望秩山川之禮。此諸侯以天子不巡守之故而來覲，故天子於此亦略修祀事，以放巡守之禮云。

祭天，燔柴。祭山、丘陵，升。祭川，沈。祭地，瘞。瘞，於例反。

謂以此四事用其祭物也。祭物，謂牲幣之屬。燔柴者，置之於積柴之上而燔之。升，謂縣之。瘞，埋也。此皆順其性而爲之，蓋因上文，遂并言正祭之法，以明所謂禮者異於此也。然此祭亦不盡與《周官》合，未詳。

右大朝覲之禮

《記》。几俟于東箱。

經云「設斧依于户牖之間，左右几」，乃云「天子衮冕，負斧依」，則是天子登席，於既設几之後也。而此云「几俟于東箱」，其指未設几之前而言與？

偏駕不入王門。

言此者，明唯王車乃入王門也。凡非王車，皆謂之偏駕。

奠圭于繅上。

明奠時開繅而見玉也。《經》云：「乃朝以瑞玉，有繅。」

【正誤】

迎于門外

鄭本作「外門外」。注云,「古文曰迎于門外」。繼公案:《聘禮》則舍惟有一門而已,此今文雖有「外門外」之文,則是以爲有二門也。然以其行禮之節求之,絶無可以爲二門者之徵,故且以古文爲正。

上左

鄭本「上」作「尚」。注云,「古文『尚』作『上』」。案:上左云者,以左爲上也。且《春秋傳》亦有上左之文,則上字之義優於尚也,宜從古文。

儀禮集說卷十一

喪服第十一

此篇言諸侯以下男女所爲之喪服，於五禮屬凶禮。

喪服。斬衰裳，苴絰、杖、絞帶，冠繩纓，菅屨者。衰，七回反。下並同。苴，七余反。絰，大結反。絞，户交反。菅，古顔反。

注曰：「者」者，明爲下出也。凡服，上曰衰，下曰裳，麻在首、在要皆曰絰。要絰象大帶，絞帶象革帶，齊衰以下用布。

疏曰：斬衰裳者，謂斬三升布以爲衰裳。斬衰不言三年者，可知也。注云「『者』者，明爲下出也」者，明爲下句「父諸侯爲天子等而出」也。

繼公謂：苴絰杖者，謂絰帶用苴麻、杖用竹也。絞帶，所以束衣代革帶也。齊衰以下用冠布，則此其用牡麻與菅茅類也。凡喪服衰裳冠帶之屬，皆因吉服而易之。若首絰則不然，蓋古者未有喪服之時，但加此絰以表哀戚。後世聖人因而不去，且異其大小之制以爲輕重云。斬衰自卒哭以至練祥，服有變除，絰皆不著之。唯言初服者，喪服之行於世其來久矣。節文纖悉，人所習見，故絰但舉大略以記之耳。後放此。案，疏云「斬三升布」，但據正服而言也。正服布三升，義服布三升有半。

傳曰：斬者何？不緝也。緝，七入反。

此釋經斬衰裳之文也。不緝，謂不齊之也。其領袖亦有純，作傳之人未詳，説見《記》。後苴絰者，麻之有蕡者也。

苴絰大搹，左本在下，去五分一以爲帶。蕡，符云反。搹，音革。去，起吕反。下並同。

注曰：盈手曰搹。搹，扼也。以五分一爲殺者，象五服之殺也。

疏曰：《爾雅》云，蕡枲實即麻子也。以色言之，謂之苴。以實言之，謂之蕡。下言牡者，對蕡爲名。言枲者，對苴生稱也。本，謂麻根。

繼公謂：此釋苴絰之文也。麻有蕡，則老而麤惡矣，故以爲斬衰之絰。絰之大，惟以搹爲度，而不言寸數，未詳。重服之絰以麻之有本者爲之，又有纓。此絰左本而在下，所以見其以本爲纓也。去五分一，五分其絰之大而去其一也。絰大帶小，見輕重也。《間傳》曰：「男子重首，婦人重帶。」絰、帶大小之義主於男子。

齊衰之經，斬衰之帶也，去五分一以爲帶。大功之經，齊衰之帶也，去五分一以爲帶。小功之經，大功之帶也，去五分一以爲帶。緦麻之經，小功之帶也，去五分一以爲帶。齊，並音咨。

主言斬衰之經帶，此則連言之耳。

苴杖，竹也。削杖，桐也。各齊其心，皆下本。齊，如字。

此主釋苴杖而并及削杖也。竹杖而謂之苴者，以其不脩治故也。削杖，齊衰之杖也，用桐木而又削之，所以别於斬衰者，杜元凱曰「員削之象竹」是已。《小記》曰「杖大如經」，則是二杖皆如其首經之度矣。各齊其心者，謂其長短以當每人之心爲節也。皆者，皆二杖也。下本，所以别於吉。凡吉杖下末。《曲禮》曰「獻杖者執末」，謂吉杖也。

杖者何？爵也。無爵而杖者何？擔主也。非主而杖者何？輔病也。童子何？以不杖不能病也。婦人何？以不杖亦不能病也。擔，市豔反。

注曰：爵，謂天子諸侯、卿、大夫士也。擔，猶假也。無爵者，假之以杖，尊其爲主也。非主，謂衆子也。

繼公謂：此因廣言用杖、不用杖之義。無爵者，謂大夫以下其子之無爵者及庶人也。傳意蓋謂此杖初爲有爵者居重喪而設，所以優貴者也。其後，乃生擔主、輔病之義焉。童子與婦人，皆謂非主者也，故但以不能病而不杖。然此章著妻妾、女子、子之服異者，布縱、箭笄、髽、衰也。是其經杖之屬如男子矣，妾與女子、子非主也。而亦杖，則似與不能病而不杖之義異。

絞帶者，繩帶也。

疏曰：經帶至虞後，變麻服葛。絞帶虞後雖不言所變，案公、士、衆臣爲君服布帶，則絞帶於虞後變麻服布，於義可也。

繼公謂：此釋絞帶之文。經言絞帶而傳以繩帶釋之者，蓋絞之則爲繩矣。絞者，糾也。先儒以此絞帶象革帶，則其博當二寸。齊衰以下之布帶，其博宜亦如之。《玉藻》曰：「革帶，博二寸。」

冠繩纓，條屬，右縫。冠六升，外畢，鍛而勿灰，衰三升。屬，音燭。鍛，丁亂反。

注曰：屬，猶著也。布八十縷爲升，「升」字當爲「登」。登，成也。今之禮家皆以「登」爲「升」，俗誤，已行久矣。

疏曰：鍛而勿灰者，以水濯之，勿用灰也。

繼公謂：此主釋冠繩纓之文。「條屬，右縫」，皆謂纓也。條屬者，以一條繩爲纓而又屬於武也。右縫者，以纓之上端縫綴於武之右〔一〕邊也。必右邊縫者，辟絰之纓也。其屬之内，以下端鄉上而結於武之左邊，以固其冠也。齊衰大功，布纓亦如之，惟小功以下，則纓在左而屬於右。《雜記》曰：「喪冠條屬，以别吉凶。」三年之練冠，亦條屬，右縫。小功以下，左是也。冠六升以下，乃因上文而并言冠之布與其制，又因冠布而見衰布也。畢，謂縫冠於武而畢之也。外畢者，别於吉也。吉冠於武上之内縫合之，凶冠於武上之外縫合之，是其異也。言鍛而勿灰者，嫌當異於衣也，故以明之。凡五服之布，皆不加灰。《雜記》曰「加灰錫也」，則凶服可知。云「衰三升」者，但以正服言之，不及義服也。《記》曰「斬衰三升」，「三升有半」，是斬衰有二等也。升之縷數，未詳。今吴人謂四十縷爲忝，忝、升聲相近，或古之遺言與？

菅屨者，菅菲也，外納。菲，扶味反。

注曰：納，收餘也。

繼公謂：此釋菅屨之文也。菲者，後世喪屨之名，故云然。傳釋經文止於此，其下因言孝子居喪之禮云。

〔一〕「右」字原作「左」，文淵閣本、摛藻堂本改爲「右」，王太岳云：「刊本『右』訛『左』，據《義疏》改。」當從。

居倚廬，寢苫枕塊。苫，失占反。枕，之鴆反。塊，苦對反。

注曰：倚廬，倚木爲廬，在門外東方北户。苫，編藁。塊，塩也。

繼公謂：此見其哀戚，不敢安處也。

哭晝夜無時。

注曰：哀至則哭，不必朝夕。

歠粥，朝一溢米，夕一溢米。歠，昌悦反。粥，之六反。

疏曰：孝子遭父母之喪，水漿不入口。三日之後，乃始食。雖食，猶節之，朝夕但各一溢米而已。

繼公謂：溢，未詳。《小爾雅》曰：「一手之盛謂之溢，兩手謂之掬。」一，升也。

寢不説絰帶。説，音脱。

喪莫重於絰帶，非變除之時及有故，則雖寢猶不敢脱，明其頃刻不忘哀也。

既虞，翦屏柱楣，寢有席，食疏食水飲，朝一哭，夕一哭而已。柱，音主。疏食，音嗣。下「不音」者，並同。

疏曰：既虞翦屏柱楣者，三虞之後，乃改舊廬，西鄉開户。翦，去户旁與兩廂屏之餘草。楣下兩頭豎柱，施梁也。云「疏食」者，用麤疏米爲飯，明不止朝一溢、夕一溢而已，當以足爲度。云「水飲」者，恐虞後飲漿酪等，故云飲水而已。

繼公謂：屏，蔽也。朝一哭、夕一哭，於次中爲之，以是時既卒殯宫，朝夕哭故也。言「而已」者，明次中之哭止於此，異於聶之晝夜無時者也。

既練，舍外寢，始食菜果，飯素食，哭無時。始食，如字。飯，當音反。

注曰：外寢，於中門之外屋下壘墼爲之。不塗塈，所謂堊室也。素，猶故也，謂復平生時食也。

疏曰：食，謂飯也。

繼公謂：哭無時者，既練，又變而不朝夕哭，惟哀至則哭而已。此哭，亦在次中。凡哭有三「無時」、二「有時」：始死未殯以前，哭不絶聲，一無時也；既殯以後，阼階下朝夕哭之外，有次中晝夜無時之哭，二無時也；既練之後，無次中朝夕之哭，惟哀至則哭，即此所云者三無時也；既殯之後，卒哭之前，朝夕哭于阼階下，一有時也；卒哭之後，未練之前，朝夕哭于次中，二有時也。

案，注云「復平生時食」，則傳之「飯」字似當作「反」。

父。傳曰：爲父何以斬衰也？父至尊也。爲，子僞反。下並同。異者别出之。

經云父傳云，爲父皆謂爲父服也。下文云君與爲天子之類，皆放此。此經爲父服，蓋主於士禮。大夫以上，亦存焉。《中庸》曰：「父母之喪，無貴賤一也。」云「何以斬衰」，怪其重也。凡傳之爲服而發問，有怪其重者，有怪其輕者，讀者宜以意求之。

諸侯爲天子。傳曰：天子至尊也。君。傳曰：君至尊也。

諸侯及公卿、大夫、士有臣者，皆曰君。此爲之服者，諸侯則其大夫、士也，公卿、大夫、士則其貴臣也。此亦主言士禮以關上下，下放此。

父爲長子。長，知丈反。後「長子」，皆同。

爲之三年者，異其爲嫡，加隆之也。此嫡子也，不云嫡而云長者，明其嫡而又長，故爲之服此而不降之也。

疏：《衰三年章》放此，後凡言嫡者，亦皆兼長言之，經文互見耳。

傳曰：何以三年也？正體于上，又乃將所傳重也。庶子不得爲長子，三年不繼祖也。

注曰：此言爲父後者，然後爲長子。三年，重其當先祖之正體，又以其將代己爲宗廟主也。庶子者，爲父後者之弟也。

繼公謂：祖，謂別子也。繼祖者，大宗子也，《記》曰「別子，爲祖繼別爲宗」是也。此云「不繼祖」者，惟指大宗之庶子而言。若《小記》所謂不繼祖與禰者，則兼言大宗、小宗之庶子也。然經但云父爲長子耳，傳、記乃有「庶子不繼祖禰，不得爲長子三年」之説，亦似異於經。《殤小功章》云：「大夫公之昆弟爲庶子之長，殤公之昆弟爲其庶子，服與大夫同。」則爲其適子服亦三年，與大夫同明矣。公之昆弟，不繼祖禰者也。而其服乃若是，則所謂庶子不得爲長子三年者，其誤矣乎？

爲人後者。 爲，如字。下「可爲」、「以爲」同。

不言爲所後之父者，義可知也。禮，大宗子死而無子，族人乃以支子爲之後。

傳曰：何以三年也？受重者，必以尊服服之。

此釋經意也。重，謂宗廟之屬。尊服，謂斬衰。

何如而可爲之後？同宗則可爲之後。

此言當爲同宗者後也。自是以下，又覆言爲人後之義。

何如而可以爲人後？支子可也。

疏曰：變庶言支。支者，取枝條之義。適妻第二子以下皆是，不限妾子而已。

繼公謂：必支子者，以其不繼祖禰也。

爲所後者之祖、父、母，妻，妻之父、母、昆弟，昆弟之子、若子。

注曰：若子者，爲所爲後之親，如親子。

疏曰：死者祖父母，則爲後者之曾祖父母。妻，即爲後者之母也。妻之父母、妻之昆弟、妻之昆弟之子，於爲後者，爲外祖父母及舅與内兄弟，皆如親子爲之服也。

繼公謂：言妻之昆弟，以見從母。言妻之昆弟之子，以見從母昆弟也。此於尊者惟言所後者之祖父母，於親者惟言所後者之妻，蓋各舉其一以見餘服也。至於其妻之父母以下乃備言之者，嫌受重之恩主於所後者，而或略於其妻黨也。其妻黨之服且如是，則於所後者之親服益可知矣。經見爲人後者如子之服，僅止於父，故傳爲凡不見者言之又詳。此傳言爲人後者、爲所後者祖父母服，則是所後者死而其祖父、若父或猶存，於祖父、若父猶存而子孫得置後者，以其爲宗子故爾。蓋尊者已老，使子孫代領宗事，亦謂之宗子，所謂宗子不孤者也。非是，則無置後之義。

妻爲夫。傳曰：夫至尊也。

疏曰：妻者，齊也，言與夫齊也。夫至尊者，雖是體敵齊等，以其在家天父，嫁出則天夫，是男尊女卑之義，故同之於君父也。

繼公謂：此亦主言士妻之禮，以通上下。凡婦人之爲服者，皆放此。

妾爲君。傳曰：君至尊也。

妾與臣同，故亦以所事者爲君。《春秋傳》曰：「男爲人臣，女爲人妾。」

女子子在室爲父。

女子，猶言婦人也。云「女子子」者，見其有父母也。在室，在父之室也，與《不杖期章》適人者對言。

布總，箭笄，髽，衰，三年。笄，音雞。髽，側爪反。

注曰：此妻、妾、女子子喪服之異於男子者。總，束髮。謂之總者，既束其本，又總其末。箭，篠也。髽，露紒也。凡服，上曰衰，下曰裳。此但言衰不言裳，婦人不殊裳，衰如男子衰，下如深衣，深衣則衰無帶下。

疏曰：云深衣，則衰無帶下者。案，下《記》衣云「帶下尺以掩裳上際」也。此裳既縫著衣，故不須用之。

繼公謂：髽者，露紒之名也，此主言成服以後之禮。然當髽者，自小斂之時則然矣。故《士喪禮》，卒斂，「婦人髽于室」。自此以至終喪，不變也。此言笄總髽衰，皆所以示其異於男子，則與男子同者，經帶杖屨也。《士喪禮》曰：「婦人牡麻絰，結本。」是亦婦人斬衰要絰之異者。此不見之者，以經惟主言首絰，故略之。

傳曰：總六升，長六寸。箭笄長尺，吉笄尺二寸。長，並直亮反。

注曰：總六升者，首飾象冠數。長六寸，謂出紒後所垂爲飾也。

疏曰：此斬衰總六寸，南宫縚之妻爲姑，總八寸。以下雖無文，大功當與齊衰同八寸。小功緦麻同一尺，吉總當尺二寸也。此箭笄長尺、吉笄尺有二寸，南宫縚之妻爲姑，榛以爲笄，亦云一尺，則大功以下不容更差降，故五服略爲一節，皆用一尺而已。

繼公謂：總六升，亦但指卒哭以前者也。其卒哭以後，當與男子受冠之布同七升。既練，則八升也。變服之後，其長之異同則未聞，當考。

子嫁，反在父之室，爲父三年。

子，女子子也。承上經而言，故但云「子」，省文耳，非經之正例也。又云「嫁」，則爲女子子，無嫌，亦可以不必言女。經於他處凡言子者，皆謂男子。言反在父之室，明其見出於父存之時也。凡著之者，嫌與未嫁者異也。此喪父與未嫁者同，則其爲母以下亦如之可知，經特於此發之也。凡女行於人，其爲妻者曰嫁，兼爲妾者言之曰適人。此惟言嫁者，省文耳。自父以下，凡爲此女服者，亦皆從其本服。

李微之曰：以傳考之，疑「士」即「卿」字，傳寫誤也。

公士、大夫之衆臣，爲其君布帶、繩屨。

繼公謂：此亦以其異故著之，且明異者之止於是也。公，即所謂諸公也。公卿、大夫，亦仕於諸侯者也。其衆臣爲之布帶、繩屨，降於爲君之正服，所以辟貴臣而不敢與之同也。蓋此君之尊殺於國君，故其臣之爲服者得以分別貴賤也。爲公卿、大夫之服如此，則其於士又殺可知矣。

傳曰：公卿大夫室老、士，貴臣，其餘皆衆臣也。君，謂有地者也。衆臣杖，不以即位。近臣，君服斯服矣。繩屨者，繩菲也。

注曰：室老，家相也。近臣，閽寺之屬。君，嗣君也。斯，此也。近臣從君，喪服無所降也。繩菲，今時不借也。

疏曰：謂之不借者，此凶屨不得從人借，亦不得借人也。

繼公謂：室老，家臣之長者也。士，凡士之爲家臣者皆是也。衆臣杖不以即位，亦異於貴臣也。然則，貴臣得以杖與子同即位者，亦以其尊少貶故也。經惟言公卿大夫爾，而傳以有地者釋之，則無地者其服不如是乎？似失於固矣。近臣君服斯服，乃諸侯之近臣從君服者也。傳言於此，亦似非其類。

右斬衰

疏衰裳齊、牡麻絰、冠布纓、削杖、布帶、疏屨三年者。

注曰：疏，猶麤也。

疏曰：後言齊，以先作之後，齊之也。布帶者，亦象革帶，以七升布爲之，即下章「帶緣各視其冠」是也。

繼公謂：此冠布纓，亦條屬右縫。又下傳曰「帶緣各視其冠」，以此推之，則凡布纓皆當同於冠布也。屨云「疏」者，亦謂麤也。以其爲之者不一，故不偏見其物而以疏言之。此衰裳與屨皆言疏，則斬衰者可知矣。又經列削杖、布帶皆在冠布纓之下，與前章杖帶之次異者，此杖之文無所蒙而帶與冠纓之縷數同，宜復其常處，而在此也。

傳曰：齊者何？緝也。牡麻者，枲麻也。牡麻絰，右本在上，冠者沽功也。疏屨者，藨蒯之菲也。枲，思似反。沽，音古。後同。藨，皮表反。蒯，苦怪反。

注曰：沽，猶麤也。麤功，大功也。

疏曰：緝，則今人謂之緶也，此冠七升。初入大功之境，故言沽功。

繼公謂：牡麻者，無實之麻也。傳以枲麻釋之，亦前後名異也。牡麻比苴爲善，故齊衰以下之絰用之。此絰右本而在上，所以見其不以本爲纓，而纓亦在左也。上言左本在下，此言右本在上，是其爲制蓋屈一條繩爲之。自額上而後交於項中，一端垂於左之下而爲纓，一端止於右之上而前鄉。其不纓者，則左端不垂而在上爲異耳。冠布纓之制與繩纓同，已見於前傳，故此惟言冠布也。不見升數者，言沽功則爲大功之首可知。

父卒則爲母。

注曰：尊得伸也。

繼公謂：父在爲母期，父卒則三年。云則者，對父在而立文也。其女子子在室者爲此服，亦惟笄總髽衰異爾。下及後章放此。　案，注云「尊得伸」者，謂至尊不在，則無所屈而得伸其私尊也。

繼母如母。

疏曰：繼母者，謂己母早卒，或被出之後，續己母也。喪之如親母，故云「如母」。

傳曰：繼母何以如母？繼母之配父，與因母同，故孝子不敢殊也。

注曰：因，猶親也。

繼公謂：此禮乃聖人之所爲，而傳謂孝子不敢殊者，明聖人因人情以制禮。

慈母如母。傳曰：慈母者何也？傳曰：妾之無子者，妾子之無母者，父命妾曰：「女以爲子。」命子曰：「女以爲母。」若是，則生養之，終其身如母。死則喪之三年如母，貴父之命也。養，陽尚反。

注曰：此主謂大夫士之妾無子、妾子之無母，父命爲母子者。其使養之，不命爲母子，則亦服庶母慈己者之服可也。大夫之妾子，父在爲母，大功則士之妾子爲母期矣。父卒，則皆得伸也。

疏曰：傳別舉舊傳以證成己義也。貴父之命者，一非骨肉之屬，二非配父之尊，但惟貴父之命故也。

繼公謂：言喪之三年者，以其見於此章，故惟據父卒者言也。案，注云「其使養之，不命爲母子，則亦服庶母慈己之服」者，謂妾或自有子，或子之母有他故不能自養其子，是以不可命爲母子，但使慈之而已。若是，則其服惟加於庶母一等可也。庶母慈己者，服見《小功章》。

母爲長子。

疏曰：母爲長子齊衰者，以子爲母服齊衰，母爲之，不得過於子爲己也。

繼公謂：經不著女子子爲母及此服之異於男子者，以其已於前章發之，則其類皆可得而推故也。

傳曰：何以三年也？父之所不降，母亦不敢降也。

夫妻一體，故俱爲長子三年。此加隆之服也，不宜云「不降」。父母於子，其正服但當期，初非降服。

右齊衰三年

疏衰裳齊、牡麻絰、冠布纓、削杖、布帶、疏屨期者。期，音雞。下並同。

疏曰：此章雖止一期，而禫杖具有。案，下《雜記》云「十一月而練，十三月而祥，十五月而禫」，即是此章者也。

繼公謂：此期服也，而杖屨之屬皆與三年章同者，是章凡四條，其三言爲母，其一言爲妻也。以禮考之，爲母宜三年。乃或爲之期者，則以父在若母出，故屈而在此也。妻以夫爲至尊，而爲之斬衰三年。夫以妻爲至親，宜爲之齊衰三年。乃不出於期者，不敢同於母故爾。然則二服雖在於期，實有三年之義，此杖屨之屬所以皆與之同也。

傳曰：問者曰：「何冠也？」曰：「齊衰、大功，冠其受也。緦麻、小功，冠其衰也。帶緣，各視其冠。」緣，以絹反。

疏曰：此假他問，已答之言也。降服，齊衰四升，冠七升。以其冠爲受，受衰七升。正服，齊衰五升，冠八升，受衰八升。義服，齊衰六升，冠九升，受衰九升。降服，大功衰七升，冠十升，受衰十升。正服，大功衰八升，冠十升，受衰十升。義服，大功衰九升，冠十一升，受衰十一升。其冠皆與其受衰升數同，故云「冠其受」也。降服，小功衰十升。正服，小功衰十一升。義服，小功衰十二升。緦麻，十五升，抽其半。其冠皆與其衰升數同，故曰「冠其衰」也。云「帶緣各視其冠」者，視猶比也。二者之布升數，多少各比擬其冠也。然本問齊衰之冠，因答大功與緦麻，小功并答〔一〕帶緣者，博陳其義也。

繼公謂：斬衰有二，其冠同。齊衰三年，惟有子爲母之冠耳。是章有降服，有正服，有義服，疑其冠之異同，故發問也。齊衰大功有受布，故冠其受冠衰布異也。緦麻、小功無受布，故但冠其衰冠、衰布同也。問者惟疑此章之冠，答者則總以諸章之冠爲言，以其下每章之服亦或各自不同故也。「帶緣各視其冠」者，謂齊衰以至緦麻其布帶與其冠衰之緣亦各以其冠布爲之。《間傳》曰：「期而小祥，練冠縓緣。」《檀弓》曰：「練衣縓緣。」則重服未練以前與夫輕服之冠衰，皆有

〔一〕「因答」、「并答」之「答」字，原均作「荅」。摛藻堂本均改作「答」，其校文云：「刊本『答』字俱訛『荅』，據賈疏改。」當從。

布緣明矣。此所云者是也。冠緣者，紕也。衰緣者，其領及袪之純也。此復言帶緣者，又因其布之與冠同，而并及之。案，疏言「降服齊衰，正服齊衰」，但可斷自此章而下。蓋此降服爲母也，正服爲妻也。

父在爲母。

此主言士之子爲母也。其爲繼母、慈母亦如之。

傳曰：何以期也？屈也。至尊在，不敢伸其私尊也。父必三年然後娶，達子之志也。

疏曰：家無二尊，故於母屈而爲期。不直言尊而言私尊者，母於子爲尊，夫不尊之故也。繼公謂：喪妻者，必三年然後娶，禮當然爾，非必專爲達子心喪之志也。蓋夫之於妻，宜有三年之恩，爲其不可以不降於母，是以但服期而已。然服雖有限，情則可伸，故必三年然後娶，所以終牉合之義焉。若謂惟主於達子之志，則妻之無子而死者，夫其可以不俟三年而娶乎？《春秋傳》曰：「王一歲而有三年之喪，二謂后與太子也。」喪妻之義，於此可見。

妻。

下章傳曰「父在，則爲妻不杖」，然則此爲妻杖謂無父者也。

傳曰：爲妻何以期也？妻至親也。

疏曰：妻移天齊體，與已同奉宗廟，爲萬世之主，故云「至親」。

繼公謂：此傳偏釋爲妻期服不爲過重之意，義似未備。

出妻之子爲母。

疏曰：此謂母犯七出，去夫氏，或適他族，或之本家，子爲之服者也。七出者，無子一也，淫泆二也，不事舅姑三也，口舌四也，盜竊五也，妬忌六也，惡疾七也。天子諸侯之妻，無子不出，惟有六出。

繼公謂：出妻者，見出之妻也。云「出妻之子」，主於父在者也。若父没，則或有無服者矣，如下傳所云者是也。又此禮亦關上下言之，若妾子之爲其出母，則亦或有不然者，非達禮也。

傳曰：出妻之子爲母期，則爲外祖父母無服。傳曰：「絶族無施服，親者屬。」

注曰：在旁而及曰施。親者屬，母子至親，無絶道。

繼公謂：此於其外親但云外祖父母，見其重者耳。絶族，離絶之族，謂父族與母族相絶而不爲親也。絶族無施服，言所以爲外祖父母無服也。親者屬，言所以爲出母期也。此蓋傳者引舊禮而復引傳以釋之也。下放此。

出妻之子爲父後者，則爲出母無服。傳曰：「與尊者爲一體，不敢服其私親也。」

言爲父後，則無父矣。乃云出妻之子，蒙經文也。與尊者爲一體，釋爲父後也。母不配父，則子視之爲私親。母子無絶道，固當有服。然有服則不可以祭，故爲父後則不敢服之。有服則不可以祭者，吉凶二道不得相干故也。

父卒，繼母嫁，從，爲之服，報。

王子雍曰：從乎繼母而寄育，則爲服。不從，則不服。

繼公謂：父卒而繼母不嫁則爲之三年，從之嫁則期，所以異内外也。報者，以其服服之之名，謂出妻於其子與此繼母皆報也。《小記》曰：「妾從女君而出，則不爲女君之子服。」妾不服之，明出妻有服也。舊説謂此「女君」猶爲其子期，是已母於子乃亦杖期者。既出嫁，則無尊加之義，故宜報之，所以别於在其父之室者也。此經言出妻之子爲母及子爲繼母嫁從之服，而獨不及於父卒母嫁者，今以此二條之禮定之，則子於嫁母，其從與否，皆當爲之杖期，而經不著之者，豈以其既有子矣，乃夫没而再嫁，尤爲非禮，故闕之以見義乎？傳曰：出妻之子爲父後者，則爲出母無服。然則，嫁母之子自居其室而爲父後者，亦不爲嫁母服也。

傳曰：何以期也？貴終也。

終者，終爲母子也。以終爲貴，故服此服也。繼母嫁而子從之，是終爲母子也。

右齊衰杖期

不杖，麻屨者。

注曰：此亦齊衰，言其異於上。

繼公謂：《大功章》曰：「三月受以小功衰，即葛九月。」此受以大功衰，即葛而期爲異耳。

祖父母。

疏曰：服之本制，若爲父期，祖合大功，爲父母加隆至三年，祖亦加隆至期也。

繼公謂：此服惟據父在者言也。父没，則服或異矣。傳曰：「父卒，然後爲祖後者，服斬。」《小記》曰：「祖父卒而后，爲祖母後者三年。」

傳曰：何以期也？至尊也。

謂不可以大功之服服至尊，故加而爲期也。

世父母，叔父母。

注曰：爲姑在室，亦如之。

疏曰：伯言世也，欲見繼世也。

繼公謂：女子子在室爲之，亦然。惟已許嫁者，則異也。此服皆報，不言之而別見者，欲序昆弟之子於衆子之後，序夫之昆弟之子於舅姑之後，以見親疏尊卑之等，故不於此言報也。若輕服，則不然。

傳曰：世父、叔父何以期也？與尊者一體也。

陳詮曰：尊者，父也。所謂昆弟一體也。

繼公謂：世叔父本是大功之服，以其與父一體，故當加一等也。以五服差之，族之親爲四緦麻，從祖之親爲三小功，則從父之親宜爲二大功也，而禮爲從父昆弟大功、世叔父期。以此傳考之，則世叔父之期，乃是加服。從父昆弟之大功，則其正服也。此釋經文，爲世父、叔父期之意。

然則，昆弟之子何以亦期也？旁尊也。不足以加尊焉，故報之也。

加尊者，謂以其尊加之也。昆弟之子本服亦大功，世叔父不以本服服之，而報以其爲己加隆之服者，以己非正尊，不足以尊加之故也。加尊而不報者，如父於衆子、祖於庶孫之類是也。昆弟之子雖不在此條，然以其即爲世叔父之服者，而世叔父亦以此服之義有不同，故并釋之也。

父子一體也，夫妻一體也，昆弟一體也。故父子首足也，夫妻牉合也，昆弟四體也。牉，普半反。

言首足、牉合、四體者，皆所以釋其爲一體也。此又申言與尊者一體之義，雖以三者並言，而其旨則惟主於昆弟。蓋世叔父乃其父之昆弟，所謂與尊者一體也。

故昆弟之義無分。然而有分者，則辟子之私也。子不私其父，則不成爲子。故有東宫，有西宫，有南宫，有北宫，異居而同財，有餘則歸之宗，不足則資之宗。辟，音避。

注曰：資，取也。

疏曰：昆弟之義無分者，以手足四體本在一身不可分别，是昆弟之義不合分也。然而分者，則辟子之私也。使昆弟之子各自私其父，故須分也。若兄弟同在一宫，則不成爲人子之法。案，《内則》云：「命士以上，父子異宫。」不命之士，父子同宫。縱同宫，亦有隔，别爲四方之宫也。張子曰：「子不私其父，則不成爲子。」古之人曲盡人情如此。若同宫，有叔父、伯父，則爲子者，何以獨厚於其父？爲父者，又烏得而當之？

繼公謂：此承上文而言也。父子、夫妻、昆弟俱是一體，然夫子、夫妻不分，而昆弟則分，似乖於一體之義，故言其理之不容不分者以釋之。東宮、西宮、南宮、北宮，蓋古者有此稱，亦或有以之爲氏者，故傳引之以證古之昆弟亦有分而不同宫者焉。異居而同財，則其所以分之意可見矣。宗，謂大宗、小宗共禰者也。

世母、叔母何以亦期也？以名服也。

疏曰：以配世叔父而生母名，則當隨世叔父而服之。

繼公謂：此釋經文也。言以名服，見其恩疏。

大夫之適子爲妻。適，丁敵反。下不音者，並同。

傳曰：父在則爲妻不杖，則是凡父在爲妻而非有所降者，其服皆然，不别適庶也。此乃特見大夫之適子，蓋謂大夫庶子爲妻，則異於是。惟其適子爲妻如邦人，故特舉以明之。凡大夫之子之服，例在正服後。今序於昆弟之上者，蓋以此包上下而言。故居衆人爲妻之處，若重出者，乃在正服後也。

傳曰：何以期也？父之所不降，子亦不敢降也。何以不杖也？父在則爲妻不杖。

注曰：大夫不以尊降適婦者，重適也。凡不降者，謂如其親服服之。

繼公謂：父之所不降，謂大夫爲適婦，亦大功如衆人，故子亦爲之不杖，期如衆人也。若大夫於庶婦降之而至於不服，其子亦降之而至於大功，所謂大夫之子則從乎大夫而降也。父在則爲妻不杖者，不敢同於父在爲母之服也。故父没爲母三年，乃得爲妻杖，是其差也。降有三品，大夫以尊而降，公之昆弟、大夫之子以其父之所厭而降，爲人後者、女子子適人者以出而降。子亦不敢降之，説見後。

昆弟。

注曰：昆，兄也。爲姊妹在室亦如之。

爲衆子。

注曰：衆子者，長子之弟，及妾子。女子子在室亦如之。

繼公謂：衆子，即庶子也。對長子立文，故曰衆子。庶則對適之稱也，實則一耳。父母爲衆子乃期者，以尊加之也。士妻爲妾子，亦期。凡適而非長，父母爲之亦與衆子同。

昆弟之子。傳曰：何以期也？報之也。

其女子子在室者，亦如之。

大夫之庶子爲適昆弟。

大夫之庶子爲昆弟，大功嫌於適亦然，故以明之。《斬衰章》云「父爲長子」，則大夫之適亦謂其長子，未必指爲弟者也。此云「適昆弟」者，古之文法不可以單言昆，故連弟言之，經中此類多矣。不言適子者，嫌自爲其子也。

傳曰：何以期也？父之所不降，子亦不敢降也。

注曰：大夫雖尊，不降其適，重之也。適子爲庶昆弟，庶昆弟相爲，亦如大夫爲之。

繼公謂：大夫之子於昆弟之屬，或有所降者，以從乎其父而不得不降之耳。若爲其父之適及尊同者，乃其父之所不降者，故己亦得遂其服焉。非謂以其父不降之之故，欲降之而不敢降也。凡後傳之言若此者，不復見之。

適孫。傳曰：何以期也？不敢降其適也。有適子者無適孫，孫婦亦如之。

注曰：周之道，適子死則立適孫，是適孫將上爲祖後者也。長子在，則皆爲庶孫耳，孫婦亦如之。適婦在，亦爲庶孫之婦。凡父於將爲後者，非長子皆期也。

疏曰：云「周道」者，以其殷道適子死弟乃當先立，與此不同也。

繼公謂：祖於孫宜降於子一等，而大功此期者，亦異其爲適，加隆焉爾，非不降之謂也。有適子者無適孫，孫婦亦如之，皆謂適不可二也。案，注云「凡父於將爲後者，非長子皆期」者，蓋以《斬衰章》惟言父爲長子故也。鄭言此者爲適子死而無適孫者，見之且明爲適孫亦期之意也。

適孫爲祖父後，服與子同。

爲人後者爲其父母，報。上爲，如字。傳「爲人」、「曷爲」，並同。

言其以别於所後者也，餘皆放此。父母爲支子服，率降於爲己者一等。此支子出爲人後者，爲其父母期，其父母亦報之以期而不復降者，以其既爲所後者之子，統不可二，故不敢以正尊加之而報之也。

傳曰：何以期也？不貳斬也。何以不貳斬也？持重于大宗者，降其小宗也。

疏曰：此問雖兼母，答專據父，故以斬而言。

繼公謂：此一節釋所以服期之意。爲父固當斬衰，然父不可二，斬不並行，既爲所後之父斬，則於所生之父不得不降而爲期。蓋一重則一輕，禮宜然也。大宗者，繼别子之後者也。小宗者，凡庶子之長子、適孫之屬皆是也，此爲大宗子矣。乃復謂所生之家爲小宗者，以其本爲支子故也。持，猶主也。

爲人後者，孰後？後大宗也。曷爲後大宗？大宗者，尊之統也。禽獸知母而不知父。野人曰：「父母何筭焉？」都邑之士，則知尊禰矣。大夫及學士，則知尊祖矣。諸侯及其大祖，天子及其始祖之所自出，尊者尊統上，卑者尊統下。大宗者，尊之統也。大宗者，收族者也，不可以絶，故族人以支子後大宗也。適子不得後大宗。筭，素管反。大祖，音泰。

注曰：都邑之士則知尊禰，近政化也。大祖，始封之君。上，猶遠也。下，猶近也。收族者，謂別親疏、序昭穆。《大傳》曰：「繫之以姓而弗別，綴之以食而弗殊。雖百世昏姻不通者，周道然也。」

疏曰：大祖，始封者不毁其廟，若魯之周公、齊之太公之類。

繼公謂：此一節承上文言，所以後大宗之意。尊之統，爲尊者之統也。小宗者，族人之所尊，而大宗又統乎小宗，故言尊之統，見其至尊也。大宗爲尊者之統而收族人，故族人不得不爲之立後。諸侯言太祖，天子言始祖，則始祖、太祖異矣。周祖后稷，又祖文王，《白虎通義》云「后稷爲始祖，文王爲太祖」，此其徵也。及，謂祭及之也。及其始祖之所自出，謂禘也。始祖之所自出，若殷周之帝嚳也。諸侯之太祖世世祭之，天子不惟世世祭其太祖，又祭其始祖，又祭其始祖之所自出，蓋所祭者之尊不同故也。尊者天子，卑者諸侯。此尊統，謂爲祖禰之統者也。尊統上，天子始祖之所自出者也。尊統下，諸侯之太祖也。此與大宗爲族人之尊統者，義不相關，意略相類，故假此以發明之。適子不得後大宗，則大宗亦有時而絶矣。

女子子適人者，爲其父母、昆弟之爲父後者。適，如字。「爲父」同字，傳爲「父同」。

此昆弟不言報，是亦爲之大功耳。

傳曰：爲父何以期也？婦人不貳斬也。婦人不貳斬者何也？婦人有三從之義，無專用之道，故未嫁從父，既嫁從夫，夫死從子。故父者，子之天也。夫者，妻之天也。婦人不貳斬者，猶曰不貳天也。婦人不能貳尊也。

此一節釋爲其父母也。從者，順其所爲而不違之，所謂以順爲正者也。天者，取其尊大之義。

人所尊大者無如天，故以之爲比。

爲昆弟之爲父後者，何以亦期也？婦人雖在外，必有歸宗，曰小宗，故服期也。

此一節釋爲其昆弟之爲父後者也。歸宗者，所歸之宗也。婦人雖外成，然終不可忘其所由生，故以本宗爲歸宗也。歸云者，若曰婦人或不安於夫家，必以此爲歸然也。其於爲父後者，特重以其爲宗子也。以私親言之，故曰小宗。其昆弟雖繼別，猶謂之小，所以別於夫家之宗也。

繼父同居者。

繼父，因母之後夫也。其或從繼母而嫁者，若爲其夫服，亦宜如之。

傳曰：何以期也？傳曰：「夫死，妻稚，子幼，子無大功之親，與之適人。而所適者，亦無大功之親。所適者以其貨財爲之築宫廟，歲時使之祀焉，妻不敢與焉。」若是，則繼父之道也。同居，則服齊衰期；異居，則服齊衰三月。必嘗同居，然後爲異居。未嘗同居，則不爲異居。

適，並如字。與，音預。爲、異，如字。

注曰：妻穉，謂年未滿五十。子幼，謂年十五以下。大功之親，謂同財者也。爲之築宫廟於家門之外，神不歆，非族妻不敢與焉。恩雖至親，族已絶矣。夫不可二，此以恩服爾。未嘗同居，則不服之。

繼公謂：傳之言若此，則是子於繼父本無服，特以二者具且同居，故爲服。此服若先同居後異居，則降而三月。是又於三者之外，以居之同異爲恩之深淺而定服之重輕也。然則三者，或闕其一。雖同居，亦無服矣。《小記》言同居、異居者與此異，更詳之。

爲夫之君。傳曰：何以期也？從服也。

疏曰：夫爲君斬，故妻從之服期也。

姑、姊妹、女子子適人無主者，姑、姊妹報。適，如字。

爲姑、姊妹、女子子出適者，降爲大功。今以其無主，乃加於降服一等而爲之期。其姑、姊妹於昆弟、姪，亦不容不以其所加者服之。云報者，服期之義生於己而不在彼故也。女子子適人者，爲父母自當期，固不必言報矣。然父母爲己加一等而已，於父母不復加者，其亦以婦人不能貳斬也與？

傳曰：無主者，謂其無祭主者也。何以期也？爲其無祭主故也。

祭主者，夫若子、若孫也。死而無祭主，尤可哀憐，故加一等。大功之服乃得加一等者，以其本服如是也。

爲君之父母、妻、長子、祖父母。

祖父母，尊也。乃在下者，見其爲變服也。孫於祖父母，其正服期。

傳曰：何以期也？從服也。父母、長子，君服斬。妻，則小君也。父卒，然後爲祖後者服斬。

注曰：此爲君矣，而有父若祖之喪者，謂始封之君也。若是繼體，則其父若祖有廢疾不立。父卒者，父爲君之孫，宜嗣位而早卒，今君受國於曾祖。

疏曰：云「父母、長子，君服斬」者，欲見臣從君服期。君之母當齊衰而言斬者，以母亦有三年之服，故并言之。

繼公謂：此先總言從服，則夫人之服亦在其中矣。以其非從斬而期，故復以小君别言之。爲小君亦謂之從服者，謂其得配於君，乃有小君之稱故也。爲母齊衰亦云斬者，以皆三年而略從其文耳。父卒，然後爲祖後者服斬，則是父在而祖之不爲君者卒，君雖爲之後，亦惟服期，以父在故爾。惟祖後於父而卒者，君乃爲之斬也。蓋其斬與期惟以父之存没爲制，君服斬然後臣從服期。又此言爲君之母與其祖母，皆指其卒於夫死之後者也。其夫若在，君爲之期，則臣無服也。

案，注云「此爲君矣，而有父若祖之喪者，謂始封之君也。若是繼體，則其父若祖有廢疾不立」，此總釋國君有不爲君之祖若父也。注又云「父卒者，父爲君之孫，宜嗣位而早卒，今君受國於曾祖」，此釋父卒然後爲祖後者，服斬之文也。夫君之無父而爲祖後者有二，有君已即位而父先卒祖後卒者，如注所云者是也。亦或有父爲君而卒，子既代立而祖乃卒者，注乃舉其一而遺其一，意似未備。

妾爲女君。

注曰：女君，君適妻。

繼公謂：此服期與臣爲小君之義相類。

傳曰：何以期也？妾之事女君，與婦之事舅姑等。

禮，夫妻體敵，妾爲君斬衰三年，而爲女君期，嫌其服輕，故發問也。妾之至尊者，君也，而女君次之。婦之至尊者，夫也，而舅姑次之。二事相類，故以爲況。妾之事女君既與婦之事舅姑等，則其爲女君服亦不宜過於婦爲舅姑服，但當期而已。然妾於女君其有親者，或大功，或小功，緦麻乃皆不敢以其服服之，而必爲之期，又所以見其尊之也。女君於妾不著其服者，親疏不同，則其服亦異故也。惟緦章見貴妾之服彼，蓋主於士也。若以士之妻言之，乃爲其無親者耳。若有親者，則宜以出降一等者服之。

婦爲舅姑。傳曰：何以期也？從服也。

子爲父母三年加隆之服也，妻從其加服，故降一等而爲期。然則從服者，惟順所從者之重輕而爲之，固不辨其加與正也。餘不見者，放此。

夫之昆弟之子。傳曰：何以期也？報之也。

世母、叔母服之也。其女子子在室，亦如之。

公妾、大夫之妾爲其子。

二妾之子爲母之服，異於衆人，嫌母爲其子亦然，故以明之。公，國君也。

傳曰：何以期也？妾不得體君，爲其子得遂也。

公與大夫於其子有以正服服之者，有以尊降之若絶之者，其妻與夫爲一體而從之，故不問己子與妾子，其爲服若不服亦然。二妾於君之子，亦從乎其君而爲之。其爲服若不服，皆與女君同。惟爲其子得遂，獨與女君異者，則以不得體君故也。蓋母之於子本有期服，初非因君而有之，故不得體君，則此服無從君之義，是以得遂也。

女子子爲其祖父母。

《斬衰章》曰「女子子在室爲父」，對適人者言之也。此惟云「女子子」而已，所以見其在室適人同也。然章首已見祖父母，則是服亦在其中可知矣。必復著之者，嫌出則亦或降之，如其爲父母然也。

傳曰：何以期也？不敢降其祖也。

傳以經意爲主，於適人者而發，故云然。女子子適人，不降其祖者，不敢以兄弟之服服至尊也。此不敢降之語，與大夫爲祖父母之傳意同，皆失之也。説見於後。

大夫之子爲世父母、叔父母、子、昆弟、昆弟之子、姑姊妹、女子子無主者爲大夫命婦者，唯子不報。爲大，如字。傳「爲大」、「曷爲」同。

注曰：此所爲者，凡六命夫、六命婦。

繼公謂：大夫之子從其父，亦降旁親一等。世叔父母、子、昆弟、昆弟之子，爲大夫命婦，與其父尊同，故不降而服期。若姑姊妹、女子子服，亦本期也。其在室者，則以大夫之尊厭降爲大功。若適士，則又以出降爲小功。今以其爲命婦，故不復以尊降，惟以出降爲大功。若又無祭主，乃加一等而爲期。大夫之妻謂之命婦者，君命其夫爲大夫，則亦命其妻矣。此於其子不別適庶，以父在故爾，傳曰「有適子者，無適孫」是也。是章有大夫爲適孫爲士者之服，則此昆弟之子爲其父之適孫者雖不爲大夫，已亦不降之也。又姑姊妹女子子云「無主」，則是夫先卒也。夫爲大夫而先卒，其妻猶用命婦之禮焉。以是推之，則嘗爲大夫而已者，亦用大夫之禮可知。

傳曰：大夫者，其男子之爲大夫者也。命婦者，其婦人之爲大夫妻者也。無主者，命婦之無祭主者也，何以言惟子不報也？女子子適人者爲其父母期，故言不報也。言其餘皆報也，何以期也？父之所不降，子亦不敢降也。大夫曷爲不降命婦也？夫尊于朝，妻貴於室矣。

適，如字。朝，直遥反。

注曰：無主者，命婦之無祭主，謂姑姊妹、女子子也。其有祭主者，如衆人。

繼公謂：經言惟子不報，謂男子爲父三年，與期服異也。傳以女子子釋之，似失之矣。女子子適人者爲其父自當期，乃不在不報中者，以與其餘報服同，故略言之也。又世父母、叔父母、昆弟、昆弟之子爲大夫命婦，乃於大夫之子亦報之者，蓋以其父之故，不敢以降等者服之，亦貴貴之意也。惟父卒，乃如衆人，大夫曷爲不降？命婦承父之所不降者而問也。此不降命婦，據大夫於其子之姑姊妹、女子子也。大夫爲此四命婦，或大功，或小功，皆不以尊降之，惟以出降耳。問者蓋怪其無爵而不降之。夫尊於朝，則妻貴於室，言其夫妻一體，同尊卑也，是以不降之。尊於朝，謂爲大夫。貴於室，謂爲内子。

大夫爲祖父母、適孫爲士者。

此祖父適孫爲士也，乃合祖母言之，所謂妻從夫爵者也。上已見祖父母適孫矣，此復著大夫之禮，則經凡不見爲服之人者，雖曰通上下言之，而實則主於士也明矣。

傳曰：何以期也？不敢降其祖與適也。

注曰：不敢降其祖與適，則可降其旁親也。

繼公謂：大夫於爲士者之服則降之，此亦爲士也。乃不降者，以其爲祖與適也。大夫所以降其旁親而不降祖與適者，聖人制禮使之然也，非謂大夫之意。亦欲降此親，但以其爲祖與適，故不敢降之也。此傳之言，似有害於義理。

公妾以及士妾爲其父母。

馬季長曰：公謂諸侯，其間有卿、大夫妾，故言以及士妾。

繼公謂：此妾云女子子適人者。爲其父母，則是服已在其中矣。復言此者，猶嫌爲人妾者屈於其君，則爲其私親，或與爲人妻者異，故以明之。云「公妾以及士妾」，又以見是服不以其君之尊卑而異也。

傳曰：何以期也？妾不得體君，得爲其父母遂也。

傳意蓋謂妾於其父母亦本自有服，非因君而服之，故不得體君，則爲之得遂然。妾以不得體君之故而遂其服者，惟自爲其子耳。若其私親，則無與於不得體君之義。蓋女君雖體君，亦未見有重降其私親者，傳義似誤也。

右齊衰不杖期

疏衰裳齊、牡麻絰，無受者。

注曰：無受者，服是服而除，不以輕服受之。《小記》曰：「齊衰三月，與大功同者繩屨。」

繼公謂：受者，以輕衰受重衰也。成人齊衰之服而無受，則惟三月可知，故不復見月數。

寄公爲所寓。

注曰：寓，亦寄也，爲所寄之國君服。

傳曰：寄公者何也？失地之君也。何以爲所寓服齊衰三月也？言與民同也。

注曰：諸侯五月而傳，而服齊衰三月者，三月而藏其服，至葬又反服之，既葬而除之。

繼公謂：經傳不見諸侯相爲服之禮，是無服也。寄公已失國，則異於諸侯。又寓於他邦之地，則不可不爲其君服，然非臣也，故但齊衰三月而與民同。國君五月而葬，此爲之服者，則止於三月。以齊衰之輕者，惟有此耳，故不以其葬月爲節也。不特制爲國君服者，辟天子也。諸侯之大夫爲天子繐衰，既葬除之，特制之服也。

丈夫、婦人爲宗子、宗子之母、妻。

注曰：宗子，繼别之後，百世不遷，所謂大宗也。

繼公謂：丈夫者，男子之與大宗絶屬者也。婦人者，謂絶屬之女子子在室者及宗婦也。丈夫、婦人於宗子、宗子之母、妻若在嫂叔之列者，則不服之。蓋親者且無服，疏者可知。

傳曰：何以齊衰三月也？尊祖也。尊祖，故敬宗。敬宗者，尊祖之義也。宗子之母在，則不爲宗子之妻服。

别子爲祖，繼别爲宗祖者，己之所自出也。尊之，重本也。然其尊祖之誠無由自盡，故於敬宗見之，蓋敬其爲别子之後者，乃所以尊别子也。故曰敬宗者，尊祖之義也。此爲宗子與其母妻服，皆敬宗之事，故傳言之「宗子之母在，則不爲宗子之妻服」者。謂族人於宗子之妻其服與否，惟以其母之在不在爲節，則宗子之母雖老而妻代主家事，若先其母而卒，族人亦不爲此服，蓋其母尚在故也。此義與宗子不孤而死族人不以宗子服之者，意實相類。

爲舊君、君之母、妻。

君，亦謂舊君也。在國而云舊君者，明其不見爲臣也。此服大夫、士同之。

傳曰：爲舊君者，孰謂也？仕焉而已者也。何以服齊衰三月也？言與民同也。君之母、妻，則小君也。

注曰：仕焉而已者，謂老若有廢疾而致仕者也。爲小君服者，恩深於民。

繼公謂：已，猶止也，鄭氏以爲致仕是也。此嘗仕矣，今又在國，其服宜異於民。乃亦齊衰三月者，蓋不在其位則不宜服斬，以同於見爲臣者。而臣於君又無期服，故但齊衰三月而不嫌其與民同也。然又爲小君服，則亦異於民矣。

庶人爲國君。

注曰：不言民而言庶人，庶人或有在官者。

疏曰：云庶人在官者，謂府史胥徒。

繼公謂：庶人此服，夫妻同之，非在官與？在官與當家者則不服也。畿内之民其服天子亦當如此，乃不著之者，則此經惟主爲侯國而作，益可見矣。

大夫在外，其妻、長子爲舊國君。

此承庶人之下，故但據其妻與長子言之。云「舊國君」，明妻子亦在外也。大夫於舊君恩深，故雖去國，而於已服之外妻子又爲之服也。去國且若是，則在國可知。大夫在位，與其長子俱爲君服斬，妻服期；去位，則皆爲之齊衰三月而已。又爲君之母、妻，若去國，則不服其母妻也，士之異於此者。長子無服，若去國，則夫妻亦不服之矣。

傳曰：何以服齊衰三月也？妻，言與民同也。長子，言未去也。

其爲服之意，若但如是而已，則士之在外者，妻與長子亦宜然也，何必大夫乎？傳似失之。

繼父不同居者。

注曰：嘗同居，今不同。

疏曰：此則《期章》所云「必嘗同居，然後爲異居」者也。

繼公謂：爲繼父同居者期，而爲異居者不降一等爲大功，乃服此服者，恩同於父，不敢以卑服褻之也。繼父於子同居、異居，皆不爲服。知不爲服者，二章無報文，且齊衰三月不可用於卑者也。

曾祖父母。

曾，猶重也，謂祖之上又有祖也。

傳曰：何以齊衰三月也？小功者，兄弟之服也，不敢以兄弟之服服至尊也。

疏曰：《三年問》云「至親以期斷」，然則何以三年也？曰加隆焉爾也。是本爲父期，則爲祖宜大功，曾祖宜小功，高祖宜緦麻。

繼公謂：兄弟之服，大功以下皆是也。小功者，據當爲曾祖之本服言也。曾祖本小功，以其爲兄弟之服不宜施於至尊，故服以齊衰三月焉。此其日月雖減於小功，而衰麻之屬實過於大功，且專爲尊者之服，是以日月之多寡有所不計。禮有似殺而實隆者，此之謂與？曾祖之父本服在緦麻，若以此傳義推之，則亦當齊衰而經不言之者，蓋高祖、玄孫亦鮮有相及者也。

大夫爲宗子。

亦與宗子絶屬者也。前條云「丈夫婦人爲宗子」、「宗子之母妻」，大夫此服既如衆人，則命婦亦宜然也。此但云「大夫爲宗子」，不云「命婦」，又不云「宗子之母妻」，各見其尊者爾。

傳曰：何以服齊衰三月也？大夫不敢降其宗也。

言不敢降，則是宗子爲士也。絶屬者且不降，則有親者亦服之如邦人，可知矣。

舊君。

此即在外之大夫爲之也。《子思子》曰：「古之君子進人以禮，退人以禮，故有舊君反服之禮。」《孟子》曰：「諫行言聽，膏澤下於民；有故而去，則君使人導之出疆，又先於其所往；去三年不反，然後收其田里。此之謂三有禮焉。如此，則爲之服矣。」爲舊君之義，二説盡之。

傳曰：大夫爲舊君，何以服齊衰三月也？大夫去，君歸[二]其宗廟，故服齊衰三月也。言與民同也，何大夫之謂乎？言其以道去君而猶未絶也。

云「君歸[三]其宗廟」，見猶望其復反之意，所謂猶未絶者，此也。然則，已絶者其不爲此服乎？亦似與經意異矣。

曾祖父母爲士者，如衆人。 爲，如字。

[二]「歸」原作「埽」，摛藻堂本改作「歸」，當從。
[三]「歸」原作「埽」，摛藻堂本改作「歸」，當從。

不云「如士」，而云「如衆人」，是庶人之服亦或如士禮矣。

傳曰：何以齊衰三月也？大夫不敢降其祖也。

經言大夫爲宗子舊君、曾祖父母爲士者，蓋連文也。故傳於此以大夫言之，非專取爲士之文也。

女子子嫁者、未嫁者爲曾祖父母。

此不降之服，似不必言未嫁者，經蓋顧《大功章》立文耳。女子子之適人者，降其父母一等，乃不降其祖與曾祖者，蓋尊服止於齊衰三月，其自大功以下則服至尊者不用焉。故父母之三年可降而爲齊衰期，而祖之齊衰期不可降而爲大功，曾祖之齊衰三月又不可降而無服，此所以二祖之服俱不降也。

傳曰：嫁者，其嫁于大夫者也。未嫁者，成人而未嫁者也。何以服齊衰三月？不敢降其祖也。

傳意謂嫁於大夫者雖尊，猶不敢降其祖。然則，大夫妻亦有降其本族之旁親與士妻異者乎？又所謂成人而未嫁者與不敢降之意，尤不相通，傳似失其旨矣。

右齊衰三月

大功布衰裳、牡麻絰，無受者。

注曰：大功布者，其鍛治之功沽麤也。

子、女子子之長殤、中殤。長，知丈反。下並同。

注曰：殤者，男女未冠笄而死可殤者也。

疏曰：中殤，或從上，或從下，是則殤有三等，制服惟有二等者，欲使大功下殤有服故也。若服亦三等，則大功下殤無服矣。聖人之意然也。

繼公謂：言子，又言女子子以殊之，是經之正例。凡言子者，皆謂男子，益可見矣。此子之殤服不分適、庶，但俱從本服而降者，以齊衰服重，不宜用之於殤也。經言男、女爲殤之節如此，則是古者男、女必二十乃冠、笄明矣。

傳曰：何以大功也？未成人也。何以無受也？喪成人者其文縟，喪未成人者其文不縟，故殤之絰不樛垂，蓋未成人也。年十九至十六爲長殤，十五至十二爲中殤，十一至八歲爲下殤，不滿八歲以下〔二〕爲無服之殤。無服之殤，以日易月。以日易月之殤，殤而無服，故子生三月則父名之，死則哭之，未名則不哭也。縟，音辱。樛，居虯反。爲，並如字。

注曰：縟，猶數也。其文數者，謂變除之節也。以日易月，謂生一月者，哭之一日也。殤而無服者，哭之而已。

疏曰：未名則不哭者，不以日易月而哭也。

繼公謂：文，謂禮文也。樛，當作繆。《檀弓》曰：「齊衰而繆絰。」正謂此也。繆，絞也。絰，謂首絰也。垂者，其纓也。殤絰之有纓者，不絞其纓而散之，此亦異於成人者，故以證之。無服之殤，以日易月，惟用於凡有齊斬之親者，自大功之親以下則否。蓋齊斬之長殤、中殤大功，下殤小功，以次言之，則七歲以下，猶宜有服，但以其不入當服之限，是以略之。然其恩之輕重與殤之在緦麻者相等，故不可不計日而哭之。若滿七歲者，哭之八十四日，則亦近於緦麻之日月矣，是其差也。知大功以下之親則否者，大功之下殤在緦麻，則七歲者自無服，故大功以下者不必與無

〔二〕「不滿八歲以下」句後，文淵閣本、摛藻堂本增「皆」字。王太岳云：「案各本俱脱『皆』字，據石經增。」

服之殤以日易月之哭可也。子生三月則父名之者，三月天時一變，故名子者法之未名則不哭者。子見於父，父乃名之，未名則是未之見也。未見則未成父子之恩，故不哭也。其他親之哭與否，亦以此爲節。此義與婦之未廟見而死者相類。

叔父之長殤、中殤，姑姊妹之長殤、中殤，昆弟之長殤、中殤，夫之昆弟之子、女子子之長殤、中殤，

《小功章》云昆弟之子、女子子、夫之昆弟之子、女子子之下殤，則此服亦夫妻同也。是章中不見「昆弟之子、女子子」，今以下章例之，復考其尊卑親疏之次，則知亦當有此七字。蓋傳寫者以其文同，故脱之耳。

適孫之長殤、中殤，大夫之庶子爲適昆弟之長殤、中殤，公爲適子之長殤、中殤，大夫爲適子之長殤、中殤。

注曰：重適也，天子亦如之。

疏曰：諸侯於庶子則絶而無服，大夫於庶子降一等，故於此惟言適子也。

繼公謂：公亦有爲適子長殤之服，則國君之世子亦必二十而後冠如衆人矣。

其長殤皆九月，纓絰。其中殤七月，不纓絰。

注曰：經有纓者，爲其重也。

繼公謂：纓經，謂纓其經也。纓，即經之垂者。此大功之纓經，亦右本在上，其異於成人者，散而不絞爾。纓經止於大功九月，故此七月者，亦有大功而不纓經，所以見其差輕也。此經雖不纓，猶以麻之有本者爲之，以其爲大功之服也。

右殤大功九月、七月

大功布衰裳、牡麻經纓、布帶三月，受以小功衰，即葛九月者。

注曰：受，猶承也。即，就也。《間傳》曰：「大功之葛，與小功之麻同。」

繼公謂：齊衰以上，其經皆不言經纓，故於此成人大功言之，乃因輕以見重，且明有纓者之止於此也。受以小功衰者，説大功布衰裳而以小功布衰裳受之也。即葛，説麻經帶就葛經帶也。三月而變衰葛，九月而除之，婦人異於男子者，不葛帶耳，小功亦然。《檀弓》曰：「婦人不葛帶。」此章特著受月者，以承上經無受之後，嫌與之同，亦且明受衰之止於此也。此三月受服，上下同之。章内有君爲姑、姊妹、女子子嫁於國君者而服問，又言君主適婦之喪，是諸侯雖無大功，而於其尊同者。若所不可得而絶者，亦服此服也。其姑、姊妹、女子子之嫁於國君者，爲外喪君之受服，固不視其卒哭之節。適婦雖内喪，而其禮則比於命婦，但三月而葬，故君亦惟三月而受服也。

傳曰：大功布，九升。小功布，十一升。

注曰：此受之下也，以發傳者，明受盡於此也。

疏曰：云「大功布九升，小功布十一升」者，此章有降、有正、有義：降則衰七升，冠十升；正則衰八升，冠亦十升；義則衰九升，冠十一升。十升者，降小功。十一升者，正小功。傳以受服不言降大功與正大功，直言義大功之受者。鄭云，此受之下，據受之下發傳者，明受盡於此。義服大功，以其小功至葬，唯有變麻服葛，因故衰無受服之法，故傳據義大功而言也。

繼公謂：大功布三等，受布二等。此於大功與受布各見一等者，但以其一一相當者言也。

觀此，則其上二等之受布亦可見矣。

姑、姊妹、女子子適人者。適，如字。

不杖期，章不特著，爲此親在室者之服，蓋以此條見之，蓋經之例然也。其他不見者，放此。

傳曰：何以大功也？出也。

以出者，降其本親之服，故此亦降之也。

從父昆弟。

注曰：世父、叔父之子也。其姊妹在室，亦如之。

繼公謂：世叔父之子謂之從父昆弟者，言此親從父而别也，故以明之。從祖之義亦然。

爲人後者，爲其昆弟。傳曰：何以大功也？爲人後者，降其昆弟也。爲人，如字。傳同。

其姊妹在室亦如之。

庶孫。

孫言庶者，對適立文也。孫於祖父母本服大功，以其至尊，故加隆而爲之期。祖父母於庶孫以尊加之，故不報而以本服服之也。

適婦。

注曰：適婦，適子之妻。言適者，從夫名。

傳曰：何以大功也？不降其適也。

亦加隆之服爲之，大功非不降之謂也。婦從其夫而服舅姑期，舅姑以正尊而加尊焉，故例爲之小功。此異其爲適，故加一等也。

女子子適人者爲衆昆弟。適，如字。

昆弟，云衆對爲父後者立文也。是亦主言父没者之禮矣。禮，女子子成人而未嫁，或逆降其旁親之期服。此言已適人者，乃爲其昆弟大功，則是其旁親之期服之不可以逆降者，惟此耳。

姪丈夫、婦人，報。傳曰：姪者何也？謂吾姑者，吾謂之姪。姪，大結反。

必言「丈夫、婦人」者，明男女皆謂之姪也。若但云「姪」，則嫌若偏指昆弟之女然，故兩見之。經凡於爲姪之服，皆指姑之已適人者而言。蓋以姪或成人，或在下殤以上，則姑亦鮮有在室者矣。姪之婦人在室，《適人同章》首已見爲姑適人者之服，此似不必言報，疑「報」字非誤則衍。

夫之祖父母、世父母、叔父母。

不言夫之世父母、叔父母報，文略也。

傳曰：何以大功也？從服也。

此釋經意也。

夫之昆弟何以無服也？其夫屬乎父道者，妻皆母道也。其夫屬乎子道者，妻皆婦道也。謂弟之妻婦者，是嫂亦可謂之母乎？故名者，人治之大者也，可無慎乎？

朱子曰：傳意本謂弟妻不得爲婦，兄妻不得爲母，故反言以詰之，曰：若謂弟妻爲婦，則是兄妻亦可謂之母矣，而可乎？言其不可爾。

繼公謂：爲夫之祖父母、世叔父母大功，皆從夫之期服者也。夫爲其昆弟亦期，妻若從而服之，亦當大功。今乃無服，故因而發。《傳》母道、婦道，謂世叔母及昆弟之子、婦之類也。此據男子所爲服者而言，故繼之曰「謂弟之妻婦者，是嫂亦可謂之母乎？」蓋以當時有謂弟妻爲婦者，故引而正之，以言其不可也。傳之意蓋謂，男子爲婦人來嫁於己族者之服惟在母婦之行者則可，若尊不列於母，卑不列於婦，則不爲之服，以其無母婦之名也，故爲昆弟之妻無服。經之此條主於妻爲其夫之黨，《傳》以從服釋之是也。又云「夫之昆弟何以無服？」亦據妻不從夫而服其昆弟，發問亦是也。顧乃以男子不服昆弟之妻爲答，此不惟失所問之意，又與夫之昆弟所以無服之義相違。蓋婦人於夫之昆弟當從服，而乃不從服，其無服之義生於婦人，而非起於男子也。《檀弓》曰：「嫂叔之無服也。」蓋推而遠之，彼似善於此矣。《爾雅》曰：「弟之妻爲婦。」

大夫爲世父母、叔父母、子、昆弟、昆弟之子爲士者。爲士，如字。

注曰：子，謂庶子。

繼公謂：大夫於士爲異爵，故其喪服例降其旁親之爲士者一等。雖世叔父母亦降之，所以見貴貴之意勝也。《不杖期章》爲此親之爲大夫命婦者，云大夫之子，此云大夫，互見其人以相備也。

傳曰：何以大功也？尊不同也。尊同，則得服其親服。注曰：尊同，謂亦爲大夫者。親服，期。

公之庶昆弟、大夫之庶子爲母妻昆弟。注曰：公之庶昆弟，則父卒也。大夫之庶子，則父在也。其或爲母，謂妾子也。昆弟，庶昆弟也。

繼公謂：母妻及昆弟之尊同者，若不宜降，而此二人降之者，則皆以死者爲其父尊之所厭，而不得伸其服故也。其所厭雖有遠近之異，而意義實同，故並言之。公之昆弟其親之，以厭而降者，僅止於此。若大夫之子此服之外，更有而降在大功者，其多寡與公之昆弟不類。乃並言此者，蓋主於其庶子之爲母妻耳。非謂其親之以厭而降者，亦僅止於此也。且此昆弟之降大夫之子皆然，亦不專在於庶。

傳曰：何以大功也？先君餘尊之所厭，不得過大功也。大夫之庶子，則從乎大夫而降也。父之所不降，子亦不敢降也。厭，於葉[一]反。

[一]「葉」字原作「棄」，擒藻堂本改作「葉」，當是。

注曰：言從乎大夫而降，則於父卒如國人也。父所不降，謂適也。

繼公謂：厭，謂厭其所爲服者也。不得過大功，謂使服之者不得過此而伸其服也。大夫之子從乎大夫而降，謂尊降之義在大夫而不已也。蓋國君於旁期而下，皆以尊厭而絶之。此三人者，皆君所絶者也。尊者之子必從其父而爲服，故君在則公子於昆弟無服，而爲母若妻於五服之外。君没矣，其死者，猶爲餘尊之所厭，是以公子爲此三人止於大功也。大夫於所服者，或以尊加之而降一等，亦謂之厭。此三人者，皆大夫之所降者也。其子亦從其父而降之一等爲大功，與公子父没之禮同。大夫没，子乃得伸其服，以其無餘尊也。此傳言公之昆弟、大夫之庶子，是服之所以同者備矣，而諸侯大夫尊厭、輕重、遠近之差，亦略於是乎見焉。推而上之，則天子之所厭者又可知矣。先儒乃以天子之子同於公子之禮，似誤也。

皆爲其從父昆弟之爲大夫者。爲大，如字。

此文承上經兩條而言，則皆云者，皆大夫、公之昆弟、大夫之子也。大夫、公之昆弟於此親則尊同也，大夫之子於此親則亦以其父之所不降者也，故皆服其親服。《春秋傳》曰：「公子之重，視大夫。」公之昆弟降其昆弟之爲公子者，不降其從父昆弟之爲大夫者，則知先君餘尊之所厭，止於上三人耳。

爲夫之昆弟之婦人子適人者。

注曰：婦人子者，女子子也。

疏曰：此謂世叔母爲之服。

繼公謂：是服，夫妻同也。上經不言夫爲之者，其文脱與？或言女子子，或言婦人子，互文以見其同爾。

大夫之妾，爲君之庶子。

此服亦從乎其君而服之也。大夫爲庶子大功，女子子在室亦如之。妾爲君之長子亦三年，自爲其子期。經於妾爲君之黨服皆略之，惟著大夫之妾以見其異，則士之妾不言可知矣。

女子子嫁者、未嫁者爲世父母、叔父母、姑、姊妹。

注曰：女子子成人者，有出道降旁親及將出者，明當及時也。

繼公謂：此著其降之之節異於他親也。在室而逆降，正言此七人者，蓋世父母、叔父母與姑之期爲旁尊之加服，姊妹之期雖本服，然以其外成也，故并世父已下皆於未嫁而略從出降，明其異於父母昆弟也。此服無爲妻、爲妾之異，經惟以嫁爲言者，約文以包之耳。又前經見姊妹適人者及爲夫之昆弟之婦人子、適人者，此世父母而下爲凡女子子之降服也。其服惟以適人爲節，以此見逆降之服，無報禮也。

傳曰：嫁者，其嫁于大夫者也。未嫁者，成人而未嫁者也。何以大功也？妾爲君之黨服，得與女君同。下言爲世父母、叔父母、姑、姊妹者，謂妾自服其私親也。

注曰：此不辭，即實爲妾遂自服其私親，當言其以明之。《齊衰三月章》曰「女子子嫁者、未嫁者爲曾祖父母」，經與此同，足以見之矣。

疏曰：不辭者，不是解義言辭也。「即實爲妾遂自服其私親，當言其以明之」者，案，《不杖期章》云「女子子適人者爲其父母」，又云「公妾以及士妾爲其父母」，皆言其以明其爲私親，今此不言，其明非妾爲私親。

繼公謂：傳者以此經合於上，謂皆大夫之妾爲之，故其言如此。何以大功？怪其卑賤而服之降否如尊者然也。妾爲君之黨，服得與女君同，釋所以大功之意，言大夫於此庶子、女子子或以尊降之，或以其尊同而不降，皆在大功。妻體其夫，服宜如之。若妾則不體君，而此服亦大功者，以是三人者皆君之黨，已因君而服之，故其降若否，亦視君以爲節，而不得不與女君同，固無嫌於卑賤也。然此但可以釋爲君之庶子之文，若并女子子未嫁者言之，則不合於經。蓋經初無爲女子子未嫁者之禮，且凡云嫁者，皆指凡嫁於人者而言，非必謂行於大夫而后爲嫁也。又謂「爲世父母」以下皆「妾爲私親之服」，亦不合於經。蓋此乃適人者之通禮，經必不特爲此妾發之。又此妾爲私親大功者，亦不止於是也，傳、説俱失之。詳傳者之意，蓋失於分句之不審。又求其爲嫁者，大功之説而不可得，故强生嫁於大夫之義以自傅會。既以女子子嫁者、未嫁者屬於上條，則爲世父母以下之文無所屬，又以爲亦大夫之妾爲之，遂使一條之意析而爲二，首尾衡決，兩無所當，實甚誤也。考此傳文，其始蓋引大夫之妾至未嫁者之經文而釋之，故已釋其所謂本條者之旨，復以下言云云併釋下經，今在此者，乃鄭氏移之爾。案，注云「《齊衰三月章》曰『女子子嫁者、未嫁者爲曾祖父母』，經與此同足以明之矣」者，謂二經之文同足以明其不當如舊説也。

大夫、大夫之妻、大夫之子、公之昆弟爲姑、姊妹、女子子嫁于大夫者。

大夫、公之昆弟爲此服，則尊同也。大夫之子，則亦從乎大夫而爲之也。大夫之妻爲此，女子子其義亦然。若爲此，姑、姊妹又但爲本服耳。蓋婦人之嫁者，於其兄弟惟有出降而已。姑、姊妹雖不爲命婦，猶爲之大功也。經言大夫、大夫之子爲服者多矣，於是乃著大夫之妻者，以惟此條可與之相通，故因而見之也。凡妻爲夫之族類，於其姊妹與其在父列以上者，率降於夫，於其昆弟之列者又無服，惟在子列而下乃與夫同之耳。又考公之昆弟爲此，姊妹惟在出降之科，則是先君餘尊之所厭亦不及於其嫁出之女也。若先於君，其姊妹與其孫則不厭之固矣。

君爲姑、姊妹、女子子嫁于國君者。

以上條例之，則夫人、公子之服亦當然也。

傳曰：何以大功也？尊同也。尊同，則得服其親服。

疏曰：問者以諸侯絶旁期，大功降一等，今此大功故也。

繼公謂：尊同，謂君於爲夫人者，大夫、公之昆弟於爲命婦者也。夫人、命婦雖非有爵者，然此三人以其與己敵者齊體之故，亦例以尊同者視之。而如其出嫁之服，不敢絶之降之也。此一節釋經之文義。

諸侯之子稱公子，公子不得禰先君。公子之子稱公孫，公孫不得祖諸侯。此自卑别於尊者也。若公子之子孫有封爲國君者，則世世祖是人也。不祖公子，此自尊别於卑者也。别，並彼列反。

注曰：不得禰、不得祖，不得立其廟而祭之也。卿大夫以下祭其祖禰，則世世祖是人不祖公子者，後世爲君者祖此受封之君，不復祀别子也。因國君以尊降其親，故終説此義云。

繼公謂：卑，謂爲臣者也。尊，謂爲君者也。言身爲人臣，則其廟不可上及於爲君者；身爲國君，則其廟不可上及於爲臣者。是謂别之也。别於尊者，所以塞僭上之原；别於卑者，所以明貴貴之義，聖人制禮之意然也。此言封君之後，世世祖封，君不祖公子，則是封君之時其祖考之廟在，故家自若也，不復更立。而立一虛廟於公宫左之最東，以爲行禮之所，及封君没，則於焉祀之，謂之大廟，而爲百世之祖也。祖封君而不祖公子，如晉不祖桓叔而祖武公，是其事也。

是故始封之君不臣諸父昆弟，封君之子不臣諸父而臣昆弟。封君之孫盡臣諸父昆弟。 盡，子忍反。

朱子曰：始封君之諸父昆弟、始封君之父，未嘗臣之，故始封之君不敢臣之。封君之子所謂諸父者，即始封君謂之昆弟而未嘗臣之者也，故封君之子亦不敢臣之。封君之子所謂昆弟者，即始封君之子始封君嘗臣之者也，故封君之子亦臣之。封君之孫所謂諸父昆弟者，即始封君之子所臣之昆弟及其子也，故封君之孫亦臣之。故下文繼之以「君之所不服，子亦不敢服也。君之所爲服，子亦不敢不服也」。

繼公謂：此因上云「公子之子孫有封爲國君者」而言之也。

故君之所爲服，子亦不敢不服也。君之所不服，子亦不敢服也。

言此者，以其與上文意義相類也。謂公子之服與否，皆視其君而爲之，此專指公子之公在者言也。若公没，則鄙之所謂不敢服者，今則皆服之矣。但其爲先君餘尊所厭者，乃降之如爲母妻昆弟大功是也。不敢不服之意，與前傳所謂不敢降者同，後放此。

右大功九月

繐衰裳、牡麻絰，既葬除之者。 繐，音歲。

此服特爲諸侯之大夫爲天子而制，故必於其七月既葬乃除之。葬時，大夫若會若否，其除之節同也。七月而除，則絰未必繆也，其度亦未聞。前《齊衰章》傳云「帶緣各視其冠」，又《記》云「繐衰冠八升」，則此帶亦八升矣。又此承大功之下，疑其亦用繩屨，與齊衰三月者同。蓋服至尊之屨，或當然也。

傳曰：繐衰者何以？小功之繐也。

注曰：治其縷如小功，而成布四升半。細其縷者，以恩輕也。升數少者，以服至尊也。凡布細而疏者謂之繐，今南陽有鄧繐。

繼公謂：云「何以」，又云「小功之繐」，則繐之麤細亦不一矣。小功之布有三等，此繐衰之縷其如小功之上者。

諸侯之大夫爲天子。

疏曰：此經直云「大夫」，則大夫中有孤卿也。

繼公謂：惟言「諸侯之大夫」，則其士庶不服可知。諸侯之大夫於天子爲陪臣，不可以服斬，又不可以無服，故爲之變而制此繐衰焉。不齊衰三月者，亦辟於其舊國君之服也。

傳曰：何以繐衰也？諸侯之大夫以時接見乎天子。見，賢遍反。

接見乎天子者，謂爲天子所接見也。經惟言諸侯之大夫，而傳意乃爾。若然，則諸侯之大夫其亦有不爲天子服者乎？

右繐衰

小功布衰裳、澡麻帶絰五月者。澡，音早。

注曰：澡者，治去莩垢也。《小記》曰：「下殤小功，帶澡麻，不絶本，屈而反以報之。」

疏曰：上文多以一經包二，此别言帶者，欲見與絰不同故也。帶在絰上者，小功以下，絰帶斷本。此殤小功中有下殤，小功帶不絶本，故進帶於絰上，以見重也。又此不言布帶，文略也。不言屨者，當與下章同吉屨無絇也。

繼公謂：小功布之縷，麤於緦之縷矣。乃曰「小功」者，對大功立文也，不言牡麻與無受者可知也。

叔父之下殤、適孫之下殤、昆弟之下殤、大夫庶子爲適昆弟之下殤、爲姑、姊妹、女子子之下殤，

此章别言女子子之下殤而不見公之下殤，又公爲適子、大夫爲適子之下殤亦不見，皆文脱耳。

爲人後者爲其昆弟、從父昆弟之長殤。爲人，如字。

爲從父昆弟者，異人也，經文省耳。其姊妹之殤亦如之。

傳曰：問者曰：中殤何以不見也？大功之殤，中從上；小功之殤，中從下。見，賢遍反。

注曰：問者，據從父昆弟之下殤在緦麻也。大功、小功，皆謂服其成人也。此主謂丈夫之爲殤者服也。凡不見者，以此求之。

繼公謂：大功之殤，始見於此，而又不言中殤，故發問也。喪服之等，其重者自大功而上，輕者自小功而下，已於麻本有無之類見之矣，此復以二者之中殤各異其從上從下之制，亦因以見義。云從父昆弟之殤，丈夫與女子子在室者爲之同也。然則，此傳亦兼婦人之爲其親族之爲殤者言

矣。凡不見者，以此求之。

爲夫之叔父之長殤，昆弟之子、女子子、夫之昆弟之子、女子子之下殤，爲姪、庶孫丈夫、婦人之長殤。

姪之殤服，亦姑之適人者爲之也。於庶孫之下言丈夫、婦人者，明庶孫之文不可以兼男女，亦爲其與姪連文故也。

大夫、公之昆弟、大夫之子爲其昆弟、庶子、姑、姊妹、女子子之長殤。

注曰：云公之昆弟爲庶子之長殤，則知公之昆弟猶大夫。

繼公謂：其中殤亦從上，若下殤則不服之，蓋大夫無緦服也。公之昆弟於庶子而下，則爲以尊而降於昆弟，則亦以其父之所厭而降也。大夫、大夫之子所以降之意，前章詳之矣。此已爲大夫，不應有昆與姊之殤，而此經乃爾，蓋以昆弟、姊妹宜連文，且此條亦不專主於大夫故也。

大夫之妾爲庶子之長殤。

注曰：君之庶子。

繼公謂：上已言君之庶子，故此略之，爲君之女子子亦然。是雖大功之殤，亦中從上，蓋女君之爲此，子與夫同。而妾爲君之黨，或得與女君同。故皆宜中從上，而不可以婦人之從服者例論也。其下殤亦不服之。

右殤小功五月

此所不見者，子之下殤，公爲適子、大夫爲適子之下殤，蓋文脱耳。

小功布衰、裳牡麻絰，即葛五月者。

注曰：小功輕，三月變麻，因故衰以就葛絰帶而五月也。《間傳》曰：小功之葛，與緦之麻同。舊説，小功以下，吉屨無絇也。

繼公謂：經不言澡，可知也。此變麻即葛，乃不易衰者，爲無受布也。即葛不云三月者，已於《大功章》見之，故不言也。

從祖祖父母、從祖父母，報。

注曰：祖父之昆弟之親。

繼公謂：此與爲之者尊卑雖異，亦旁尊也，故報之。於此即言報者，略輕。服齊衰大功重，報服或别見之。　案，注意謂從祖祖父乃祖父之昆弟，從祖父乃祖父之昆弟之子，故曰祖父之昆弟之親也。

從祖昆弟。

注曰：父之從父昆弟之子。

疏曰：三者爲三小功也。

從父姊妹、孫適人者。適，如字。下「適人」同。

三者、適人，其法同。云「適人」，則爲女孫無嫌，故不必言女。

爲人後者，爲其姊妹適人者。爲人，如字。

經於前章爲人後者，惟見其父母、昆弟、姊妹之服，餘皆不見，是於本服降一等者，止於此親爾。所以然者，以其與已爲一體也。然則自此之外，凡小宗之正親、旁親皆以所後者之親疏爲服，不在此數矣。此姊妹之屬不言報，省文也。《記》曰：「爲人後者，於兄弟降一等，報。」

爲外祖父母。傳曰：何以小功也？以尊加也。

尊云者，謂其爲母之父母也。子之從其母而服母黨者，當降於其母二等。母爲父母期，子爲外祖父母小功宜也，非以尊加也。

從母。丈夫、婦人報。

注曰：從母，母之姊妹。丈夫、婦人，姊妹之子，男女同。

繼公謂：從母之義與從父同，以其在母列，故但以從母爲稱。丈夫、婦人，即爲從母服者也。

此爲加服而從母乃報之者，以其爲母黨之旁，尊不足以加尊焉，故報之也。經凡三以丈夫、婦人連文，而所指各異，讀者詳之。

傳曰：何以小功也？以名加也。外親之服皆緦也。

母爲姊妹大功，子從服當緦，以有母名，故加一等。而在此云外親之服皆緦，以見此爲加也。然外親之服有在緦者，則以其從與？報而爲之，不得不然耳，非故輕之，令例皆緦也。又爲外祖父母，亦從服之常禮也。而在小功乃云皆緦，何哉？

夫之姑、姊妹，娣姒婦，報。

注曰：夫之姑、姊妹不殊在室及嫁者，因恩輕，略從嫁降。娣姒婦者，兄弟之妻相名也。

繼公謂：爲夫之姑、姊妹從服也，乃小功者，惟從其夫之降服也。《記》曰：夫之所爲兄弟服，妻降一等。夫爲其姑、姊妹在室者期正服也，出嫁者大功降服也。妻不隨其夫之正服、降服而爲升降者，從服者宜有一定之制，而不必隨時變易也。所以不從其夫之正服者，恐爲其出嫁者或與夫同服，則失從服之義也。此爲從服，故姑、姊妹言報，娣姒婦固相爲矣。亦言報者，明其不以夫爵之尊卑而異也。先娣後姒，則娣長姒稚明矣。

傳曰：娣姒婦者，娣長也。何以小功也？以爲相與居室中，則生小功之親焉。

婦人於夫之昆弟當從服，以遠嫌之，故而止之，故無服。假令從服，亦僅可以及於其昆弟之身，不可以復及其妻也。然則娣姒婦無相爲服之義而禮有之者，則以居室相親，不可無服故爾。然二人或有並居室者，有不並居室者，亦未必有常共居室者而相爲服之義。惟主於此者，蓋本其禮之所由生者言也。娣，長也。釋娣婦之爲長婦也，其下亦似有脱文。

大夫、大夫之子、公之昆弟爲從父昆弟、庶孫、姑、姊妹、女子子適士者。

適，如字。

注曰：從父昆弟及庶孫，亦謂爲士者。

繼公謂：此姑、姊妹、女子子再降，故其服在此。不言適人而言適士者，所以見從父昆弟及庶孫亦謂爲士者也，經之例多類此。公之昆弟於其從父昆弟之不爲大夫者，乃小功者，以其非公子也。周之定制，諸侯父死子繼，不立昆弟，於此亦可見矣。

大夫之妾爲庶子適人者。

注曰：君之庶子，女子子也。庶女子子在室大功，其嫁於大夫亦大功。

繼公謂：女子子不必言庶，文有脱誤也。經凡言庶子，皆主於男子也。此非己子，故其服如此。若爲己之女子子在室期，適人亦大功。又故《喪服記》與《小記》言妾爲君之長子之服，《大功章》及此章凡三見大夫之妾爲君之庶子及其女子子之服，若其君之他親則無聞焉。然則凡妾之從乎其君而服其君之黨者止於此耳，是亦異於女君者也。

庶婦。

庶婦爲舅姑期，舅姑乃再降之爲小功者，所以别於適婦也。

君母之父母從母。傳曰：何以小功也？君母在，則不敢不從服；君母不在，則不服。

注曰：君母，父之適妻也。從母，君母之姊妹。不敢不服者，恩實輕也。凡庶子爲君母，如適子。

疏曰：不在者，或出或死也。君母在，既爲君母父母，其己母之父母或亦兼服之。

繼公謂：「君母在，則不敢不從服」者，以其配父尊之也。「君母不在，則不服」者，别於己之外親也。此庶子雖服其君母之父母、姊妹，彼於此子則無服也。蓋庶子以君母之故不得不服其親，而彼之視己實非外孫與姊妹之子，故略而不服。

君子子爲庶母慈己者。

注曰：君子子者，大夫及公子之適妻子。

繼公謂：此服固適妻之子爲之，若妾子，則謂其母或不在，或有他故，不能自養其子而庶母代養之，不命爲母子者也。

傳曰：君子子者，貴人之子也。爲庶母何以小功也？以慈己加也。

注曰：《内則》曰：「異爲孺子室於宫中，擇於諸母與可者，必求其寬裕慈惠、温良恭敬、慎而寡言者，使爲子師。其次爲慈母，其次爲保母，皆居子室。他人無事不往。」不言師、保、慈母居中，服之可知也。國君世子生，卜士之妻、大夫之妾使食子，三年而出，見於公宫，則劬非慈母也。士之妻，自養其子。

繼公謂：禮，爲庶母緦，謂士及其子也。其慈己者恩宜有加，固小功矣。此云「君子子者」，明雖有貴者，其服猶然也。大夫之子、公子之子於庶母亦當緦麻，以從其父而降，遂不服其於慈己者，加在小功。若又從父而降，則宜在緦麻。今乃不降而從其加服者，嫌其與凡父在而爲不慈己者之服同也。正者降之，加者伸之，其意雖異，而禮則各有所當也。云「君子子」，則父在也。父在且伸此服，則父没可知矣。其爲父後者，則但服緦，蓋不可以過於因母也。若爲大夫則不服之，以大夫於庶母本無服故也。

右小功五月

緦麻三月者。

注曰：緦麻，緦布衰裳而麻絰帶也。不言衰絰，略輕服，省文。

繼公謂：輕服既葬即除之，故但三月也。不別見殤服者，以其服與成人無異也。齊衰三月不言繩屨，大功不言冠布纓，小功不言布帶，緦麻不言衰絰，服彌輕則文彌略也。案，注以麻爲言麻絰帶者，蓋經傳單言麻者，多以絰帶言也。

傳曰：緦者，十五升抽其半，有事其縷，無事其布，曰緦。

注曰：謂之緦者，治其縷細如絲也。抽，猶去也。《雜記》曰：「緦冠繰纓。」

繼公謂：十五升者，將爲十五升布之縷也。抽其半而爲布，則成布七升有半也。此比於他服之布爲稍疏，比於他布之縷爲最細。細者，所以見其爲輕喪；疏者，所以明其非吉布。若布縷之或治或否，其意亦猶是也。曰緦者，蓋治其縷則縷細如絲，故取此義而名之，亦以異於錫衰也。此布七升有半，乃在小功之下者，以其縷細也。凡五服之布，皆以縷之麤細爲序。其麤者則重，細者則輕，故升數雖多而縷麤猶居於前，如大功在繐衰之上是也。升數雖少，而縷細猶居於後，如緦麻在小功之下是也。

族曾祖父母，族祖父母，族父母，族昆弟。

注曰：曾祖，昆弟之親也。

疏曰：此即《禮記》云「四世而緦，服之窮也」。名爲四，緦麻者也。族，屬也。骨肉相連屬，以其親盡恐相疏，故以族言之耳。

繼公謂：以從父、從祖者差之，則此乃從曾祖之親也。變言族者，明親盡於此也。凡有親者皆曰族，《記》曰「三族之不虞」是也。

庶孫之婦。

庶孫之婦緦，則適孫之婦小功也。《小功章》不見之者，文脱耳。夫之祖父母於庶孫之婦，其本服當小功，以别於適孫之婦，故亦降一等而在此。

庶孫之中殤。中，依注音下。

注曰：庶孫者，成人大功，其殤中從上，此當爲下殤。言「中殤」者，字之誤爾。又諸言中者，皆連上下也。

從祖姑、姊妹適人者，報。

云報者，謂亦既適人乃降之也。《小功章》已不著嫁者、未嫁者之服，又以此條徵之，則女子之逆降固不及大功而下者矣。適人者爲此親，非報服，略言之耳。

從祖父、從祖昆弟之長殤。

注曰：不見中殤，中從下。

繼公謂：上章之首連言三小功，此惟見其二者之殤，蓋以從祖、祖父未必有在殤者也。此與經不見曾祖之父及曾孫之子之服者，意頗相類。

外孫。

注曰：女子子之子。

疏曰：以女外適而生，故云外孫。

繼公謂：此服亦男女同。外孫爲外祖父母小功不報之者，以其爲外家之正尊與？

從父昆弟姪之下殤。

單言姪者，前既以丈夫、婦人言之，此無嫌也。又以前章例之，則爲人後者。爲其昆弟之下殤，亦當在此，經文闕耳。

夫之叔父之中殤、下殤。

注曰：見「中殤」者，明中從下。

疏曰：下傳言婦人爲夫之族類，大功之殤中從下。

繼公謂：見「中殤」者，明其與前條異。

從母之長殤，報。

前章從母成人之服已言報，此復見之者，嫌其報加服者或略於殤也。

庶子爲父後者爲其母。傳曰：何以緦也？傳曰：「與尊者爲一體，不敢服其私親也。」然則何以服緦也？有死于宫中者，則爲之三月不舉祭，是以服緦也。爲父，如字。傳「爲一」，同。

注曰：君卒，庶子爲母大功。大夫卒，庶子爲母三年。士雖在，庶子爲母皆如衆人。

疏曰：有死於宫中者，縱是臣僕，亦三月不舉祭。故此庶子因是爲母服緦也。

繼公謂：爲父後者，或當爲適母後，故不服妾母，蓋與適子同也。有死於宫中則三月不舉祭者，吉凶之事，存亡共之。因是以服緦者，言非若是則不敢服也。蓋子之於母情雖無窮，然禮所不許，則其情亦不可得而遂。今因有三月不舉祭之禮，乃得略伸其服焉。觀此，則孝子之心可知矣。何以不齊衰三月也？尊者之服不敢用於妾母也。士爲庶母言士者，承上經之下，宜別之，且起下文也。

傳曰：何以緦也？以名服也。大夫以上爲庶母無服。

疏曰：有母名也。云大夫以上無服者，以其降故也。

繼公謂：大夫以上爲庶母無服者，以庶母之服緦，而大夫以上無緦服故也。又大夫以上於其有親者且降之、絶之，則此無服亦宜矣。

貴臣、貴妾。傳曰：何以緦也？以其貴也。

此亦士爲之也。貴臣，室老也。貴妾，長妾也。此服似夫妻同之。妻爲此妾服，則非有私親者也。其有親者宜以其服服之，大夫以上無緦服。

乳母。

此亦蒙士爲之文也。士之妻自養其子，若有故，或使賤者代食之，故謂之乳母。其妾子亦然。若於大夫之子，則慈母之外又有乳母。《内則》曰：「大夫之子有食母。」鄭氏以爲即此乳母是也。大夫之子父没，乃爲之服。

傳曰：何以緦也？以名服也。

疏曰：有母名也。

從祖昆弟之子。

注曰：族父母爲之服。

繼公謂：爲族曾祖父、族祖父、族父、族昆弟皆緦，其族昆弟固相爲矣。此條則族父報，然則族曾祖父於昆弟之曾孫、族祖父於從父昆弟之孫以其爲旁親卑者之輕服，故略之而不報與？

案，經但見族父爲此服，注兼言族母者，足經意也。婦人爲夫黨之卑屬，與夫同。

曾孫。

疏曰：據曾祖爲之緦，不言玄孫者，此亦如《齊衰三月章》直見曾祖，不言高祖，以其曾孫爲曾、高同，曾、高亦爲曾孫、玄孫同也。

繼公謂：此曾祖爲之服也。以本服之差言之，爲子期，爲孫大功，則爲曾孫亦宜小功。乃在此者，以曾孫爲己齊衰三月，故己亦爲之緦麻三月，蓋不可以過於其爲己之月數也。不分適、庶者，以其卑遠略之，且不可使其庶者無服也。

父之姑。

注曰：歸孫，爲祖父之姊妹。

疏曰：歸孫，《爾雅》文。

繼公謂：此從祖之親乃緦者，以其爲祖父之姊妹，於屬爲尊，故但據已適人者言之，其意與姑爲姪者同。不言報者，亦以非其一定之禮故也。

從母昆弟。

從母姊妹亦存焉，外親之婦人在室，適人同。

傳曰：何以緦也？以名服也。

名，謂昆弟之名。母，謂姊妹之子。小功，子無所從也。惟以名服之，從母以名加此，以名服子於母黨，其情蓋可見矣。然則有可從而不從者，所以遠别於父族與？

甥。傳曰：甥者何也？謂吾舅者，吾謂之甥。何以緦也？報之也。

亦丈夫、婦人同。

婿。傳曰：何以緦？報之也。

注曰：婿，女子子之夫也。

妻之父母。傳曰：何以緦？從服也。

注曰：從於妻而服之。

繼公謂：從期服而緦，是降於其妻三等矣。妻從夫降一等，子從母降二等，夫從妻降三等，差之宜也。

姑之子。傳曰：何以緦？報之也。

注曰：姑之子，外兄弟也。

舅。傳曰：何以緦？從服也。

從於母之大功而緦也。母於昆弟之爲父後者期，子乃不從之而服小功者，亦可以見從服一定之制矣。

舅之子。

注曰：内兄弟也。

傳曰：何以緦？從服也。

此與姑之子相爲，皆男女同也。子爲母黨服，止於外祖父母、從母舅、舅之子、從母之子耳，其餘則無服也。外祖父母、從母舅與母爲一體，至親也，故從服。舅之子與從母昆弟，則以其爲尊者至親之子，而在兄弟之列，不可以無服，故或從服，而或以名服也。

夫之姑、姊妹之長殤。

夫之姊無在殤者，此云姊，蓋連妹而立文耳。古者三十而取，何夫姊之殤之有？

夫之諸祖父母，報。

夫之所爲服小功者，則妻爲之緦。若於夫之祖父母之行而服此者，惟其從祖、祖父母耳，似不必言「諸」。然則此經所指者，其夫之從祖、祖父母及從祖父母與？但言「諸」者，疑文誤且脱也。

君母之昆弟。

此服亦不報，其義與君母之從母同。

傳曰：何以緦？從服也。

注曰：君母在，則不敢不從服。君母卒，則不服也。

繼公謂：庶子從君母之服惟止於此，不及其昆弟之子與從母昆弟，異於因母也。若爲父後則服之，蓋其禮當與爲人後者同也。

從父昆弟之子之長殤，昆弟之孫之長殤。

此從祖父、從祖祖父爲之服也，然則從祖祖母、從祖母亦當服之矣。

爲夫之從父昆弟之妻。

《小功章》云：「夫之姑、姊妹、娣姒婦，報。」是章惟見此服，不及夫之從父姊妹者，文不具耳。

傳曰：何以緦也？以爲相與同室，則生緦之親焉。

注曰：同室者，不如居室之親也。

繼公謂：此亦言其所以有服之由也。其義與娣姒婦以居室之故而有服者同，前章詳之矣。

長殤、中殤降一等，下殤降二等。

此主言丈夫爲大功以上之殤，婦人爲夫族齊衰之殤也，不宜在此，蓋脱文也。婦人爲本族之殤服，其降之等亦與丈夫同。

齊衰之殤中從上，大功之殤中從下。

注曰：齊衰、大功皆服其成人也。大功之殤中從下，則小功之殤亦中從下也。此主謂妻爲夫之親服也，凡不見者，以此求之。

繼公謂：此亦脱文，失其次而在是也。

右緦麻三月

《記》。公子爲其母，練冠、麻，麻衣縓緣；爲其妻，縓冠、葛絰帶、麻衣繐縁。皆既葬除之。繐，並七見反。繐冠之繐，當作練。

注曰：公子，君之庶子也。其或爲母，謂妾子也。麻者，緦麻之絰帶也。此麻衣者，如深衣，爲不制衰裳變也。《詩》云：「麻衣如雪。」繐，淺絳也。練冠而麻衣繐縁，三年練之采飾也。《檀弓》曰：「練，練衣黄裏、繐縁。」諸侯之妾子爲母不得伸，權爲制此服，不奪其恩也。爲妻葛絰帶，妻輕。

繼公謂：繐冠之繐，亦當作「練」，字之誤也。練冠者九升，若十升布練熟爲之，與衆人爲母爲妻之練冠同。麻衣以十五升布爲衣，如深衣，然其異者縁爾。繐縁，以繐色布爲領及純也。《間傳》曰「練冠繐縁」，是冠紕亦以繐也。此縁，皆視其衣冠之布。爲母但言麻，故於爲妻言葛絰帶，以見之練冠、麻葛凶服也。先言之麻衣，吉布也。後言之文，當然爾。此二喪本當有練有祥，故於此得用既練之冠、既祥之衣與夫練服之飾，以明其服之本重。又小其麻葛之絰帶，以見不敢爲服之意也。此爲妻之衣冠，一與爲母同，惟以絰帶爲輕重耳。妾與庶婦厭於其君公子，爲之不得伸，故權爲制此服。然君在公子不得伸其服者多矣，乃於其母妻特制此服者，爲其皆在三年之科，與他期服異也。諸侯之妾、公子之妻視外命婦，皆三月而葬。

傳曰：何以不在五服之中也？君之所不服，子亦不敢服也。君之所爲服，子亦不敢不服也。

注曰：君之所不服，謂妾與庶婦也。君之所爲服，謂夫人與適婦也。

繼公謂：「君之所不服，子亦不敢服」者，謂其母與妻皆君之所厭而不服者也。子亦從乎其君而不敢服之，傳以此釋其所以不在五服中之意。其實子從君而不敢服者，則不止於此也。君之所爲服，謂適與尊同者也。君爲之服，子亦各以其服服之。傳又因上文而并言此，以見凡公子之服與不服，其義皆不在己也。

大夫、公之昆弟、大夫之子，于兄弟降一等。

注曰：兄弟，猶言族親也。凡不見者，以此求之。

繼公謂：此言所爲之兄弟，謂爲士者也。惟公之昆弟雖與其兄弟同爲公子，亦降之也。三人所以降其兄弟之義，固或有異，而服則同。其兄弟之服雖皆已見於經，然亦有不並列三人而言之者，故於此明之。大夫小功而下之親爲士者，皆不爲之服，蓋小功降一等則緦，而大夫無緦服故也。

爲人後者，于兄弟降一等，報。於所爲後之兄弟之子，若子。爲，並如字。

注曰：言報者，嫌其爲宗子不降。

繼公謂：此爲兄弟於本服降一等，止謂同父者也。禮，爲宗子服自大功之親以至親盡者，皆齊衰，但有月數之異爾。此報云者，昆弟與姊妹在室者但視其爲己之月筭也，而服亦齊衰，惟姊妹適人者，則報以小功也。「之子」二字，當爲衍文。所後者之兄弟，凡己所降一等之外者，皆是也。其有服，若無服，皆如所後者親子之爲。

兄弟皆在他邦，加一等。不及知父母，與兄弟居，加一等。

注曰：皆在他邦，謂行仕出遊若被仇。不及知父母，父母早卒。

繼公謂：兄弟以「皆在他邦」而加者，爲其客死於外故也。以「不及知父母」而加者，爲其有恩於己故也。凡兄弟之加服，惟此與姑、姊妹、女子子適人而無主者也，其餘則否。

傳曰：何如則可謂之兄弟？傳曰：「小功以下爲兄弟。」

注曰：於此發兄弟傳者，嫌大功以上又加也。大功以上，若皆在他國，則親自親矣。若不及知父母，則固同財矣。

繼公謂：「謂之」二字似誤，亦當作「爲爲兄弟」者，爲兄弟服也，此惟以加一等者爲問爾。小功以下爲兄弟，謂是乃小功以下之親爲兄弟之服者然也。然則，此等加服不得過於大功矣。蓋大功以上皆在親者之限，故不必復加云。

朋友皆在他邦，袒免，歸則已。免，音問。

注曰：每至袒時則袒，袒則去冠，代之以免。舊説以爲免象冠，廣一寸。已，猶止也。

疏曰：袒免，與宗族五世者同。

繼公謂：朋友相爲弔服如麻也。此亦爲其客死於外，尤可哀憐，故加一等而爲之。袒免以示其情歸于其國，則復故而如其常服，故曰「歸則已」也。死於他邦者，朋友袒免，兄弟加一等，其意正同此。云歸，則已是兄弟，雖歸，其加服故自若也，亦足以見親疏之殺矣。

朋友，麻。

注曰：朋友雖無親，有同道之恩，相爲服緦之絰帶。《檀弓》曰：「羣居則絰，出則否。」其服，弔服也，弔服則疑衰也。

繼公謂：天子弔服三，錫衰也、緦衰也、疑衰也。諸侯弔服二，錫衰也、疑衰也，皆用於臣。禮，國君不相弔，則亦未必有朋友之服。是記蓋主爲大夫以下言之。《服問》謂大夫相爲錫衰以居，當事則弁絰，此大夫於朋友之爲大夫者服也。以是推之，則大夫於士，若士於大夫，皆疑衰。裳雖當事，亦素冠也。士庶人相爲亦然，其服皆加麻，既葬乃已。若非朋友，則弔之時，其服皆與朋友同。所異者，退則不服耳。疑衰者，亦十五升而去其半，蓋布縷皆有事者也。布縷皆有事，則疑於吉升，數與緦錫同，則疑於凶故，因以名之。

君之所爲兄弟服，室老降一等。

君者，謂凡有家臣者皆是也。與室老對言，故曰君，亦如妾爲君爲女君之比。

夫之所爲兄弟服，妻降一等。

此惟指妻從夫服者而言，如爲夫祖父母之類是也。其在夫之昆弟之行者，則不從。

庶子爲後者，爲其外祖父母、從母、舅無服。不爲後，如邦人。爲後，並如字。

凡從服，皆爲所從在三年之科者也。庶子爲父後者，爲其母緦，則於母黨宜無服也。不爲後，如邦人，是君母與己母之黨或兼服之明矣。

宗子孤爲殤，大功衰、小功衰皆三月。親則月筭，如邦人。爲，如字。

注曰：言孤有不孤者，不孤則族人不爲殤服服之也。不孤，謂父有廢疾，若年七十而老，子代主宗事者也。孤爲殤，長殤、中殤。大功衰，下殤。小功衰，皆如殤服而三月，謂與宗子絶屬者也。親，謂在五屬之內。筭，數也。月數如邦人者，與宗子有期之親者，成人服之齊衰期。長殤，大功衰九月；中殤，大功衰七月；下殤，小功衰五月。有大功之親者，成人服之齊衰三月。卒哭，受以大功衰九月。其長殤、中殤，大功衰五月；下殤，小功衰三月。有小功之親者，成人服之齊衰三月。卒哭，受以小功衰五月，其殤與絶族者同。有緦麻之親者，成人及殤皆與絶族者同。

疏曰：云「孤」，謂無父者也。云「大功衰」、「小功衰」者，以其成人齊衰，故長殤、中殤皆在大功衰，下殤在小功衰也。云「皆三月」者，以其衰雖降月，本三月也。

繼公謂：此言宗子孤而爲殤，其服乃如是。若不孤，則族人之親盡者不爲服，而有親者則或降服，或降而無服，亦如邦人也。

改葬，緦。

注曰：謂墳墓以他故崩壞，將亡失尸柩也。其奠如大斂，從廟之廟，從墓之墓，禮宜同也。必服緦者，親見尸柩，不可以無服。

繼公謂：改葬者，或以有故而遷葬於他處，如文王於王季之類是也。或以向者之葬不能如禮，後乃更之，如晉惠公於共世子之類是也。此惟言緦，不著其人，則是凡有親而在其所者，服皆然也。以其非常服而事又略，故五屬同之。不言其除之之節，或既改葬則不服之與？案，注云「從廟之廟，從墓之墓，禮宜同也」，言此者，以徵改葬之奠當如大斂耳。蓋祖奠如大斂奠，故鄭氏以此況彼，謂改葬之奠宜與之同也。

童子，惟當室緦。

注曰：童子，未冠之稱也。當室，爲父後承家事者，爲家主，與人爲禮。於有親者，雖恩不至，不可以無服也。

疏曰：當室，是代父當家事。

繼公謂：此言惟當室則緦，是雖父在，亦得爲之。《曲禮》曰：「孤子當室。」言孤，則有不孤者矣。

傳曰：不當室，則無緦服也。

童子不當室則無緦服，所以降於成人。當室則緦，所以異於衆子。

凡妾爲私兄弟，如邦人。

注曰：私兄弟，自其族親也。

繼公謂：亦嫌屈於其君而爲私親，或與邦人異也。此經正言妾之服其私親者，惟有爲父母一條，其餘則皆與爲人妻者並言。於凡適人者及嫁者、未嫁者爲其親屬之條中，恐讀者不察，故《記》言此以明之。

大夫弔于命婦，錫衰。命婦弔于大夫，亦錫衰。

注曰：弔於命婦，命婦死也。弔於大夫，大夫死也。《服問》曰：「公爲卿大夫錫衰以居，出亦如之，當事則弁經。大夫相爲亦然。爲其妻，往則服之，出則否。」凡婦人相弔，吉笄，無首素總。

繼公謂：《服問》以錫衰爲大夫相爲之服，則命婦相弔亦錫衰矣。此《記》惟見大夫於命婦、命婦於大夫者，嫌所弔者異，則服或異也。大夫、命婦之錫衰惟於尊同者用之，則弔於其下者不錫衰明矣。

傳曰：錫者何也？麻之有錫者也。錫者，十五升抽其半。無事其縷，有事其布，曰錫。

注曰：謂之錫者，治其布，使之滑易也。

繼公謂：「有錫」疑當作「滑易」，蓋二字各有似，以傳寫而誤也。鄭司農注《司服職》云「錫麻之滑易」者也，其據此《記》未誤之文與？以天子弔服差之，錫重於緦，故緦治縷而錫則否。蓋凡服以麤細爲先後，錫不治縷，則其縷不如緦之細，所以差重也。然而必有事其布者，蓋弔服不可以無所事。既不治縷，則當治布也。治其布則滑易矣，所以謂之錫。

女子子適人者爲其父母，婦爲舅姑，惡笄有首以髽。卒哭，子折笄首以笄，布總。傳曰：笄有首，惡笄之有首也。惡笄者，櫛笄也。折笄首者，折吉笄之首也。吉笄者，象笄也。何以言子折笄首而不言婦？

終之也。櫛，莊乙反。

注曰：「笄有首」者，若今時刻鏤摘頭矣。折其首者，爲其大飾也。

繼公謂：云「有首」，見惡笄之制也，是亦其異於箭笄者與？言「笄有首」，而復云「以髽」，見成服以後猶髽，且明齊衰而髽者之止於是也。然則婦人之髽者，惟妻爲夫、妾爲君、女子子在室爲父母與此耳。以笄之笄，著笄之稱也。卒哭，子折笄首以笄，則不復髽矣，婦則惡笄以髽自若也，此亦微有内夫家、外父母家之意。總之用布，五服婦人皆然，特以《齊衰章》亦不言總，故《記》因而見之也，下文放此。《檀弓》云「南宫縚之妻爲姑榛，以爲笄」，此傳所謂櫛者，疑即彼之榛也，蓋聲相近而轉爲櫛耳。言子折笄首而不言婦者，謂《記》於始者並言女子子與婦之笄髽後，乃獨言子折笄首而不及於婦也。終，終喪也。言婦惡笄以終喪，無折笄首之事，故不言婦也。傳引《記》文云「笄有首」，則《記》之「惡」字似衍。

妾爲女君、君之長子惡笄有首，布總。

笄總，與上同。乃别見之者，明其不髽也。然則，三年之喪亦有不必髽者矣。妾爲女君不杖期，爲君之長子三年。

凡衰，外削幅。裳，内削幅，幅三袧。袧，其俱反。

注曰：削，猶殺也。袧者，謂辟兩側空中央也。凡裳，前三幅，後四幅也。

疏曰：外削幅者，謂縫之邊幅鄉外。内削幅者，謂縫之邊幅鄉内。幅三袧者，據裳而言，謂辟積其腰中也。腰中廣狹，任人麤細，故袧之辟積，亦不言寸數多少，但幅别以三爲限耳。注云「袧者，謂辟兩側空中央」者，袧者，屈中之稱，辟攝兩邊相著，自然中央空矣。

繼公謂：凡衰，謂凡名衰者也。衰外削幅者，所以别於吉服之制，亦如喪冠外畢之類。裳幅不變者，衣裳同用。衣重而裳輕，變其重者以示異足矣，故裳不必變也。（下云「袂屬幅」，則衰之削幅者惟裻耳。）

若齊，裳内衰外。

注曰：齊，緝也。緝裳者，内展之。緝衰者，外展之。

疏曰：言若者，不定辭，以其斬者不齊故也。

繼公謂：裳内衰外，與其削幅之意同，亦以衰齊别於吉也。凡齊主於裳也，故先言之。

負，廣出于適寸。廣，古曠反。適，如字。下同。

注曰：負，在背上者也。適，辟領也。負出於辟領外旁一寸。

疏曰：以一方布置在背上，上畔縫著領，下畔垂放之。以在背上，故得負名。

繼公謂：負之廣，無定數，惟以出於適旁一寸爲度也。其長蓋比於衰與？

適，博四寸，出于衰。

注曰：博，廣也。出於衰者，旁出衰外也。

疏曰：此辟領廣四寸，據兩相而言。

繼公謂：適，辟領之布旁出者也。云「博四寸」，又云「出於衰」，則「出於衰」者，非謂其博也。然則博者，其從之廣與？凡爲衣，必先開當項之處，其上下之度相去四寸，左右之度則隨其人之肥瘠而爲之，闊狹不定也。凡吉衣，皆方翦之，所謂方領是也。此凶服亦方領，其異者則但翦其上下之相去四寸者，而不殊其左右之布，使連於衣而各出於肩上之兩旁而爲適，所謂適博四寸也。以其横之闊狹不定，故不著其出於衰之寸數，惟言出於衰而已。

衰，長六寸，博四寸。長，直亮反。

注曰：廣袤當心也。前有衰，後有負，板左右有辟領，孝子哀戚，無所不在。

繼公謂：五服之屬及錫與疑，皆以衰爲名，則是凡凶服、弔服無不有此衰矣，其辟領亦當同之。若負板，則惟孝子乃有之，故《記》先言之也。孔子式負版者，以其服最重故爾。

衣帶，下尺。

注曰：衣帶下尺者，要也。廣尺，足以掩裳上際也。

疏曰：其横不著尺寸者，人有麤細，取足爲限也。

繼公謂：此接衣之布，其廣亦無常度，惟以去帶一尺爲準，豈亦以人有長短之不齊故與？帶，謂要絰也，絞帶、布帶亦存焉。

衽，二尺有五寸。

注曰：衽，所以掩裳際也。上正一尺，燕尾一尺五寸，凡用布三尺五寸。

疏曰：裳際者，裳兩相下際不合處也。云「上正一尺」者，取布三尺五寸，廣一幅，留上一尺爲正。正者，正方不破之言也。一尺之下，從一畔旁入六寸，乃邪鄉下一畔一尺五寸，去下畔亦六寸。横斷之，留下一尺爲正，如是則用布三尺五寸，得兩條衽。衽各二尺五寸，兩條共用布三尺五寸也。然則兩旁皆綴於衣，垂之鄉下，掩裳際。

袂，屬幅。 屬，音燭。

注曰：屬，猶連也。連幅，謂不削。

繼公謂：袂屬幅而不削，是繚合之也。古者衣袂皆屬幅，乃著之者，嫌凶服之制或異於吉也。此袂之長短，蓋如深衣之袂，亦反屈之及肘。

衣，二尺有二寸。

注曰：衣自領至腰二尺二寸，倍之四尺四寸。

繼公謂：衣，謂衰之身也。言此於袪袂之間，則是除殺袪之外，其袪之廣亦如衣也。

袪，尺二寸。

注曰：袪，袖口也。

繼公謂：此袂廣二尺二寸，而袂尺二寸，亦謂圜殺一尺，如深衣之袪也。此衣與袪、衽帶下之，度吉服亦然，特於此見之耳。

衰三升，三升有半。其冠六升。以其冠爲受，受冠七升。

注曰：衰，斬衰也。或曰三升半者，義服也。六升，齊衰之下也，斬衰變而受之此服也。

疏曰：注云「或曰三升半者，義服也」，注以無正文，故引或人所解爲證也。

繼公謂：以其冠爲受，謂受衰之布與冠布同也。此言衰布有二，其冠以下惟見其一，則是斬衰正、義之服，冠與受布皆同，但初死之衰差異耳。

齊衰四升，其冠七升。以其冠爲受，受冠八升。

注曰：言受以大功之上也。

繼公謂：此齊衰四升，其於三年者爲正服，於期者爲降服也。齊衰三年有正、有義，義服五升，冠八升。齊衰期有降、有正、有義，正服五升，冠八升，義服六升，冠九升，亦皆以其冠爲受，其受冠之升數亦多於受服一等。《記》不著之者，蓋特舉重者以見其餘也。

繐衰四升有半，其冠八升。

注曰：此謂諸侯之大夫爲天子繐衰也。服在小功之上者，欲著其縷之精麤也。升數在齊衰之中者，不敢以兄弟之服服至尊也。

繼公案：注云「服在小功之上者」，謂此經喪服之序，繐衰在小功之上也。云「升數在齊衰之中」者，齊衰四升、五升、六升，而此繐衰四升有半，是在齊衰之中也。云「不敢以兄弟之服服至尊」者，用《齊衰三月章》傳文。

大功八升，若九升。小功十升，若十一升。

注曰：此以小功受大功之差也。不言七升者，主於受服，欲其文相直言服降而在大功者。衰七升，正服衰八升，其冠皆十升，義服九升，其冠十一升，亦皆以其冠爲受也。其降而在小功者，衰十升，正服衰十一升，義服衰十二升，皆以即葛及緦麻無受也。此大功不言受者，其謂小功也。

繼公謂：此齊衰以主小功服各有三等，自大功而上皆有受服、受冠，其受服當下於本服三等，故斬衰受以齊衰之下，齊衰三等受以大功三等，各如其次焉。大功之上，亦受小功之上，皆校三等也。以例言之，大功之中當受以小功之中，大功之下當受以小功之下，如是則可與前之受服者輕重相比。而乃不然，中者亦受以小功之上下者，則受以小功之中，止校二等，此非有他故，蓋欲以小功之下十二升者爲大功義服之受冠而然也。大功受冠，亦多於受布一等。案，注云「不言七升者，主於受服，欲其文相直」，謂《記》者於小功不言十升若十一升，不言十二升，是主於受服，故於大功亦但言八升若九升以當之，而不必言七升，是欲其文相直。若謂七升者，亦受十升而并言之，則大功三而小功二，□□□〔二〕相直也。鄭氏之意，蓋或如此。

案，他篇之有《記》者多矣，未有有傳者也。有《記》而復有傳者，惟此篇耳。先儒以傳爲子夏所作，未必然也。今且以《記》明之，《漢・藝文志》言《禮經》之《記》，顔師古以爲七十子後學者所記是也。而此傳則不特釋經文而已，亦有釋《記》文者焉，則是作傳者又在於作記者之後明矣。今考傳文，其發明禮意者固多，而其違悖經義者亦不少。然則此傳亦豈必皆知禮者之所爲乎？

〔二〕　底本、元刊明修本、摛藻堂本均闕此三字，文淵閣本三字作「其文不」。

而先儒乃歸之子夏，過矣。夫傳者之於經記，固不盡釋之也。苟不盡釋之，則必間引其文而釋之也。夫如是，則其始也必自爲一編而置於《記》後，蓋不敢與經、《記》相雜也。後之儒者見其爲經、《記》作傳而別居一處，憚於尋求而欲從簡便，故分散傳文而移之於經、《記》每條之下焉。（疑亦鄭康成移之也。）此於義理雖無甚害，然使初學者讀之，必將以其序爲先後，反謂作經之後即有傳，作傳之後方有《記》，作《記》之後又有傳，先後紊亂，轉生迷惑，則亦未爲得也。但其從來已久，世人皆無譏焉，故予亦不敢妄有釐正也。姑識於此，以俟後之君子云。

儀禮集説卷十二

士喪禮第十二

注曰：喪於五禮屬凶。

繼公謂：此與下篇言士之子爲父喪，自始死以至既葬之禮。

士喪禮。死于適室，幠用斂衾。適，丁歷反。幠，火吳反。斂，力艷反。下皆同。

注曰：適室，正寢之室也。疾者齊，故於正寢焉。疾時處北墉下，死而遷之當牖下，〔一〕有牀衽。幠，覆也。斂衾，大斂所并用之衾。衾，被也。小斂之衾當陳。《喪大記》曰：「始死，遷尸于牀，幠用斂衾，去死衣。」

繼公謂：遂卒矣，乃遷尸于牀，而幠用斂衾，故喪禮以此爲始。

〔一〕摛藻堂本改「牖」作「墉」，其校文云：「刊本『墉』訛『牖』，據鄭注改。」王太岳則云：「刊本『庸』作『牖』，據《儀禮識誤》改。」

右始死

復者一人，以爵弁服，簪裳于衣，左何之，扱領于帶。簪，側林反。何，胡我反。扱，初洽反。

注曰：復者，有司招魂復魄也。天子則夏采、祭僕之屬，諸侯則小臣爲之。爵弁服，純衣纁裳也，禮以冠名服。簪，連也。

疏曰：簪裳于衣，取其便。

繼公謂：爵弁，士之上服也，故復用之。左手何之，而空右手爲登梯，備顛蹷也。

升自前東榮，中屋，北面招以衣。曰：「皋某復！」三，降衣于前。

注曰：北面招，求諸幽之義也。皋，長聲也。某，死者之名也。復，反也。降衣，下之也。

《喪大記》曰：「凡復，男子稱名，婦人稱字。」

繼公謂：前東榮者，東方之南榮也。屋有二楣，故每旁各有南榮、北榮。中屋，屋脊之中也。

受用篚[一]，升自阼階，以衣尸。衣，於既反。下「衣尸」同。

[一]「篚」原作「篋」，文淵閣本、摛藻堂本改爲「篚」，王太岳云：「刊本『篚』訛『篋』，據《經典釋文》改。」當從。

注曰：受者，受之於庭也。復者，其一人招，則受衣亦一人也。人君則司服受之，衣尸者覆之，若得魂反之。

繼公謂：升自阼階，象其反也，既則降自西階。　案，注以「衣尸爲覆之」者，蓋以下文襚者入衣尸之禮推之也。

復者降自後西榮。

後西榮，西方北榮也。降於此者，與升時相變也。下文設奠之類，升降異階者，其義皆然。

右復

楔齒用角柶，綴足用燕几。楔，悉結反。綴，知劣反。

注曰：自是行死事。楔齒，爲將含，恐其口閉急也。綴，猶拘也。

繼公謂：楔，柱也。綴足用几，欲拘其足，使之正也。燕几，平生燕居時所凴者。

右楔齒綴足

奠脯醢、醴酒，升自阼階，奠于尸東。

奠脯醢、醴酒者，謂奠用此四物也。此奠之而已，無他禮儀，故曰奠也。死而奠之，如事生也。此時尸南首東，乃其右也。奠於其右，若便其飲食然。《記》曰「即牀而奠當腢」，其升之序，亦醴先而酒脯醢從與？既奠，則降自西階。

右始死之奠

帷堂。

此帷堂，爲尸未設飾也。帷之節，其南北蓋近堂廉，而東西則近兩階與？

右帷堂

乃赴于君。主人西階東，南面命赴者，拜送。

注曰：赴，走告也。

繼公謂：經惟言赴于君之儀如此，則是古者士大夫赴告之禮，惟止於其君而已。

有賓，則拜之。

注曰：其位猶朝夕哭位矣。

繼公謂：賓，士來弔者也。此因事見之，乃拜之也。既拜則入，不即位。

右命赴者

入，坐于牀東。衆主人在其後，西面。婦人俠牀，東面。俠，音夾。

注曰：婦人，謂妻妾子姓也，亦適妻在前。

繼公謂：至是方云坐，則先時主人亦立也。衆主人在其後，尊主人，亦爲室中淺隘，衆主人齊衰大功之親也。若有斬衰者，亦存焉。下經云「衆主人免」，《記》云「衆主人布帶」，則是衆主人乃主言齊衰大功者。

親者在室。

注曰：謂大功以上者。

繼公謂：此親者，繼婦人而言，則是亦專指婦人矣。下篇曰主婦及親者，由足西面是也。言在室則不必皆東面，始死之牀當牖下，少近於西墉。

衆婦人户外北面，衆兄弟堂下北面。

注曰：衆婦人、衆兄弟，小功以下。

右哭位

君使人弔。徹帷。主人迎于寢門外，見賓不哭，先入，門右北面。

注曰：使人，士也。使者至，使人入將命，乃出迎之。寢門，内門也。

繼公謂：喪不迎賓，惟於君及君使則迎之。此不出外門者，別於君之自來也。先入門，右道之。徹帷，爲君命變也。事畢，復設之。

弔者入，升自西階，東面。主人進中庭，弔者致命。

注曰：主人不升，賤也。致命曰：「君聞子之喪，使某如何不淑。」

繼公謂：此西方中庭也。主人雖在下，弔者猶東面，禮之也。小斂以前，主人位在西方。

主人哭，拜稽顙，成踊。

注曰：成踊三者三。

繼公謂：謝君命也。既拜稽顙而成踊，惟於君及君命則然，其餘則否。拜稽顙者，一拜而遂稽顙也。不再拜稽首者，喪禮宜變於吉也。稽顙與稽首之儀略同，惟右手在上，而以顙加之爲異耳。男子吉拜尚左手，喪拜尚右手，婦人反是。《容經》曰：「拜以磬折之容，吉事尚左，凶事尚右。」

賓出，主人拜送于外門外。

拜送，一拜送之也。此與下篇云拜送者皆然。迎不拜而一拜送之，皆喪禮異也。凡拜喪，賓不再拜。

君使人襚，徹帷。主人如初。襚者左執領，右執要，入升，致命。主人拜如初。襚，音遂。要，一遥反。下並同。

注曰：襚之，言遺也。致命曰：「君使某襚。」

繼公謂：禮别更端，則弔襚不同時也。衣服曰襚，此執衣如復，則是衣裳具，且簪裳於衣也。

襚者入，衣尸，出。主人拜送如初。

衣尸，亦覆於復衣之上與？

唯君命出，升降自西階。遂拜賓，有大夫則特拜之。即位于西階下，東面，不踊。大夫雖不辭，入也。

惟君命出，小斂以前則然。若小斂之後，雖不迎賓，亦出送賓矣。升降自西階，自此至葬，其禮然也。於大夫云特拜見於士，亦旅之也。即位于西階下，此非正位，因事而出，乃在是耳。不踊者，明本不爲賓出也。主人既即位，大夫宜辭之，謂不必以己故而留於外也。既辭，則主人乃入。大夫若或不辭，主人猶入矣。

右君使人弔襚

親者襚，不將命，以即陳。

注曰：大功以上，有同財之義也。

繼公謂：不將命，不將命于主人也。云「不將命」，則是亦使人爲之矣。即陳者，就於所陳之處謂房中也。《既夕禮》曰：「若就器，則坐奠于陳。」

庶兄弟襚，使人以將命于室。主人拜于位，委衣于尸東牀上。

注曰：庶兄弟，即衆兄弟也。變衆言庶，容同姓耳。將命曰：「某使某襚。」位，室中位也。

繼公謂：云庶者，蓋兼衆兄弟、外兄弟言也。既小斂，拜襚者則稽顙，此惟拜而已者，以其與君襚同節，宜遠辟之。尸東床上，奠之北也。委於此者，辟君襚，且不必其用之也。既將命而又不以即陳，亦遠辟親者之禮。

朋友襚，親以進，主人拜，委衣如初。

親以進，亦自釋其辭。主人拜，亦不答之，與弔賓同也。親者襚，不將命，庶兄弟將命，不親致，朋友則親致之。蓋親則禮略，疏則禮隆，聖人之意然爾。

退，哭，不踊。

注曰：主人徒哭不踊，別於君襚也。

繼公謂：主人於庶兄弟之使者與朋友之退也，則哭而不踊。朋友退，反賓位；使者退，則出矣。

徹衣者，執衣如襚，以適房。

注曰：凡於襚者出，有司徹衣。

右庶襚

爲銘，各以其物。亡則以緇，長半幅，䞓末，長終幅，廣三寸。書銘于末，曰：「某氏某之柩。」亡，音無。長，並直亮反。下不出者，並同。䞓，丑貞反。廣，古曠反。下並同。

注曰：銘，明旌也。雜帛爲物，大夫士之所建也。以死者爲不可別，故以其旗識之。亡，無也。半幅一尺，終幅二尺。䞓，赤也。在棺爲柩。

繼公謂：銘，書其名者，以卒哭乃諱故也。物，説見《鄉射記》。

竹杠長三尺，置于西階上。

注曰：杠，銘橦也。

繼公謂：置，卧而縮置之。

甸人掘坎于階間，少西。爲垼于西牆下，東鄉。掘，其月反。垼，音役。鄉，許亮反。下並同。

注曰：垼，塊竈。西牆，庭中之西。

繼公謂：少西者，其四分階間，一在西與？

右爲銘、掘坎爲垼

新盆、槃、瓶、廢敦、重鬲，皆濯，造于西階下。敦，音對。重，直龍反。鬲，音歷。下並同。造，七報反。

注曰：新此瓦器五種者，槃承渜濯，瓶以汲水也。廢敦，敦無足者。重鬲，鬲將縣於重者也。濯，滌溉也。造，至也，猶饌也。

繼公謂：此五種者，蓋當階少西而北上也。云「造」者，明濯於他處。五者不言其數，略之。盆、敦、鬲所用見後。

陳襲事于房中，西領，南上，不綪。綪，側庚反。

注曰：襲事，謂衣服也。綪，讀爲絳，屈也。江、沔之間謂縈，收繩索爲絳。

繼公謂：事，猶物也。言襲事而不言衣者，衣少於他物也。惟言西領，主於衣也，其他物亦上端。卿西必西領者，以尸在室也。《士冠禮》曰：「陳服于房中西墉下，東領。」此西領者，其於東墉下乎？不綪者，一一自南而北，若一列不足以盡之，則復以其餘者。始於明衣之東而陳之，亦自南而北，其次列之首，與前列之末不相屬而更端别起，不如物之綪屈者然也。不綪者，襲事少且變於斂也。

明衣裳，用布。

注曰：所以親身，爲圭潔也。

鬠笄用桑，長四寸，纋中。鬠，音膾。纋，音憂。

注曰：桑之爲言喪也，用爲笄，取其名也。纋笄之中央以安髮。

疏曰：以髺爲鬠，義取以髮會聚之意。四寸者，僅取安髺而已。

繼公謂：會髮爲紒曰鬠，今南語猶然。云鬠笄者，明其不纚也。生時櫛，而纚乃加笄，此於生時爲冠内之笄，但不用桑耳。其或用長笄，則去之不并用也。長笄者，冕弁之笄也。婦人有長笄，無短笄，下云鬠用組，此不言，文略耳。

布巾，環幅，不鑿。

注曰：環幅，廣袤等也。

繼公謂：布巾不鑿，士之制然也。此云「不鑿」，則有當鑿者矣。鑿者，其君禮與？

掩，練帛廣終幅，長五尺，析其末。析，悉歷反。

注曰：掩，裹首也。析其末，爲將結於頤下，又還結於項中。

繼公謂：析其末者，兩端皆析而爲二也。

瑱，用白纊。瑱，他殿反。纊，音曠。

注曰：瑱，充耳。纊，新綿。

疏曰：生時人君用玉，臣用象。今死者直用纊塞耳而已，異於生也。

幎目，用緇，方尺二寸。䞓裏，著，組繫。幎，於營反。著，張吕反。下並同。

注曰：幎目，覆面者也。幎，讀若「葛藟縈之」之「縈」。著，充之以絮也。組繫，爲可結也。

疏曰：四角有繫，於後結之。

繼公謂：此雖覆面之物，然以幎目爲名，其義似主於目也。

握手，用玄纁裏，長尺二寸，廣五寸，牢中旁寸，著，組繫。牢，依注音樓。

注曰：牢讀爲樓。樓，謂削約握之中央以安手也。

疏曰：此衣在手，故言握手。廣五寸，牢中旁寸，則中央廣三寸也。中央足容四指，指一寸，則四寸，四寸之外更有八寸，皆廣五寸也。

繼公謂：牢字未詳，姑從舊注。此繫與決繫，惟一而已。

決，用正王棘，若檡棘，組繫，纊極二。檡，音澤。

注曰：正，善也。王棘與檡棘，善理堅刃者，皆可以爲決。極，以沓指放弦，令不挈指[一]也。

繼公謂：決與極皆用於右手，象生時所有事者也。決，著右擘。極，韜食指。將指生以象骨爲決，韋爲極，死以是二者爲之，明不用也。士生時所用韋極之數無聞，以此經推之，則亦用二也，是其降於君者與？然則君之喪，其用纊、極亦三矣。

冒，緇質，長與手齊。赬[二]殺，掩足。冒，眉報反。殺，所界反。

注曰：冒，韜尸者，制如直囊，上曰質，下曰殺。質，正也。其用之，先以殺韜足而上，後以質韜首而下，齊手。《喪大記》曰：「君錦冒黼殺，綴旁七。大夫玄冒黼殺，綴旁五。士緇冒䞓殺，綴旁二[三]。」凡冒質長與手齊，殺三尺。

繼公謂：殺者，殺長於質也。

[一] 底本、元刊明修本、摛藻堂本均無「指」字，據文淵閣本補。

[二] 文淵閣本、摛藻堂本「赬」字作「䞓」，下文注中「赬」字亦作「䞓」。案，《十三經注疏》本《禮記注疏・喪大記》作「赬」。「赬」與「䞓」通。本卷「緇衾，赬裏，無紞」句，敖繼公音注：「赬，丑貞反，與䞓通。」本卷「方尺二寸，䞓里」句，元刊明修本、底本、文淵閣本、摛藻堂本均同。可見，敖氏一卷之中「䞓」、「赬」兩用，蓋敖氏以其可通，未加嚴格區分。

[三] 底本、元刊明修本、摛藻堂本均作「二」，文淵閣本「二」作「三」。據《十三經注疏》本《禮記注疏・喪大記》、《儀禮注疏・士喪禮》注文，亦均作「三」。

爵弁服，純衣。皮弁服。純，如字。

注曰：純衣者，纁裳。古者以冠名服，死者不冠。

褖衣。褖，他亂反。

此如玄端之衣裳，而深衣制也。

緇帶，靺韐，竹笏。笏，音忽。

笏之用與其制，《玉藻》詳矣。

夏葛屨，冬白屨，皆繶緇約〔二〕純，組綦繫于踵。純，音準。綦，音其。繫，音計。

注曰：冬皮屨，變言白者，明夏時用葛，亦白也。此皮弁之屨，《士冠禮》曰：「素積白屨，以魁柎之。緇約、繶、純，純博寸。」綦屨，係也，所以拘止屨也。綦，讀如「馬絆綦」之「綦」。

繼公謂：踵，屨後也，以其當足踵之處，故因以名之。以綦相繫于此，欲其斂也。及著之，乃繫于跗。韠用爵弁之韠，屨用皮弁之屨，以二服尊也。

庶襚繼陳，不用。

〔二〕 摛藻堂本無「約」字，王太岳云：「案《釋文》無『約』字，《周禮·屨人》注引此文，亦無『約』字，今據删。」

注曰：庶，衆也。不用，不用襲也。

疏曰：庶襚，即上經親者襚、庶兄弟襚、朋友襚，皆是。繼陳，謂繼襲衣陳之。

繼公謂：庶襚，親朋所遺，故不可以不陳。襲事所用有限，故此不必用小斂，大斂之衣放此。

貝三，實于笲。

注曰：貝，水物。古者以爲貨，江水出焉。

稻米一豆，實于筐。

注曰：豆四升。

沐巾一，浴巾二，皆用綌于笲。

注曰：浴巾二者，上體、下體異也。

繼公謂：沐巾以晞髪，浴巾以去垢。於笲不言實，文省，下放此。三巾共一笲。

櫛于簞，浴衣于篋。

注曰：浴衣，已浴所衣之衣，以布爲之，其制如今通裁。

疏曰：以其無殺，故漢時名爲通裁。

皆饌于西序下，南上。

注曰：皆者，皆貝以下。

繼公謂：必南上者，便其取之先後也。

右陳沐浴襲飯含之具

管人汲，不説繘，屈之。説，吐活反。繘，均必反。

注曰：屈，縈也。

疏曰：《聘禮記》曰：『管人爲客，三日具沐，五日具浴。』此爲死者，故亦使之汲水也。

繼公謂：繘，瓶之綆也。此下當有盡階不升堂授祝之事，不著之者，蓋文脱耳。

祝淅米于堂，南面，用盆。淅，西歷反。

注曰：祝，夏祝也。淅，沃也。

管人盡階，不升堂，受潘，煮于垼，用重鬲。盡，子忍反。下同。潘，音番。

注曰：盡階，三等之上。《喪大記》曰：「管人受沐，乃煮之。甸人取所徹廟西北厞，薪用爨之。」

繼公謂：受之於祝也，其以重鬲受之與？

祝盛米于敦，奠于貝北。盛，音成。

注曰：復於筐處也。

士有冰，用夷槃可也。

注曰：謂夏月而君加賜冰也。夷槃，承尸之槃。《喪大記》曰：「君設大槃造冰焉，大夫設夷槃造冰焉，士併瓦槃無冰。設床襢第，有枕。」

繼公謂：言此於將沐浴之前，蓋謂或得以此夷槃爲沐浴之用也。士若賜冰，則有夷槃，故因而用之於此，既則以盛冰而寒尸也。是句之上似當更有設槃之文，此特其後語耳。

外御受沐入。

注曰：外御，侍從者。沐，管人所煮潘也。

疏曰：外御，對内御爲名。

繼公謂：受沐亦於堂上，管人亦盡階不升堂授之，此當更有管人汲而授浴水之事，亦文不具也。《喪大記》曰：「管人汲，不説繘，屈之。」「盡階，不升堂，授御者。」御者入浴，受潘與水，皆以盆。

主人皆出，户外北面。

注曰：象平生沐浴裸裎，子孫不在旁，主人出而襢笫。

疏曰：袒笫，去席盝水便也。

繼公謂：是時婦人亦皆出，經不言，略之。出，則立於房矣。

乃沐、櫛，挋用巾。挋，音振。

注曰：挋，拭也。

浴用巾，挋用浴衣。

注曰：《喪大記》曰：「御者二人浴，浴水用盆，沃水用枓〔二〕。」

渜濯棄于坎。渜，乃亂反。濯，直孝反。

注曰：沐浴餘潘水、巾、櫛、浴衣，亦并棄之。

蚤揃如他日。蚤，音爪。揃，音翦。

注曰：蚤讀爲爪，斷爪揃鬚也。人君則小臣爲之。他日，平生時。

〔二〕「枓」原作「抖」，元刊明修本、文淵閣本均同底本，誤。摛藻堂本改作「枓」，當是。另，《十三經注疏》本《儀禮注疏·士喪禮》注文亦作「枓」。

鬠用組，乃笄，設明衣裳。

注曰：用組束髮也。

主人入，即位。

注曰：已設明衣，可以入也。

繼公謂：主人入，則衆主人及婦人亦皆入即位也。

右沐浴

商祝襲祭服，褖衣次。

注曰：商祝，祝習商禮者。襲，布衣牀上。牀次含牀之東，衽如初也。《喪大記》曰：「含一牀，襲一牀，遷尸於堂又一牀。」

繼公謂：襲，謂布衣而將襲之也。爵弁，助祭於君之服也。皮弁，爲君祭蜡之服也。士祭於已用玄端，此褖衣雖以當玄端，然非其本制，故不在祭服之中。先布祭，服美者在外也。襲，斂之屬。使商祝，其義未聞。

主人出，南面，左袒，扱諸面之右。盥于盆上，洗貝，執以入。宰洗柶，建于米，執以從。

注曰：俱入户，西鄉也。

疏曰：扱諸面之右，謂扱左抽於右掖之下，帶之上也。面，前也。

繼公謂：左袒，爲當用左手也。盥于盆上，以盆承盥水也。洗貝，洗柶亦如之。執，執笄、執敦也。建，亦謂以葉鄉上。　案，注云「俱入户，西鄉」者，謂俟商祝既有事，乃受貝米也。

商祝執巾從入，當牖北面，徹枕，設巾，徹楔，受貝，奠于尸西。

注曰：當牖北面，值尸南也。如商祝之事位，則尸南首明矣。

繼公謂：商祝北面當尸首者，有事於尸故也。凡非有事於尸者，則不敢當其首。此所徹設，皆爲飯事至也。設巾者，慮孝子見其親之形變而哀，或不能飯含也。楔，楔齒之角柶也。因其用而别名之，以别於扱米之柶也。既設巾，乃徹楔，是巾之所覆不逮於口矣。奠貝于尸西，蓋在主人所坐處之南。

主人由足西，牀上坐，東面。

由足西，自牀北而西也。凡過尸柩而西東者，必由其足，敬也。不坐于尸東，辟奠位。

祝又受米，奠于貝北。宰從立于牀西，在右。

注曰：祝受貝米奠之，口實不由足也。米在貝北，便扱者也。

繼公謂：奠米于貝北，亦南上也。宰從立者，俟事畢而有所徹也。《記》曰「夏祝徹餘飯」，則宰其徹貝笲[一]與？

主人左扱米，實于右，三，實一貝。左、中亦如之。又實米，唯盈。

注曰：右，尸口之右。惟盈，取滿而已。

繼公謂：左手不便於用，乃用之者，由下飯含之順也。主人東面坐，若用右手，則必反用其柶，且加手於其親之面，皆非孝敬之道，故不爲也。先實米，爲貝藉也。又實米唯盈，象食之飽也。先右、次左、次中，禮之序然也。實米，所謂飯也。實貝，所謂含也。

主人襲，反位。

注曰：襲，復衣也，位在尸東。

右飯含

商祝掩，瑱，設幎目，乃屨，綦結于跗，連絇。跗，音孚。

〔一〕底本、元刊明修本、摛藻堂本均作「笄」，文淵閣本改「笄」爲「笲」。敖繼公注前「洗貝，執以入」句說：「執，執笲、執敦也。」則此言徹之物當爲貝與笲。另就句意而言，「笄」亦不通。故「笄」誤而「笲」是。

注曰：跗，足上也。以餘組連絇，止足坼也。

繼公謂：既去巾，乃爲之也。掩、瑱，皆謂設其物也。設掩者，既結頤下，即還結項中，急欲覆其形也。掩其前後，而兩旁猶開，故可以瑱。幎目，當面設之，加於掩之上，交結於後。既設，此則掩旁亦固矣。

乃襲三稱。稱，尺證反。下並同。

注曰：遷尸於襲上而衣之。凡衣死者，左衽不紐。

繼公謂：襲，亦取復衣之義。浴時去衣，故於此加衣焉。曰「襲三稱」者，爵弁服一也，皮弁服二也，褖衣三也。衣裳具謂之稱襲，不言設牀，不言布衣，又不言遷尸，經文略也。襲牀當在户牖之間。

明衣不在筭。

筭，數也。不言裳者，文省耳。此乃死者親身之衣褻，故不在數中言之者，嫌其衣裳具，亦當成稱也。

設韐帶，搢笏。

注曰：韐帶，韎韐緇帶。不言韎緇者，省文。搢笏，於帶之右旁。

設決，麗于擘，自飯持之。設握，乃連掔。掔，烏亂反。

注曰：飯，大擘指本也。決，以韋爲之藉，有彄。彄内端爲紐，外端有横帶。設之，以紐擐大擘本也。因沓其彄，以横帶貫紐結之。

繼公謂：掔字未詳。以此文意求之，或是巨擘之别名。麗，附也。飯字亦未詳，且從舊注。持，謂繞而固之也。蓋設決于大擘指，而以其繫自指本，貫紐繞而固之。及設握，乃以握之繫與？掔之決繫相結，則掔與握相連而不開矣。既設決，乃設極而後設握，不言設極，亦文省也。此惟右手設握，而左手則否，其特重平日之便於用者乎？或曰「飯」當作「後」，謂指後也，未知是否？

設握，説見《記》。

設冒，櫜之。幠用衾。

注曰：櫜，韜盛物者，取事名焉。衾者，始死時斂衾。

巾、柶、鬊、蚤埋于坎。鬊，音舜。

注曰：坎至此築之也。

繼公謂：巾，飯時覆面之巾也。柶，楔齒及扱米者也。鬊，櫛餘之髮及所揃鬚也。蚤，所斷手足爪也。埋者，亦爲人褻之，將浴辟奠，既襲則反之。

右襲

重木刊鑿之。甸人置重于中庭，參分庭一，在南。

注曰：刊，斲治。鑿之，爲縣簭孔也。士重，木長三尺。

繼公謂：木刊鑿之者，謂以木爲之而加刊鑿也。鑿，謂鑿其前爲二孔而以簭貫之，爲縣鬲之用也。　案，注云「縣簭」者，謂縣鬲之簭也。

夏祝鬻餘飯，用二鬲，于西牆下。鬻，音燭。

注曰：夏祝，祝習夏禮者也。鬻餘飯，以飯尸餘米爲鬻也。重，主道也。士二鬲，則大夫四，諸侯六，天子八。

繼公謂：鬻者，爲粥之名。此用夏祝，其義亦未聞。

冪用疏布，久之，繫用靲，縣于重。冪用葦席，北面，左衽，帶用靲，賀之，結于後。久，如字。舊音灸，非。靲音今。縣，音玄。

冪用疏布，以布覆鬲也。《既夕禮》曰：「木桁久之。」然則久者，乃以物承他器之稱。此久不言其物，則是因以所冪者爲之與？既以布冪其上，又承其下，乃以靲繫之，而縣於重前之簭也。靲字從革，似當爲革之屬。冪用葦席，以席蔽重之前後也。北面，謂席之兩端皆在北也。左衽者，右端在上而西鄉，象死者之左衽也。帶用軨者，以軨中束其席，如人之帶然，因以名之。後，謂重之南也。重，主道也，故言面、言衽與帶，以見其義云。注云：「賀，加也。」

祝取銘，置于重。

注曰：祝，習周禮者也。

繼公謂：未用之，權置于此。置之，蓋杠在其後，銘在其前。

右重

厥明，陳衣于房，南領，西上，綪。絞横三縮一，廣終幅，析其末。絞，户交反。下皆同。

注曰：絞，所以收束衣服，爲堅急者也，以布爲之。横者三幅，從者一幅。析其末者，令可結也。

疏曰：《喪大記》云：「凡陳衣者，實之篋。取衣者，亦以篋。升降自西階。」

繼公謂：此雖有他物，而衣居多，故惟以陳衣言之。南領，變於襲，亦以既小斂，則尸在堂也。衣南領，則絞與衾亦皆北陳矣。綪者，前列自西而東，次列自東而西，其下皆然，如物之綪屈也。絞横三縮一，順其用之時而陳之也。析其末者，析其兩端爲二，如掩之制然。絞言廣，不言長，取節於人，其度不定也。

緇衾，赬裏，無紞。 赬，丑貞反，與赪通。紞，都敢反。

注曰：紞，被識也。斂衣或倒，被無别於前後可也。凡衾制同，皆五幅也。

繼公謂：衾無紞，似亦以此别於生，此云「無紞」，則有有紞者矣。

祭服次，

祭服，蓋指玄端以上而言也。士玄端而祭，於已助祭則朝服焉。襲用爵弁，服皮弁、服褖衣各一稱，故惟以二弁服爲祭服。此斂衣多矣，宜用朝服玄端也。

散衣次。 散，息但反。下皆同。

注曰：褖衣以下，袍繭之屬。

凡十有九稱。

注曰：祭服與散衣。

陳衣繼之，

謂主人之衣及庶襚也。

不必盡用。

注曰：取稱而已，不務多。

繼公謂：此惟指繼陳者也。嫌陳之，則必用之，故云然。

右陳小斂衣

饌于東堂下，脯、醢、醴、酒。冪奠用功布，實于簞，在饌東。

注曰：凡在東西堂下者，南齊坫。

繼公謂：功布，大功、小功布之通稱，未審其以何者用之也。下於大斂之奠，乃云「東方之饌，兩瓦甒，其實醴酒」，然則此醴酒惟在觶與？

設盆盥于饌東，有巾。

注曰：爲奠者設盥也。

繼公謂：盥，盛盥水之器也。盆，盛棄水。

苴絰，大鬲，下本在左，要絰小焉。散帶垂，長三尺。牡麻絰，右本在上，亦散帶垂，皆饌于東方。苴，七如反。

注曰：苴絰，斬衰之絰也。苴麻者，其貌苴，以爲絰。服重者尚麤惡，要絰小焉，五分去一。牡麻絰者，齊衰以下之絰也。牡麻者，其貌易，服輕者宜差好也。散帶之垂者，男子之道，文多變也。

繼公謂：左本、右本，纓皆在左也。麻所重者本，絰所重者纓，苴麻絰以本爲纓，明其最重也。牡麻絰有本而不以爲纓，明其差輕也。纓皆在左者，左尊右卑，重者宜居尊處也。散，謂不絞之也。此垂，謂帶下也。云「帶垂」，又云「長三尺」，見其帶下之長與大帶同也。大帶，説見首篇。東方，謂序東，下云「絰于序東」是也。其餘絰帶亦饌于此。以絰無本不纓，而帶不散垂，故不言之。

婦人之帶，牡麻結本，在房。

注曰：婦人亦有首絰，但言帶者，記其異。

繼公謂：此謂婦人，凡帶之有本者皆然。斬衰之帶，亦在其中矣。是時帶亦未絞，但結其本，以別於男子耳。其首絰，亦皆與男子同。婦人斬衰之帶所以不與其首，絰皆用苴麻者，以其卒哭無變，至祥乃除，故聖人權其前後輕重之宜，即於始死之時用牡麻爲之，而但以首絰見斬衰之義也。此所饌者，其在西房與？

牀第、夷衾，饌于西坫南。第，壯里反。

注曰：第，簀也。夷衾，覆尸之衾。《喪大記》曰：「自小斂以往用夷衾，夷衾質殺之，裁猶冒也。」

繼公謂：尸夷于堂，乃設此衾，故以夷衾名之。不以斂，故别饌之。

西方盥，如東方。

注曰：爲舉者，設盥也。如東方者，亦用盆布巾，饌於西堂下。

陳一鼎于寢門外，當東塾，少南，西面。

當東塾，亦在其南也。少南者，明其稍遠之。不北面，喪奠禮異也。

其實特豚，四鬄，去蹄，兩胉、脊、肺。設扃鼏，鼏西末。素俎在鼎西，西順，覆匕，東枋。鬄，託歷反。去，起吕反。胉，音博。

注曰：胉，脅也。素俎，喪尚質。既饌，將小斂，則辟襲奠。今文「鬄」作「剔」。

繼公謂：此鼎實，所謂合升者也。四鬄，兩肩、兩髀也。四者，惟去其蹄甲，明其餘不去也。胉，似是諸脅之總名。惟言脊，是不分之矣。體骨合爲七段，乃豚解者之正法也。又以下禮考之，此設鼏乃設扃，而云設扃鼏者，文順耳。鼏西末、俎西，順已東枋，皆統於鼎而順之。俎在鼎西，如其載時之位。

右陳絰帶器饌

士盥，二人以並，東面，立于西階下。

注曰：立俟舉尸也。

布席于户内，下莞上簟。莞，音官。

注曰：有司布斂席也。

繼公謂：此席布于地也。《喪大記》曰：「含一牀，襲一牀，遷尸于堂又一牀。」用牀者，止於是耳。

商祝布絞、衾，散衣、祭服。祭服不倒，美者在中。

注曰：斂者趨方，或偵倒衣裳。祭服尊，不倒之也。

繼公謂：美者，猶尊者也，祭服以尊者爲美。云「在中」者，據斂時而言也。若於此時，則但爲上下之次耳。爵弁服最尊在上，餘亦以尊卑爲次。

士舉遷尸，反位。

注曰：遷尸於服上。

繼公謂：反位，待後事也。位，猶在西階下。

設牀第于兩楹之間，衽如初，有枕。

注曰：衽，卧席也，亦下莞上簟。

繼公謂：楹間，東西節也，宜於楹爲少北。

卒斂，徹帷。

注曰：尸已飾。

繼公謂：斂之言藏也，既襲，而又加衣衾之類焉。所以深藏其體也，故曰斂，下放此。

主人西面馮尸，踊無筭。主婦東面馮，亦如之。馮，音憑。下皆同。

馮，謂以身親而扶持之。哀甚而踊，則無筭。

主人髺髮袒，衆主人免于房。髺，音括。免，音問。

注曰：《喪服小記》曰：「斬衰髺髮以麻，免而以布。」以用麻布爲之。

繼公謂：《檀弓》曰：「始死，羔裘玄冠者易之而已。」易者，謂易之以素冠、深衣也。然則始死之服，主人以下皆同，而未暇有所别，異今既小斂，主人乃去冠與纚，而以麻爲髺髮。衆主人以下乃去冠與纚，而以布爲免二者，皆所以代冠也。其制雖不可考，然以意求之，疑其度但足以繞紒而已。以其無纚，故謂之髻髮，言括結其髮也。以其無冠，故謂之免，言因免冠而爲之也。小斂之日，喪事方始，乃以二者別親疏，而復以絰帶之差繼之。《曲禮》曰「生與來日」，其此之謂乎？于房，兼髻髮者言也。必于房者，宜與髽者異處也。免不言袒可知。

婦人髽于室。

《曾子問》言婦爲舅姑始死之服布，深衣縞總，則吉笄而纚自若矣[一]，是乃將齊衰者也。以始死男子之服準之，則此時婦人將斬衰而下者之服皆當如此，齊衰者之爲也。髽者，去笄總與纚而露紒也。至是而當髽者，乃髽其不當髽者，但去笄總耳。當髽者，妻也，妾也，女子子與婦也。非是，雖三年者猶不髽。此時當髽者皆在室，故於焉爲之，由便也。婦人之髽與否，《喪服》經記見之矣。

士舉，男女奉尸，侇于堂，幠用夷衾。男女如室位，踊無筭。

注曰：侇之言尸也。夷衾，覆尸柩之衾也。堂，謂楹閒，牀笫上也。

[一] 文淵閣本、摛藻堂本「吉」字作「去」。按，敖氏引《曾子問》先言婦人服喪不去笄的情況，繼之再言去笄的情況，故「吉笄」之「吉」不當作「去」。

繼公謂：士舉，舉尸首足也。男奉其右，女奉其左也。《喪大記》「夷」作「侇」，是侇、夷同也。幠用夷衾者，禮貴相變，且斂衾當以陳也。夷衾不陳，此衾云夷者，以其用之於尸而不以斂也。室位，馮尸之位。

主人出于足，降自西階，衆主人東即位，婦人阼階上西面。主人拜賓，大夫特拜，士旅之，即位，踊，襲、絰于序東，復位。

注曰：拜賓，鄉賓位拜之也。即位，踊，東方位。序東，東夾前。

疏曰：衆主人雖無降階之文，當從主人降自西階。主人就拜賓之時，衆主人遂東即位於阼階下，主人位南西面也。云復位者，復阼階下西面位。

繼公謂：阼階上，非婦人之正位。於主人之降乃居之者，辟賓客之行禮者也，後遂以之爲節。主人拜賓，鄉其位。特拜者，每人各一拜之也。旅之者，其人雖衆，惟三拜之而已。絰，著絰帶也。

右小斂

乃奠。

乃修奠事也，其事在下。

舉者盥，右執匕，卻之，左執俎，横攝之，入，阼階前西面錯，錯俎北面。

錯，七故反。下並同。

注曰：舉者，出門舉鼎者。右人以右手執匕，左人以左手執俎，因其便也。攝，持也。錯俎北面，俎宜西順之。

疏曰：各以内手舉鼎，外手執匕，故云便。

繼公謂：舉者盥，即執匕俎，是亦盥於門外矣。經不見設此盥者，略之。俎錯於鼎西。

右人左執匕，抽扃予左手，兼執之，取鼏，委于鼎北，加扃，不坐。

注曰：抽扃、取鼏、加扃於鼏上，皆右手。

乃匕、載。載兩髀于兩端，兩肩亞，兩胉亞，脊、肺在于中，皆覆，進柢，執而俟。

注曰：匕，右人也。載，左人也。亞，次也。皆覆，爲塵。柢本也。進，本者未異於生也。骨有本末。

繼公謂：此時匕者西面于鼎東，載者北面于鼎西南。兩端，俎之前後也。兩肩亞，各次於髀也。兩胉亞，各次於肩也。脊、肺在於兩胉之中，脊東而肺西也。俟者，俟同升上。言四鬄去蹄，則前體乃肩、臂、臑，後體乃髀、肫、胳也。此惟以肩髀爲稱者，其體不分，故以上包下也。皆覆，亦以别於生也。

夏祝及執事盥，執醴先，酒、脯、醢、俎從，升自阼階。丈夫踊，甸人徹鼎巾，待于阼階下。

注曰：執事者，諸執奠事也。巾，功布也。執者不升，已不設，祝既錯醴，將受之。

疏曰：《公食大夫禮》云：「甸人舉鼎順，出奠于其所。」

繼公謂：執醴者，祝也。俎亦升自阼階，喪奠禮異也。升而丈夫踊，節也。凡奠時，丈夫、婦人之踊皆以奠者之往來爲節。

奠于尸東，

先言其所奠之處，下乃奠之。

執醴酒，北面西上。

注曰：執醴酒者，先升尊也。立而俟，後錯要成也。

豆錯，俎錯于豆東。立于俎北，西上。

豆，兼籩言也。《爾雅》曰：「竹豆謂之籩。」其錯之籩脯，先設而在南也。俎北之位，執脯者在西。

醴酒錯于豆南。

醴在北也。《記》曰：「兩甒醴酒，酒在南。」此位亦當如之。《既夕禮》曰：「醴酒在籩西北上。」

祝受巾，巾之，由足降自西階。婦人踊。奠者由重南，東，丈夫踊。

注曰：巾之爲塵也。東，反其位。

繼公謂：祝既受巾巾之，即由足而降，明不立于俎北之位。祝降而執事者從之，由重南而東也。

賓出，主人拜送于門外。

注曰：廟門外也。

繼公謂：凡喪，賓皆於既奠乃出。

乃代哭，不以官。

注曰：代，更也。孝子始有親喪，悲哀憔悴，禮防其以死傷生，故至此使之更哭，不絶聲而已。

繼公謂：不以官者，下大夫也。不以官之尊卑爲序，則但以親疏爲之。《喪大記》曰：「大夫官代哭，不縣壺。士代哭，不以官。」

右小斂奠

有襚者，則將命。擯者出請，入告。主人待于位。

注曰：喪禮略於威儀，既小斂，擯者乃用辭。出請之辭曰：「孤某使某請事。」

繼公謂：此襚者，惟謂使人襚者也。

擯者出，告須，以賓入。

注曰：須，亦待也。出告之辭曰：「孤某須矣。」

繼公謂：以賓入帥之也。

賓入中庭，北面致命，主人拜稽顙。賓升自西階，出于足，西面委衣，如於室禮。降，出。主人出，拜送。

亦西方中庭也。致命之禮，施於主人也。乃北面者，凡喪禮唯致命於堂，乃東面，其他則否，亦異於吉禮也。襚者，親友殷勤之意，故爲之稽顙以重謝之。此非君襚之節，故無嫌於室禮。謂委衣，于尸東牀上也。主人出拜送，亦於廟門外。小斂以後，主人於喪賓則出送之，惟不迎賓耳。

朋友親襚如初儀，西階東，北面哭，踊三，降。主人不踊。

初儀，拜送以上之禮也。尸在楹間，故於西階東北面鄉之哭踊，此則異於使人襚者也。主人不踊，惟哭而已。

襚者以褶，則必有裳。執衣如初，徹衣亦如之。升降自西階，以東。褶，音牒。

注曰：帛爲褶，無絮，雖複〔一〕，與禪〔二〕同。有裳乃成稱，不用表也。以東，藏以待事也。

繼公謂：褶，褶衣也。裹，衣之袷者也。云則必有裳者，嫌其非類，可以不必用之也。此但取衣裳具乃成稱之義，故須有之褶。有裳，亦簪之。徹衣者以東，變於小斂以前之禮。

右襚

宵，爲燎于中庭。

注曰：燎，大〔三〕燋在地曰燎，執之曰燭。

〔一〕「複」原作「復」，文淵閣本、摛藻堂本改作「複」，摛藻堂本校文云：「刊本『複』訛『復』，據鄭注改。」當是。

〔二〕「禪」原作「禪」，摛藻堂本作「禪」，是，據改。

〔三〕「大」原作「火」，文淵閣本、摛藻堂本改作「大」，摛藻堂本校文云：「刊本『大』訛『火』，據鄭注改。」

厥明，滅燎。陳衣于房，南領，西上，綪。絞，紟，衾二。君襚、祭服、散衣、庶襚，凡三十稱。紟不在筭，不必盡用。

注曰：衿，單被也。衾二者，始死斂衾，今又復制也。小斂衣數，自天子達，大斂則異矣。

繼公謂：祭服、散衣，皆主人之衣也。後言庶襚，則是庶襚之中雖有上服，猶在主人散衣之後也。云「紟不在筭」，則衾在筭矣。不言絞者，狹小於紟，不在筭可知。不必盡用，亦謂庶襚繼陳，或出於三十稱者也。《喪大記》曰：「大斂布絞縮者三，横者五。」又曰：「絞一幅爲三，不辟。紟五幅爲統。」

東方之饌，兩瓦甒，其實醴酒，角觶，木柶。毼豆兩，其實葵菹芋，蠃醢。兩籩無縢，布巾，其實栗，不擇。脯四脡。毼，苦割反。蠃，音累。縢，音滕。脡，大頂反。

注曰：此饌但言「東方」，則亦在東堂下也。毼，白也。齊人或名全菹爲芋。縢，緣也。《詩》云：「竹柲緄縢。」布巾，籩巾也。籩豆具而有巾，盛之也。《特牲饋食禮》有籩巾。

繼公謂：《記》言設棜於東堂下，南順齊于坫，饌于其上者，正指東方之饌也。始死之奠用吉器，小斂用素俎，至是乃用毼豆而籩無縢，皆以漸變之。芋，未詳。《記》曰「凡籩豆實具設，皆巾之」，亦指此時也。乃獨於籩見之者，嫌乾物，或可不必巾也。菹云芋、栗不擇，脯四脡，亦皆變於吉也。

奠席在饌北，斂席在其東。

奠席，葦席也。《周官·司几筵》曰：「凡喪事，設葦席、斂席，亦莞與簟也。」其謂奠席也。此二席皆不在椉，大斂之奠在室，遠於尸柩，故始用席以存神也。

右陳大斂衣席及殯奠

掘肂見衽。 肂，以二反。見，賢遍反。

注曰：肂，埋棺之坎也，掘之於西階上。衽，小要也。《喪大記》曰：「君殯用輴，欑至于上，畢塗屋。大夫殯以幬，欑置于西序，塗不暨于棺。士殯見衽，塗上，帷之。」又曰：「君蓋用漆，三衽三束。大夫蓋用漆，二衽二束。士蓋不用漆，二衽二束。」

繼公謂：言其肂之深淺，以見衽爲度也。此肂亦在西序下，其南蓋近於序端。

棺入，主人不哭。升棺用軸，蓋在下。 軸，直六反。

注曰：軸，輁軸也。軸狀如轉轔，刻兩頭爲軹。輁狀如長牀，穿桯前後，著金而關軹焉，輓而行。

繼公謂：　蓋在下者，卻於棺之下也。棺既升，則入于肂中，而蓋則置於序端與？　案，注云「軸狀如轉轔」者，轔猶輪也。以木關其轔之中央而引之，則轔由此而轉，故以轉轔名之，蓋漢時語也。謂軸狀如之，以今物曉時人也。軹，謂軸之兩末關輪之處也。竊詳注説，蓋謂此軹之旁共有四輪，前後各二，又各有一軸，以横貫其桯與輪也。鄭氏此説未必有據，亦但以意言之。

熬黍、稷各二筐，有魚、腊，饌于西坫南。熬，音敖。

有魚、腊，謂每筐皆有之也。此四物者，擬用於肂中，故饌於此。孝子以尸柩既殯，不得復奠于其側，雖有奠在室而不知神之所在，故置此於棺旁以盡愛敬之心也。然不以食而用熬穀，不以牲而用魚、腊，亦所以異於奠也與？

右爲殯具

陳三鼎于門外，北上。豚合升，魚鱄鮒九，腊左胖，髀不升，其他皆如初。

鱄市、轉市，專二反。胖，音判。

腊用左胖，别於吉也。此腊惟豚解，其髀不升，亦前肩後肫、胉、脊而已。凡腊必去髀，不以豚解、體解、合升、胖升而異。其他皆如初，謂豚體骨及鼎之面位與匕俎之陳，如小斂時。

燭俟于饌東。

注曰：饌，東方之饌。有燭者，堂雖明，室猶闇。

右陳鼎

祝、徹盥于門外，入，升自阼階，丈夫踊。

祝、徹者，題下事也。此徹者多矣，惟言祝，見其尊者耳。是時無東堂下之盆盥，故盥于門外。

祝徹巾，授執事者以待。

設小斂奠之時，執巾者待于阼階下，祝就而受之。然則祝於此時，亦惟以巾授之於阼階下，蓋授受之節宜同也。祝既授巾，乃還徹醴以待者，謂執事以巾置于饌，所以待奠事之至也。

徹饌，先取醴酒，北面。饌，當作奠。

注曰：北面立，相待俱降。

繼公謂：醴酒，尊先取之。後設先取，禮相變也。饌字誤，當作奠。案，注云「相待俱降」，謂待取俎豆者也。

其餘取先設者，出于足，降自西階。婦人踊，設于序西南，當西榮，如設于堂。

注曰：堂，謂尸東也。

繼公謂：其餘，謂取籩豆俎者也。先設者先取之，後設者後取之，經惟言「取先設者」，見其初者耳。既取，則南面西上，俟執醴酒者行而從之降矣。設于序西南，改設之也。凡徹尊者之盛饌，必改設之而後去之。序西南，南北節也。當西榮，東西節也。不設於東，異於生也。《特牲饋食禮》曰：「祝命徹阼俎、豆、籩，設于東序下。」此生者之禮也。此新奠設於既殯之後，而舊奠乃徹於未斂之前者，爲辟斂故爾。凡改設者，賓出則徹之。

醴酒位如初。執事豆北南面，東上，

注曰：如初者，如其北面西上也。

繼公謂：醴酒亦後設，故其位如初。執豆俎者既設而東上，俟設醴酒者畢而從之降，亦由便也。此奠于西堂，其俟降之位東上，是由饌東而南，乃降自側階也，然則側階南於序端矣。凡升降自側階者，此經皆不見之。

乃適饌。

注曰：東方之新饌。

繼公謂：適東方之饌處，以待事至也。後放此。適饌，亦由主人之北。

右徹小斂奠

帷堂。

又將設飾也。

婦人尸西，東面。主人及親者升自西階，出于足，西面袒。

注曰：袒，爲大斂變也。不言髽免髻髮，小斂以來自若矣。

繼公謂：婦人尸西東面，以男子將升故也。取節於尸，明近於牀。此親者，謂衆主人也。男子但言「西面袒」，是遠於尸矣。然則此時主人堂上之位，其在阼階上所布席之東與？

士盥，位如初。

注曰：亦既盥，並立西階下。

繼公謂：此時不設東堂下之盥而徹者，乃盥于門外，似亦未必有西方之盥。若然，則此士亦盥于門外與？《喪大記》言君大斂之禮云，「士盥于盤上，北面」。

布席如初。

注曰：亦下莞上簟。

繼公謂：布席之處，其於階上爲少西，於楹爲少北，蓋小斂之牀、大斂之席與殯肂南北之節宜同也。

商祝布、絞、紟、衾、衣，美者在外，君襚不倒。

注曰：至此乃用君襚，主人先自盡。

繼公謂：美者，在外謂衣也。君襚，先祭服，祭服先散衣，而祭服之中又各有所先後，皆所謂「美者在外」也。在外，亦指斂時言之。若於此時，則但爲在下耳。君襚不倒，尊也。以祭服視散衣，則祭服爲尊；以君襚視祭服，則君襚爲尊。惟君襚不倒，則祭服亦有倒者矣。至是乃用「君襚」者，大斂之禮重，故以服之尤尊者。爲之襲而美者在外，小斂而美者在中，大斂又反之，禮貴相變也。

有大夫則告。

注曰：後來者也。

繼公謂：告，謂告以主人方有事，未及拜賓也。非斂時，則位在下，來即拜之。

士舉遷尸，復位，主人踊無筭。卒斂，徹帷。主人馮如初，主婦亦如之。

復位，反階下位以俟也。於主人、主婦既馮尸，乃復升，而舉尸以斂于棺也。

右大斂

主人奉尸斂于棺，踊如初，乃蓋。

注曰：棺在肂中斂尸焉，所謂殯也。《檀弓》曰：「殯於客位。」

繼公謂：納尸于棺，則尸藏不見矣，故亦以斂言之。《小斂》云「男女奉尸」，此惟云「主人」者，其殯禮之異者與？

主人降，拜大夫之後至者，北面視肂。

注曰：北面，於西階東。

繼公謂：後至者，於主人既升堂而后來者也。惟云「降拜大夫之後至」者，則於士之後至者，既襲乃拜之。《雜記》曰：「當袒，大夫至，雖當踊，絶踊而拜之。反，改成踊，乃襲。於士，既事成踊，襲而後拜之，不改成踊。」正此意也。

衆主人復位。婦人東復位。

注曰：阼階上、下之位。

繼公謂：阼階上雖非婦人之正位，以其繇者在此，今又反之，故亦云復位也。此復位皆當在主人拜大夫之時，無大夫後至者，則在主人視肂之時。

設熬，旁一筐，乃塗，踊無筭。

注曰：以木覆棺上而塗之。

繼公謂：《喪大記》注引此云「旁各一筐」，則是此經脱一「各」字也。各，各黍稷也。每旁二筐，黍當在南塗者。以木覆棺上而塗之，象葬時加土之意也。

卒塗，祝取銘置于肂。

注曰：爲銘設柎，樹之肂東。

繼公謂：置銘，蓋於肂南也。柩在肂中而復塗之，孝子慮神疑於其柩，故置銘於此，若使之知其處然，愛敬之心也。《檀弓》曰：「以死者爲不可別已，故以其旗識之。愛之，斯録之矣。敬之，斯盡其道焉耳。」

主人復位，踊，襲。

位，阼階下位也。襲於序東。

右殯

乃奠。燭升自阼階。祝執巾，席從，設于奥，東面。

注曰：執燭南面，巾委於席右。

繼公謂：周人斂用日出，故既斂而室猶闇，須用燭也。祝執巾與席從執燭者，升而設之於奥。既委巾，乃設席。《士虞禮》曰：「祝巾席于室中，東面。」凡喪奠，不啓牖。

祝反降，及執事執饌。

注曰：東方之饌。

繼公謂：執饌，以待俎而俱升也。

士盥，舉鼎入，西面，北上，如初。載魚左首，進鬐，三列。腊進柢。

注曰：如初，如小斂舉鼎、執匕俎扃鼏、朼載之儀。魚左首設而在南。鬐，脊也。左首進鬐，亦未異於生也。

繼公謂：左首，其首於載者爲左也。左首進鬐，則寢右矣。魚以鬐爲上，腴爲下。進鬐，猶牲之進柢也。魚九而三列，則三三爲列也。凡俎實進上，乃食生之禮。喪之初奠而若此，但取其未異於生耳。其後遂因而不變，又以别於吉祭云。

祝執醴如初，酒豆籩俎從，升自阼階。丈夫踊。甸人徹鼎。

注曰：如初，祝先升。

奠由楹内入于室，醴酒北面。

注曰：亦如初。

繼公謂：楹内，東楹北也。惟云「醴酒北面」，則其餘之未設者亦西面矣。此奠于室者，尸柩既殯，不可復奠於其側，故宜在室也。室，事神之處也。

設豆，右菹，菹南栗，栗東脯，豚當豆，魚次，腊特于俎北。醴酒在籩南，巾如初。

注曰：右菹，菹在醢南也。此左、右異於魚者，統於席也。醴當栗南，酒當脯南。

繼公謂：設豆，右菹，豆南上也。豆南上，則席亦南上矣。凡設豆而與其席之所上相變者，於生人耳，鬼神則否。

既錯者出，立于户西，西上。祝後，闔户。先由楹西降自西階，婦人踊。奠者由重南，東。丈夫踊。

立于户西，南面，待祝出而偕行也。祝後闔户者，祝錯醴最在後，故後出而因闔户也。惟云「闔户」，是初時牖未嘗啓也，明矣。既闔户，祝西行而南，執事者從之，皆由楹西而降奠者，由重南而東，復其門東之位也。祝位在門西。

賓出，婦人踊。主人拜送于門外。入，及兄弟北面哭殯。兄弟出，主人拜送于門外。

注曰：小功以下，至此可以歸，異門大功亦存焉。

繼公謂：賓出而主人乃與兄弟哭殯，順其親親之心也。有親者，宜異於朋友。下云殯前北面哭。

衆主人出門，哭止，皆西面于東方。闔門。主人揖，就次。

注曰：次，謂斬衰倚廬，齊衰堊室也。大功有帷帳，小功緦麻有牀笫可也。

繼公謂：東方之位，亦北上。

右殯奠

君若有賜焉，則視斂。既布衣，君至。

注曰：賜，恩惠也。斂，大斂。

疏曰：《喪大記》云：「君於士，既殯而往，爲之賜，大斂焉。」

繼公謂：君欲視斂，則使人告喪家，故主人不敢升堂，而先布絞紟、衾衣以待其來。《喪大記》曰「弔者襲裘，加帶絰」，則此時君之弔服，亦朝服襲裘而加絰與帶矣。若主人成服之後而往，則弁絰、疑衰。

主人出迎于外門外，見馬首，不哭，還入門右，北面。及衆主人袒。還，音旋。下不見者，同。

喪禮主人不迎賓，若有所迎，見之則不哭，蓋禮然爾，上經云「見賓不哭」是也。此於君弔既迎之於外門外，又見其馬首，即不哭，敬之至也。言見馬首，明未入巷門。入門右，廟門也。

巫止于廟門外，祝代之。小臣二人執戈先，二人後。

注曰：《周禮·男巫》：「王弔，則與祝前。」小臣，君行則在前後，君升則俠阼階，北面。凡宫有鬼神曰廟。

繼公謂：《周官》言喪祝男巫皆於王弔，則前國君不得並用巫祝。其在廟門外，則巫前；至廟門，則祝前。互用其一，所以下天子也。必用巫祝者，以其與神交之故與？巫至廟門外乃止，則君下之處差遠於廟門矣。小臣執戈前後，以備非常。

君釋采，入門，主人辟。采，音菜。辟，音避。下「人辟」、「哭辟」、「不辟」同。

注曰：釋采者，祝爲君禮門神也。必禮門神者，明君無故不來也。《禮運》曰：「諸侯非問疾弔喪，而入諸臣之家，是謂君臣爲謔。」

繼公謂：采讀爲菜，蓋其物之可以爲豆實者，如葵韭之類是也。釋菜，蓋於闑西閾外。釋，謂奠之於地，盛之之器則用笲。云「主人辟」，於是衆主人、衆賓亦皆辟位。

君升自阼階，西鄉。祝負墉，南面，主人中庭。

注曰：祝南面房中，東鄉君。主人中庭，進益北。

疏曰：祝必南面負墉鄉君者，案《喪大記》曰：「君視祝而踊。」祝相君之禮，故須鄉君。

繼公謂：此東方中庭也。

君哭，主人哭，拜稽顙，成踊，出。

注曰：出，不敢必君之卒斂事。

繼公謂：君已哭，而主人出，爲君既有事矣。自此以下六節，每節之畢，主人輒出，皆爲不敢久留君也。《喪大記》曰：「出俟于門外。」

君命反行事，主人復位。

注曰：大斂事。

繼公謂：位，入門右之位也。此時惟將拜君，乃進中庭，不然則否。

君升主人，主人西楹東，北面。

注曰：命主人，使之升。

繼公謂：升之，使視斂也。西楹東，明其在堂中西也。主人與君同在堂，宜遠之。

升公卿大夫，繼主人，東上。乃斂。

升之，使視斂，以其尊也。云「繼主人，東上」，則主人之位在楹東少南矣。

卒，公卿大夫逆降，復位。主人降，出。

注曰：逆降者，後升者先降，位如朝夕哭弔之位。

君反主人，主人中庭。君坐撫，當心。主人拜稽顙，成踊，出。

注曰：撫，手案之。凡馮尸興，必踊。

繼公謂：反，謂命之反也。

君反之，復初位，衆主人辟于東壁，南面。

注曰：以君將降也，南面，則當坫之東。

繼公謂：初位，亦入門右位也。嫌在中庭，故以初明之衆主人南面西上。

君降，西鄉，命主人馮尸。主人升自西階，由足，西面馮尸，不當君所，踊。主婦東面馮，亦如之。

注曰：君必降者，欲孝子盡其情。不當，君所不敢與尊者所馮同處。

奉尸，斂于棺，乃蓋。主人降，出。君反之，入門左，視塗。

君反主人，而主人即入視塗者，蓋君反之之時，必以是命之也。下云「君命反奠」，亦見其一耳。但言「入門左」，則是未必在西階下也。所以然者，欲其出之便也。

君升即位，衆主人復位。卒塗，主人出，君命之反奠，入門右。

入門右，即初位也。先言位，次言初位，此復著其所者，以明其非有事於中庭，則東方之位皆在是也。

乃奠，升自西階。

注曰：以君在阼。

君要節而踊，主人從踊。

要，猶候也。節，當踊之節也。此節謂執奠者始升階時。

卒奠，主人出，哭者止。

卒奠，謂奠者出户時也，主人於此即出矣。哭者止，爲君將出節也。

君出門，廟中哭。主人不哭，辟。君式之。

注曰：古者立乘，式，謂小俛以禮主人也。《曲禮》曰：「立視五巂，式視馬尾。」

繼公謂：式，謂以手撫式也。式者，車前横木也。在車者若有所敬，則撫之以爲禮。

貳車畢乘，主人哭，拜送。

注曰：貳車，副車也，其數各視其命之等。君弔蓋乘象路，《曲禮》曰：「乘君之乘車不敢曠左，左必式。」

繼公謂：凡有貳車者，爲毀折之備也，此車惟有御右而已。主人拜送，不著其處，則是但於廟門外耳。蓋是時君已升車故也。《喪大記》云：「拜稽顙。」

襲，入即位。衆主人襲。拜大夫之後至者，成踊。

既送君，即襲於外，明其袒之久者，爲君在故也。既即位，乃拜大夫之後至者，此已禮宜更始而爲之，不可於送君之餘由便拜之也。此後至，謂君既至而後來者。

賓出，主人拜送。

注曰：自賓出以下，如君不在之儀。

繼公謂：惟言主人拜送，是婦人於此亦不踊矣，亦異於君不在之儀也。

右君視大斂

三日成服，杖。

云「成服」者，鄉已經帶矣，今復以冠衰之屬足而成之也。「三日」者，以加經帶之日數之也。《曲禮》曰「生與來日」是也。《喪大記》曰：「士之喪二日而殯，三日之朝，主人杖，婦人皆杖。」然則此蓋於未朝哭爲之也。

右成服

拜君命及衆賓，不拜棺中之賜。

言於此者，明已成服，然後可爲之也。君命及衆賓，謂弔者也。拜之者，謝其弔己也。棺中之賜，謂襚也。不拜襚者，襚禮不爲己也。此謂不弔而襚者，若弔襚並行，則其拜亦惟主於弔。凡往拜之節，其於朝奠之後乎？拜之皆於其外門外，所拜者不見。

右謝弔者

朝夕哭，不辟子卯。

朝夕哭，謂既殯之後，丈夫、婦人於每日之朝夕皆哭于殯宮，其禮於下見之。子卯之説，未詳。

婦人即位于堂，南上哭。丈夫即位于門外，西面北上。外兄弟在其南，南上。賓繼之，北上，門東，北面西上。門西，北面東上。西方，東面北上。主人即位。辟門。辟，音闢。

注曰：外兄弟，異姓有服者也。辟，開也。

繼公謂：即位于堂，阼階上也。丈夫，衆主人、衆兄弟也。同姓、異姓之親及賓客，雖以親疏爲序，列於東方，而所上相變，明其不相統也。門東北面西上與西面北上者，相變也。門西北面東上與東面北上者，相變也。以下文考之，則此東方之賓，卿大夫也。門東，諸公也。門西，他國之異爵者也。然則西方者，其士與？門東、門西，外門内之左右也。列定，而主人乃即位於東方之北。

婦人拊心，不哭。

拊心不哭，見其悲哀而未敢哭也。所以然者，以男子未哭故也。

主人拜賓，旁三，右還，入門哭。婦人踊。

旁三，謂鄉賓所立之方而三拜之也。於内位之拜，别其尊卑，故於此略之，總旅拜而已。以序言之，先南面拜，乃東面拜、西面拜，既則右還而入門也。嫌其由便，故言右還以明之。婦人但言踊，以踊見哭也。哭有不踊，踊無不哭者。

主人堂下直東序，西面。兄弟皆即位，如外位。卿大夫在主人之南。諸公門東，少進。他國之異爵者，門西，少進。敵則先拜他國之賓。凡異爵者，拜諸其位。

注曰：賓皆即此位乃哭，盡哀止。主人乃拜之，如外位矣。兄弟齊衰大功者，主人哭則哭，小功緦麻亦即位乃哭。上言賓，此言卿大夫，明其亦賓耳。少進，前於列，他國卿大夫亦前於列尊之。拜諸其位，就其位而拜。

繼公謂：此位與外位同，故上言其位，是著其人，以互見之。上言賓繼外兄弟，此言卿大夫在主人之南，明外兄弟以上，皆少退於主人，亦互見之也。門東又有私臣之位，門西又有公、有司之位，故諸公與他國異爵者皆少進以別之。《特牲記》曰：「公有司門西，北面東上；私臣門東，北面西上。」此位亦當如之也。敵則先拜他國之賓，惟謂「異爵者」，若士則否。以其同國、異國者皆同在西方之位，又旅拜之，亦不宜異也。他國之異爵者，謂來聘若從君來朝者也。凡，凡諸公卿大夫也。

右朝哭

徹者盥于門外。燭先入，升自阼階。丈夫踊。

徹者，徹既殯之宿奠者。言「燭先入」，則徹者繼之可知。然則此時燭亦俟於外矣。《檀弓》曰：「朝奠日出，故用燭。」

祝取醴，北面。取酒立于其東，取豆、籩、俎，南面西上。祝先出，酒、豆、籩、俎序從，降自西階。婦人踊。

祝已取醴，北面立。已取酒者，亦北面立，于其東西上也。餘人已取豆、籩、俎，南面西上。蓋立于神席之前，不敢以由便而變位也。

設于序西南，直西榮。醴酒北面西上。豆西面錯，立于豆北，南面。籩、俎既錯，立于執豆之西，東上。酒錯，復位。醴錯于西，遂先，由主人之北適饌。

注曰：遂先者，明祝不復位也。

繼公謂：惟豆云「西面錯」，蓋其他不盡然也。祝與執事者自西階下而徑東，故出於主人之北。是時東方之饌，醴酒在甒，既適饌，乃酌之。

右徹殯奠

乃奠。醴酒、脯醢升，丈夫踊。入，如初設，不巾。

如初設者，醴酒錯于脯南也。不巾，别於殷奠也。室中惟殷奠則巾，其餘否。

錯者出，立于户西，西上。滅燭，出。祝闔户，先降自西階。婦人踊。奠者由重南，東。丈夫踊。賓出，婦人踊。主人拜送。

滅燭出，謂執燭者滅燭而出也。亦先降自阼階，由主人之北，東。

衆主人出，婦人踊。出門，哭止。皆復位，闔門。主人卒拜送賓，揖衆主人，乃就次。

衆主人出而婦人踊，乃朝夕哭之踊節多於殯日者也。此拜送，賓謂衆兄弟之屬。言賓者，省文耳。自婦人即位至此，惟主言朝哭之禮，其夕哭之與此異者，惟徹醴酒、脯醢不設於序西南耳，餘並同。

右朝奠

朔月，奠用特豚、魚腊。陳三鼎，如初。東方之饌亦如之。

注曰：朔月，月朔日也。初，謂大斂時。

繼公謂：朔月，則殷奠象生時之朔食也。

無籩，有黍稷。用瓦敦，有蓋，當籩位。

注曰：黍稷併於甒北也，於是始有黍稷。

繼公謂：朔奠及薦新不用籩，所以别於殯奠之類。此云「用瓦敦」，則吉時或不用瓦者矣。

主人拜賓，如朝夕哭，

如其廟門内外之儀也。

卒徹。

注曰：徹宿奠也。

繼公謂：朝夕奠無俎，非盛饌，徹則去之，不復改設于序西南。惟言「卒徹」，爲下事節也。

舉鼎入、升，皆如初奠之儀。

升，謂匕而升於俎也。初奠，小斂既殯之奠。

卒朼，釋匕于鼎。俎行，朼者逆出。甸人徹鼎，其序：醴酒、菹醢、黍稷、俎。

注曰：俎行者，俎後執。執俎者行，鼎可以出。其序，升入之次。

繼公謂：俎行而匕者，出升階而丈夫踊，甸人乃徹鼎。經下言主人要節而踊，故以此略之。而以徹鼎繼匕者出而言，非謂其節如是也。此見六者之序，則是凡奠皆每人執一器明矣。俎不言豚魚腊，特執無嫌。「朼」，皆當作「匕」。

其設于室，豆錯、俎錯、腊特。黍稷當籩位。敦啓會，卻諸其南。醴酒位如初。

注曰：當籩位，俎南黍，黍東稷。

繼公謂：黍稷後設，變於籩實也。醴酒位如初，亦醴在黍南，酒在稷南，其異者北各有會耳。

祝與執豆者巾，乃出。

注曰：共爲之也。

繼公謂：中分其奠，祝巾在南者，執豆者巾在北者，各以近其位而爲之。然則巾殯奠亦當如之，經於此乃見之耳。

主人要節而踊，

丈夫、婦人皆要節而踊，惟言主人，文省耳。

皆如朝夕哭之儀。

爲凡不見者言也。

月半不殷奠。

注曰：殷，盛也。士月半不復如朔盛奠，下尊者。大夫以上，月半有奠。

繼公案：注以此言士禮，謂大夫即有月半奠，它無所據也。然亦未有以決其是否，姑〔一〕存之。

有薦新，如朔奠。

新，謂穀之新熟者也。薦新，則敦實皆以新物爲之與？《春秋傳》曰：「不食新矣。」《少儀》曰：「未嘗不食新。」皆指五穀而言也。

徹朔奠，先取醴酒，其餘取先設者。敦啓會，面足。序出如入。

注曰：啓會，徹時不復蓋也。

繼公謂：其餘取先設者，則取敦亦後於俎矣。執敦面足，是以首自鄉也。其執而設之之時亦然。《少牢饋食禮》曰：「敦皆南首。」蓋北面設之故也。敦有首足如物之縮者，然皆在上耳。

〔一〕「姑」原作「如」，文淵閣本、摛藻堂本改作「姑」，當是。

其設于外，如於室。

注曰：外序西南。

右朔奠

筮宅，冢人營之。

注曰：宅，葬居也。冢人，有司掌墓地兆域者。營，猶度也。《詩》云：「經之營之。」

繼公謂：士筮宅而不卜，辟尊者之禮也。

掘四隅，外其壤。掘中，南其壤。

注曰：爲葬將北首故也。

繼公謂：壤，土也，謂所掘而起者也。於將爲壙之處掘其四隅與中央，略以識之而[一]已，以神之從違未可必也。外其壤，謂置其壤於四隅之外。南其壤，謂置其壤於中央之南隅之外。若東隅之東，西隅之西是也。

既朝哭，主人皆往，兆南北面，免絰。免，如字。下「免絰」，同。

〔一〕「而」原作「面」，文淵閣本、摛藻堂本改作「而」，當是。

注曰：兆域也，所營之處。

繼公謂：云皆往，明衆主人亦行也。免絰，亦左擁之絰服之最重者。於此免之，以對越神明宜與人異。《服問》曰：「凡見人無免絰，雖朝於君，無免絰。」

命筮者在主人之右。筮者東面，抽上韇，兼執之，南面受命。

受命，於命筮者。

命曰：「哀子某，爲其父某甫筮宅。度兹幽宅兆基，無有後艱。」爲，于僞反。度，待故反。

注曰：某甫，某〔二〕字也，若言山甫、孔甫矣。宅，居也。度，謀也。基，始也。言爲其父筮葬居，今謀此以爲幽冥居兆域之始，得無後將有艱難乎？艱難，謂有非常，若崩壞也。《孝經》曰：「卜其宅兆，而安厝之。」古文無「兆」，「基」作「期」。

繼公謂：命曰，命筮者命之也，亦如吉時宰贊命之。爲幽宅，幽冥之宅也。兆基，未詳。無有後艱，言其地若吉，則後日無有艱難之事。或曰，當從古文無「兆」字，而「期」亦宜作「其」，屬

〔二〕「某」原作「且」，文淵閣本、摛藻堂本改作「某」，摛藻堂本校文云：「刊本『某』訛『且』，據鄭注改。」可從。

下句。

筮人許諾，不述命。右還，北面，指中封而筮。卦者在左。

注曰：不述命者，士禮略。中封，中央壤也。

繼公謂：指中封，若示神以其處。然不言坐，是立筮也。不席而立筮，變於家述命之儀，見《少牢饋食禮》。

卒筮，執卦以示命筮者。命筮者受視，反之，東面，旅占卒，進告于命筮者與主人：「占之曰從。」

卦者書卦于木，既卒筮而筮者，乃執以示命筮者。必示命筮者，以其出命故爾。既占而先告，命筮者乃告主人，亦此意也。若吉時則受命，示卦皆於主人占之，曰從所告之辭云爾。從，謂從其所筮之地也。《書》曰：「龜從，筮從。」

主人經，哭，不踊。

經者，筮事畢也。

若不從，筮擇如初儀。

注曰：更擇地而筮之。

繼公謂：再筮若又不吉，則更擇地而不復筮也。

歸，殯前北面哭，不踊。

注曰：易位而哭，明非常。

繼公謂：殯前，西階下也。

右筮宅

既井椁，主人西面拜工，左還椁，反位哭，不踊。婦人哭于堂。還，音患。

注曰：匠人爲椁，刊治其材，以井構於殯門外也。反位，拜位也。既哭之，則往施之竁中矣。

主人還椁，亦以既朝哭矣。

繼公謂：拜工，謝其勞也。主人西面拜工，則工東面矣。左還椁，由椁之東南行而繞之也。經於筮宅與卜日皆云既朝哭，此及獻材之屬，乃不言之，則是此數事者朝哭之後、夕哭之前皆得爲之，無定時也。

獻材于殯門外，西面北上，綪。主人徧視之，如哭椁。獻素、獻成亦如之。

注曰：材，明器之材。視之，亦拜工。形法定爲素，飾治畢爲成。

繼公謂：北上，西北上也。南北陳之而前列在西，徧視之，亦自其所上者始，此又與還椁異矣。亦先拜工，乃視之云如哭椁者，如其反位哭，不踊也。此著殯門外，則井椁之處其在外門外乎？

右哭椁、哭器

卜日，既朝哭，皆復外位。卜人先奠龜于西塾上，南首，有席。楚焞置于燋，在龜東。焞，存悶反。燋，子約反。

注曰：楚，荆也。荆焞，所以鑽灼龜者。燋，炬也，所以然火者也。《周禮·菙氏》：「掌共燋，契以待卜事。凡，卜以明火爇燋，遂灼其焌契，以授卜師，遂以役之。」

繼公謂：席，亦在龜後也。龜南首，燋在其左，皆變於卜時也。葬日卜而不筮，亦變於吉。

族長涖卜，及宗人，吉服立于門西，東面南上。占者三人在其南，北上。長，之兩反。

注曰：吉服，服玄端也。

繼公謂：族長，族人之尊者也。族長與主人有親，乃位于門西，以將涖卜變其位，此占者亦吉服。不言者，文省也。吉服者，亦以對越神明故也。占者，有司掌占事者也。必三人者，欲考其言異同之多寡而定是非也。《書》曰：「三人占，則從二人之言。」

卜人及執燋、席者，在塾西。闔東扉，主婦立于其內。

注曰：在塾西者，南面東上。

繼公謂：卜人，有司掌共卜事者也。在塾西者，便其升也。東西塾之階，蓋與東西堂側階之所鄉同。闔東扉，説見《士昏記》。

席于闑西閾外。

席亦西面。

宗人告事具。主人北面，免絰，左擁之。涖卜即位于門東，西面。

注曰：涖卜，族長也。更西面，當代主人命卜。

繼公謂：告，告主人也。既免絰，復西面。

卜人抱龜燋，先奠龜，西首，燋在北。

注曰：既奠燋，又執龜以待之。

繼公謂：燋，先謂執燋者，先於龜而行也。奠龜西首，象神位在西鄉之。奠龜與燋皆東面，不言，焞與焦同處可知。

宗人受卜人龜，示高。

注曰：以龜腹甲高起，所當灼處示涖卜也。近足者，其部高。

繼公謂：宗人就而北面訝受之，下文授受亦訝也。

涖卜受視，反之。宗人還，少退，受命。

注曰：受涖卜命。

繼公謂：必少退者，受命宜遠於授受之處也。

命曰：「哀子某，來日某，卜葬其父某甫，考降，無有近悔。」

注曰：考，登也。降，下也。言卜此日葬，魂神上下得無近於咎悔者乎？

繼公謂：來日，將來之日也。某者，柔日之名，若乙、丑、丁、酉之類是也。考、降未詳。或曰：考，成也；降，下也。謂成其下棺之事，未知是否？無有近悔，謂其日若吉，則不近於悔。

如葬而遇雨及他有不虞，則非吉日矣。

許諾，不述命，還即席，西面坐，命龜，興。授卜人龜，負東扉。

注曰：宗人不述命，亦士禮略。凡卜述命、命龜異，龜重，威儀多也。負東扉，俟龜之兆也。

繼公謂：言不述命則命龜之辭，與涖卜所云者異矣。

卜人坐，作龜，興。

注曰：作龜，以火灼之，以作其兆也。《周禮·卜師》：「凡卜事，揚火以作龜，致其墨。」

繼公謂：作，猶起也。

宗人受龜，示涖卜。涖卜受視，反之。宗人退，東面，乃旅占。卒不釋龜，告于涖卜與主人：「占曰：『某日從。』」

注曰：不釋龜，復執之也。

繼公謂：如此文，則是宗人亦占之也。占，謂占其兆之吉凶也。兆有體、色、墨、坼。旅占，卒復受龜，遂執之以告。涖卜不哭者，吉服也。主人不哭者，未絰也。

授卜人龜，告于主婦。主婦哭。

注曰：不執龜者，下主人也。

告于異爵者，使人告于衆賓。

衆賓，謂士之在外位者也。宗人不親告之下異爵者。

卜人徹龜，宗人告事畢。主人絰，入，哭，如筮宅。賓出，拜送。

云徹龜，則是簜者復奠于西塾上以待事畢也。拜送賓，蓋於外門外。

若不從，卜擇如初儀。

若不從，則亦以告于主婦，而下其儀則同也。至次日，乃更擇日而卜之。《曲禮》曰：「喪事先遠日。」云擇，則其相去不必旬有一日矣，蓋與吉禮筮日遠近之差異也。古者士三月而葬，日之先後，當以此爲節。

【正誤】

苴絰大鬲

「鬲」本作「鬲」，《釋文》云：「鬲又作鬲。」案《喪服傳》亦云「大鬲」，今定作「鬲」。

乃匕載

「匕」，鄭本從今文作「朼」。注曰：古文「朼」作「匕」。繼公謂：用匕謂之匕，猶設尊謂之尊、設席謂之席之類是也。或作朼者，似後人誤改之，以别於其爲器名者。而改之不盡，故匕、朼雜也。當從古文作「匕」。

置于西階上

鄭本「于」下有「宇」字。繼公謂：宇，屋檐也，不宜與西階上連文，「宇」字蓋因「于」字而衍也。《周官·小祝職》鄭司農注引此無「宇」字，今以爲據删之。

儀禮集説卷十三

既夕禮第十三

注曰：《士喪禮》之下篇也。

繼公謂：此禮承上篇爲之，乃别爲篇者，以其禮更端故也。篇首云「既夕哭」，故以既夕名篇。

既夕哭，

注曰：謂先葬二日，既夕哭。出門哭止，復外位時。

請啓期，告于賓。

注曰：將葬，當遷柩于祖，有司於是乃請啓肂之期於主人以告賓，賓宜知其時也。

繼公謂：壓者既卜日，即告于異爵者及衆賓，則是賓固知其葬日矣。知其葬日則啓之，日不言可知。而有司必請其期以告于賓者，重慎之至也。於夕哭而賓在焉，則其朝夕哭之儀同矣。此不載主人答辭者，下文已明，故略之。

右請啓期

夙興，設盥于祖廟門外。

注曰：祖王父也。

繼公謂：設盥，爲舉鼎及設奠者也。一廟而祖、禰皆在焉，惟云祖者，是禮主於祖也。

陳鼎皆如殯，東方之饌亦如之。

皆如殯，謂三鼎之面位與其實皆如鼏者門外所陳殯奠之鼎也。東方之饌云「如殯」，亦但據其盛者言之也。其遷祖奠之脯醢當在甒北，不別見之者，略之也。

夷牀饌于階間。

此即鼏者承尸于堂之牀也。階間，祖廟堂下。

二燭俟于殯門外。

右陳設器饌

丈夫髽，散帶垂，即位如初。髽，側爪反。散，息但反。

注曰：爲將啓變也。如初，朝夕哭門外位。

繼公謂：皆爲之於次乃即位。髽者，去冠與纚而爲露紒也。將髺髮者，必先髽，故言此以明之，亦與前經髺、髮互見也，此斬衰者耳。其齊衰以下，則皆免散帶垂，解其三日所絞者也，凡大功以上皆然。髽與散帶垂，未殯之服也。是時棺柩復見，故復此服焉。此但言「丈夫」，是婦人不與也。婦人之帶所以不散垂者，初已結本，又質而少變，故於此不可與丈夫同。其所以不言髽者，婦人不當髽者，雖未殯，亦不髽，則此時可知矣。其當髽者，自小斂以來至此，自若無所改變，故不必言之。

婦人不哭，主人拜賓，入，即位，袒。

注曰：此不蒙如初者，以男子入門不哭也。不哭者，將有事，止讙囂。

繼公謂：婦人不哭，説見于前。

商祝免、袒，執功布入。升自西階，盡階，不升堂。聲三，啓三，命哭。免，音問。盡，子忍反。

注曰：執功布，爲有所拂扐也。聲三，三有聲，存神也。啓三，三言啓，告神也。舊説以爲聲，噫興也。

繼公謂：商祝，公有司也。其爲士但當弔服加麻，此時有事於柩，故復爲之袒、免。

燭入。

注曰：炤徹與啓殯者。

疏曰：一燭於室中照徹奠，一燭於堂照開殯殯也。

祝降，與夏祝交于階下，取銘置于重。重，直龍反。後放此。

祝降者，周祝取銘而降也。不言其升，故以降見之，與夏祝交事相接也。惟云交者，亦相右也。凡交而非相右者，經必言相左以别之。夏祝與執事者升，取宿奠也。祝取銘置于重，爲啓殯遷之。取銘在前，置于重在後，乃合而言之，文順耳。

踊無算。

注曰：主人也。

商祝拂柩用功布，幠用夷衾。幠，火吴反。

注曰：拂，去塵也。幠，覆之，爲其形露。

疏曰：夷衾於後，無徹文，當隨柩入壙矣。

繼公謂：夷衾，即小斂後覆尸者也。以其事相類，故復用之。案，注云「形露」，猶露見也。

右啓

遷于祖，用軸。

注曰：遷于祖，朝祖廟也。《檀弓》曰：「殷朝而殯于祖，周朝而遂葬。」

繼公謂：必遷于祖者，以其昭穆同，後又當祔之於此故也。《檀弓》曰：「喪之朝也，順死者之孝心也。其哀離其室也，故至於祖考之廟而后行。」

重先，奠從，燭從，柩從，燭從，主人從。

主人從，衆主人以下從，婦人從，女賓從，男賓在後，女賓以上其行皆以服之親疏爲序。服同，乃以長幼也。經但言主人從者，以其餘皆從可知也。葬而從柩之序亦然。

升自西階。

注曰：柩也。

繼公謂：升自西階，神之也。凡柩歸自外而入廟者，既小斂則升自阼階，未忍異於生也。既大斂則升自西階，此亦入廟耳，故其禮與大斂而入者同。

奠俟于下，東面北上。

注曰：俟，正柩也。

繼公謂：北上，則巾席在後也。《記》曰：「巾席從而降。」

主人從升。婦人升，東面。衆人東即位。

注曰：東方之位。

繼公謂：婦人東面，當負序以辟奠者之往來。東即位者，乃衆主人也，脱一「主」字耳。以《記》考之，可見此時堂下之位亦如朝夕哭，不皆在東方。

正柩于兩楹間，用夷牀。

注曰：是時柩北首。

繼公謂：此正柩于堂，正與小斂之後尸夷於堂者相類，故仍用其牀。兩楹間，東西節也，其於楹間爲少北。

主人柩東，西面。置重如初。

注曰：如殯宫時也。

繼公謂：云柩東，明近於柩。

席升，設于柩西。奠設如初，巾之。升降自西階。

注曰：從奠設如初東面也。巾之，爲禦當風塵。

疏曰：此奠巾之者，異於朝夕在室者也。

繼公謂：席設于柩西，亦差近於柩。奠設于席前，亦當柩少北。柩北首西，乃右也。於此奠焉，與奠于尸右之意同，不統於柩奠，宜統於席也。不去席者，先已用席，則不變之，且尸柩之奠亦宜異也。

主人踊無算。降，拜賓，即位，踊，襲。主婦及親者由足，西面。

主人即柩東之位，則踊，既奠乃降也。即位亦在阼階下，襲亦在序東。婦人由足，出於柩南也。西面，于阼階上亦南上。若有南面者，則東上。

薦車，直東榮，北輈。 直，音值。輈，竹虬反。

注曰：進車者，象生時將行陳駕，今時謂之魂車。車當東榮，西上於中庭。

繼公謂：此即遣車也。北輈者，以柩北首故爾。乘車之前，一木當中，而曲縛衡以駕馬者，謂之輈。大車之前二木在旁，而直縛軛以駕牛者，謂之轅。案注云「西上於中庭」，鄭知其在東方之中庭者，以《雜記》所言賵車之位定之也。

質明，滅燭。

燭堂之上、下者。

徹者升自阼階，降自西階。 徹，直列反。下並同。

注曰：徹者，辟新奠。

繼公謂：徹者無由足之嫌，故得升自阼階，從其正禮，亦可以見此奠者自西階升之意矣。徹奠不改設於序西南，亦以無俎而非盛饌故也。

乃奠如初，升降自西階。

注曰：爲遷祖奠也。奠升不由阼階，柩北首，辟其足。

繼公謂：此奠亦惟以脯醢醴酒。

主人要節而踊。要，於遥反。下並同。

節，謂徹者、奠者之升降與奠者由重南東時也。要節而踊，丈夫、婦人皆然，如其在殯宫之儀也。惟言主人，亦文省。

薦馬，纓三就。入門，北面，交轡，圉人夾牽之。御者執策立于馬後。

注曰：駕車之馬，每車二疋。纓，今馬鞅也。就，成也。諸侯之臣飾纓以三色而三成，此三色者，蓋絛絲也。其著之如罽然。天子之臣，如其命數。王之革路絛纓。圉人，養馬者。在左右曰夾。既奠乃薦馬者，爲其踐污廟中也。

繼公謂：三就，采三匝也。惟言「入門」，則是但没霤耳。每馬兩轡，交轡而夾牽之，謂左人牽右轡，右人牽左轡也。馬有纓而無樊，蓋臣禮也。《春秋傳》仲叔于奚請繁纓以朝，孔子非之。

案，注云「天子之臣，如其命數」，亦未有以見其必然。

哭，成踊。右還，出。還，音旋。下並同。

哭成踊，圉人與御者也。《雜記》曰：「薦馬者哭踊。」右還者，西上也。

賓出，主人送于門外。有司請祖期。

注曰：亦因在外位請之，當以告賓，每事畢輒出。

繼公謂：送，亦拜之門廟門也。　案，注「每」上更當有一「賓」字。

曰：「日側。」

注曰：側，昳也，謂過中之時。

繼公謂：不用日中者，辟殷人所尚也。《檀弓》曰：「殷人尚白，大事斂用日中。」有司既得祖期，不言告賓者，於請啓期已見之，故略於此，下經請葬期亦然。

右朝祖〔一〕

主人入，袒。乃載，踊無算。卒束，襲。

〔一〕文淵閣本作「右請祖期」。

注曰：祖，爲載變也，乃舉柩卻下而載之。束，束棺於柩車。賓出，遂匠納車於階間，謂此車。

繼公謂：主人入袒，當在阼階下。既載，則在柩東。柩東之位亦當柩少北。

降奠，當前束。

注曰：下遷祖之奠也。當前束，猶當尸腢也，亦在柩車西。束有前後。

繼公謂：亦見其當柩少北耳。

商祝飾柩，一池，紐前赬後緇，齊三采，無貝。赬，丑蒸反。

注曰：飾柩，爲設牆柳也。巾奠乃牆，謂此也。牆有布帷，柳有布荒。池者，象宫室之承霤，以竹爲之，狀如小車笭，衣以青布。一池，縣於柳前。紐，所以聯帷荒，前赤後黑，因以爲飾。左右面各有前後，齊居柳之中央，若今小車蓋上蕤矣。以三采繒爲之，上朱、中白、下蒼，著以絮。

設披。披，彼誼反。

注曰：披絡柳棺上，貫結於戴，人居旁牽之，以備傾虧。《喪大記》曰：「士戴前纁後緇，二披，用纁。」

屬引。屬，音燭。下同。

注曰：屬，猶著也。引，所以引柩車。古者人引柩。

繼公謂：引，柩車之索也。屬之於車輅，云引者，以用名之。凡引，天子用六，諸侯四，大夫、士二。

右載柩

陳明器于乘車之西。乘，繩證反。

注曰：明器，藏器也。《檀弓》曰：「其曰明器，神明之也。」言神明者，異於生器。「竹不成用，瓦不成味〔一〕，木不成斲，琴瑟張而不平，竽笙備而不和，有鐘磬而無筍虡。」

繼公謂：陳於車西，其在東堂之南與？

折，横覆之。折，之設反。覆，芳服反。

注曰：折，猶庪也。窆事畢，加之壙上，以承抗席。覆之，見善面也。

繼公謂：陳折云横，則是折之狀，當與抗木之横者相似，但未必有縮者耳。於此横陳之，蓋象其在壙也。後言横者、縮者，皆放此。自抗木至茵，亦後用者。先陳此折之用在抗木之前，乃首

〔一〕「味」原作「沬」，摛藻堂本改作「味」，其校文云：「刊本『味』訛『沬』，據《檀弓》改。」可從。

陳之者，以其差重，大於抗木，故特異之與？

抗木，横三縮二。

注曰：抗，禦也，所以禦止土者。其横與縮各足掩壙。

加抗席，三。

注曰：席，所以禦塵。

繼公謂：此席在茵與抗木縮者之間，是亦縮也。不言者，亦文省耳。每席之長，亦與壙齊。用三，則廣足以掩之矣。用時云覆，是此陳時卻也。

加茵，用疏布，緇翦，有幅，亦縮二横三。

注曰：茵，所以藉棺者。翦，淺也。幅，縁之。亦者，亦抗木也。今文「翦」作「淺」。

繼公謂：翦與有幅，皆未詳。或曰，有幅謂繚縫之而不削幅也，未知是否？茵與抗木其陳之，用之，横縮之，次各不類，蓋貴相變也。

器西南上，綪。綪，側耕反。

注曰：器，目言之也。陳明器以西行，南端爲上。綪，屈也。不容，則屈而反之。

繼公謂：器，自苞而下者也。均其多寡，分爲數列以要方也。其前列始於茵北之西，以次而綪焉。其後列不過於茵北之東，可知矣。器主於入壙，故南上。

茵。

注曰：茵，在抗木上，陳器次而北也。

繼公謂：茵之下有抗席、抗木，惟言茵者，指其可見者言也。

苞二。

所以裹遣奠羊豕之體。

筲三，黍、稷、麥。筲，所交反。

注曰：筲，畚種類也。其容蓋與簋同一觳也。

甕三，醯、醢、屑，冪用疏布。冪，眉狄反。

注曰：甕，其容亦蓋一觳。屑，薑桂之屑也。《内則》曰：「屑桂與薑。」

繼公謂：疏布，六升以上至四升者也。

甒二，醴、酒，冪用功布，皆木桁，久之。桁，户耕反。

注曰：桁，所以庪苞筲甕甒也。每器異桁。

繼公謂：皆以㭒久之也。久，説見上篇。

用器，弓矢、耒耜、兩敦、兩杅、槃、匜。匜實于槃中，南流。敦，音對。杅，音于。

注曰：此皆常用之器也。杅，盛湯漿。流，匜口也。

繼公謂：耒耜，田器也。耜以起土，耒其柄也，此有爵矣。乃以耒耜爲用器，爲其有圭田故也。《孟子》曰：「卿以下必有圭田。」圭田者，主人所親耕以共祭祀之齍盛者也。

無祭器。

注曰：士器略也。大夫以上兼用鬼器、人器也。

繼公謂：祭器尊，惟尊者乃得用之。案，注云「大夫以上兼用鬼器、人器」，鄭氏以此《士喪禮》無祭器，故意大夫則有之，然亦未有以見其必然。若天子、諸侯則固宜有之矣。

有燕樂器可也。

注曰：與賓客燕飲，用樂之器也。

繼公謂：如琴瑟之類是也。《檀弓》曰：「琴瑟張而不平，竽笙備而不和，有鐘磬而無筍虡。」其此之謂與？云可，亦不必其用之也。

役器，甲、胄、干、笮。笮，側白反。

注曰：此皆師役之器。甲，鎧。冑，兜鍪。干，楯。笮，矢箙。

繼公謂：笮，不屬用器，乃屬役器，豈以有師役方用之乎？

燕器，杖、笠、翣。翣，所甲反。

注曰：燕居安體之器也。笠，竹䈰蓋也。翣，扇。

右陳器

徹奠，巾席俟于西方，主人要節而踊。

注曰：巾席俟于西方，俎奠將用焉。

繼公謂：徹者，由東方當棧之南折而西，至棧之西南折而北，東面。而徹奠既徹至西方折而南，乃由重南東也。要節者，東方西鄉時，丈夫踊；西方南鄉時，婦人踊；由重南東時，丈夫踊也。此時徹奠，辟還柩也。不改設，亦以無俎也。

袒。

注曰：爲將祖變。

商祝御柩，

注曰：亦執功布居前，爲還柩車爲節。

乃祖。

注曰：還柩向外，爲行始。

踊，襲，少南，當前束。

注曰：主人也。

繼公謂：不言主人者，可知也。此踊襲皆於故位，既則少南也。主人柩東之位，皆當前束載時。前束在北，及還柩則在南，故少南以當之。然則柩車雖還，亦不離其所也。

婦人降，即位于階間。

注曰：位東上。

繼公謂：柩已還，而首南鄉，婦人乃得即位于其北，位亦當西上。婦人不位于車西，恐妨賓客之行禮者也。

祖，還車，不還器。

注曰：祖有行漸，車亦宜鄉外也。器之陳，自若南上。

繼公謂：「不還器」者，以陳之之時西南上已見行意也。必云「不還器」者，嫌車與重皆還，此亦宜如之也。「祖」似衍，又經無此例。

祝取銘，置于茵。

銘之在重，其面外鄉，正與重之鄉背異，故將還重則徹之，亦以是時可以不用銘也。置于茵者，當與之同入壙。

二人還重，左還。

注曰：重與車馬還相反，由便也。

繼公謂：車馬西上，宜右還。重一而已，宜左還，皆由便也。二人還之，則凡舉之亦二人矣。重之鄉背不必與柩同，但因還柩之節而併還之也。

布席，乃奠如初，主人要節而踊。

《記》曰「祝饌祖奠于主人之南，當前輅，北上，巾之」，謂此時與？如《記》所云，則是布席于柩東少南東面而奠于其東也。柩已南首，故奠於此，亦奠于尸東之意也。布席于柩西，則北上。柩東，則南上與？初，大斂時舉鼎以下之儀也。是雖所奠異處，而面位則同，故以如初。蒙之奠者之來，由東方，當前輅而西。既奠，則由柩北而西，亦由重南而東，反于其位矣。要節而踊，謂奠者於東方西鄉時丈夫踊，西方南鄉時婦人踊。由重南東，丈夫踊也。

薦馬如初。

注曰：柩動車還，宜新之也。

賓出，主人送。有司請葬期。

注曰：亦因在外位時。

入，復位。

注曰：主人也，自死至於殯，自啓至於葬，主人及兄弟恒在内位。

繼公謂：復柩東之位。

右祖[一]

公賵，玄纁束，馬兩。賵，芳奉反。

注曰：公，國君也。賵，所以助主人送葬也。兩馬，士制也。《春秋傳》曰：「宋景曹卒，魯季康子使冉求賵之以馬，曰：『其可以稱旌繁乎？』」

繼公謂：國君以馬幣禮於其臣者，惟此耳。君賵之，乃用兩馬者，如其駕遣車之數也。然則賵以車馬之意，亦可見矣。

[一] 文淵閣本作「右請葬期」。

擯者出請，入告。主人釋杖，迎于廟門外，不哭，先入門右，北面，及衆主人袒。

注曰：尊君命也。衆主人自若西面。

繼公謂：釋杖出迎，及袒者，尊君命也。

馬入設。

設於西方也。《雜記》言諸侯相賵之禮，云上介賵，「陳乘黄大路於中庭」，則此賵馬，其亦中庭與？設於此者，變於吉也，吉時參分庭一在南。

賓奉幣，由馬西當前輅，北面致命。輅，音路。

注曰：賓，使者幣玄纁也。輅，轅縛，所以屬引。柩車在階間少前，參分庭之北，輅有前後。

疏曰：賓使者，亦士也。注云「轅縛」，謂以木縛於柩車轅上也。

繼公謂：賓奉幣入門左，當階而北行，當輅乃折而東行，至其右。北面致命，君使乃不升堂致命者，柩在下也。賓進自西方，而云「由馬西」，則馬亦在西方明矣。

主人哭，拜稽顙，成踊。賓奠幣于棧左服，出。棧，士板反。

注曰：棧，謂柩車也。棧，車不革鞔而漆之。服，車箱。今文「棧」作「輚」。

疏曰：車南鄉，以東爲左。尸在車上，以東爲右。

繼公謂：下經云「至于邦門」，公使宰夫贈玄纁束，主人由左聽命，賓由右致命，然則此時主人雖不在位，亦當進於庭之北，稍近於賓而聽命矣。賓既致命，亦於是而拜之，奠于左服，與委物於尸東殯東者同意。案，注云「象授人授其右」者，如授生人以物，必於其右而授之，欲其便於受也。

宰由主人之北，舉幣以東。

主人之北，謂主人當時所立處之北也。蓋是時主人不拜于位，又以下文主人受賻之儀例之，則主人拜此君命亦西面矣。

士受馬以出。

此受馬者，亦以舉幣爲節。

主人送于外門外，拜。

此外門，亦廟之外門也。將葬，則開之以出柩。吉時，惟館賓於此則開之。

襲，入，復位，杖。

此亦爲君命袒，故既送使者則襲於外。

右公賵

賓賵者將命。擯者請，入告，出告須。

賓，卿、大夫、士之使者也。

馬入設。賓奉幣，擯者先入，賓從，致命如初。

注曰：初，公使者。

繼公謂：擯者先入，入門而若道之也。賓從入門而左也。

主人拜于位，不踊。

注曰：柩車東位也。

繼公謂：拜不稽顙，亦以與君禮同節，宜遠辟之。下禮放此。

賓奠幣如初，舉幣，受馬如初。

舉幣，亦蒙如初者。是時主人之位與拜君命之處雖不同，而宰之舉幣以主人之北爲節則一也。

擯者出請。

言「出請」，見賓已出在外也。此時賓客爲禮，或不一而足，故於其出也。主人未送而必請之，與襚時異。

若奠，

奠，謂致可以爲葬奠之物也。

入告，出，以賓入。將命如初。

此將命，猶致命也。主人亦拜于位。

士受羊如受馬，

如其受之以出也。羊者，士葬奠之上牲，故此奠者用之奠，不用幣。

又請。若賻，賻，音附。

注曰：賻之言補也，助也。貨財曰賻。

入告。主人出門左，西面。賓東面將命。

注曰：主人出者，賻主施於主人。

繼公謂：此將命，執物以將之也。

主人拜，賓坐委之。宰由主人之北，東面舉之，反位。

注曰：反位，反主人之後位。

繼公謂：主人有喪，則於賓客之餽遺者不宜親受，故賓坐委之，以見不敢授之意。有器而不委之，嫌若必以授主人。

若無器，則捂受之。捂，五故反。

注曰：謂對相授受，不委地。

繼公謂：亦宰捂受之，舉之則同面，受之則相對，亦禮貴相變。器，所以盛賵物者也。不委地者，爲其坋污。無器，則無必授主人之嫌，故可以不委之。

又請，賓告事畢，拜送，入。

宰既反位，主人未即入俟。擯者既請事，乃遂送之也，如但賵若奠而已，主人亦出送之。

贈者將命。

以柩將去而贈之，與贈生人之意同。

擯者出請，納賓如初。

注曰：如其入告，出告須。

賓奠幣如初

注曰：亦於棧左服。

繼公謂：亦北面致命，既則主人拜之，乃奠幣也。幣，亦玄纁束。

若就器，則坐奠于陳。

注曰：就，猶善也。贈無常，唯玩好所有。陳，明器之陳。

繼公謂：就，成也，謂已成之器也。奠于陳，從其類也。以陳明器之處爲陳者，因事名之，如以脊、肺爲舉之類是也。

凡將禮，必請而後拜送。

注曰：雖知事畢猶請，君子不必人意。

繼公謂：此爲不見者言之也。將，行也。行禮謂賵，若賻之屬。上文惟於賻之後言拜送，此則明不賻若不奠者，亦當如之也。

兄弟，賵、奠可也。

注曰：兄弟，有服親者，可且賵且奠，許其厚也。

繼公謂：可者，許其得賵且奠，然亦未必其並用之辭。以上經考之，其得賵奠者亦可賻若贈也。而此經兄弟惟正言賵奠，文已略矣，乃復不必其並用者。《記》曰：「有其禮，無其財，君子不行也。」聖人之意其或在是與？

所知，則賵而不奠。

注曰：所知，通問相知也。降於兄弟。

繼公謂：賵以幣、馬，尊敬之意也，故親疏皆得用之。奠以羊，若相飲食，然親親之恩也，故疏者不得用之以自别於兄弟。所知，謂知死知生者也，朋友亦存焉。

知死者贈，知生者賻。

注曰：各主於所知。

繼公謂：是又於所知之中，以此二者别之也。知死者且賵、且贈，知生者且賵、且賻。以是推之，則生、死、兩知者三者皆得用也。然此亦但許其禮之所得爲者耳，初不必其備禮也。經於兄弟已見其意，故於此略之。

書賵於方，若九，若七，若五。

注曰：書賵、奠、賻、贈之人名與其物於板，每板若九行，若七行，若五行。

疏曰：以賓客所致有賵、有賻、有贈、有奠，直云「書賵」，舉首而言所送有多少，故行數不同。

繼公謂：書者，爲將讀之行數，多不過於九，少不下於五，言其疏數之節也。

書遣於策，遣，棄戰反。下並同。

注曰：遣，猶送也，謂所當藏物。

疏曰：上書賵於方，此言書遣於策，不同者，《聘禮記》云：「百名以上書於策，不及百名書於方。」以賓客贈物名字少，故書於方。遣送死者之物名字多，故書之於策。

繼公謂：遣，謂苞以下書賵於方，書遣於策，所以别内外。又遣皆爲主人之物，不必别書之，亦宜於策也。策廣於方。

乃代哭如初。

注曰：初，謂既小斂時。

繼公謂：此陳柩與小斂後夷尸相類，故亦代哭。明日而葬，亦類於殯。

宵，爲燎于門内之右。

注曰：爲哭者爲明。

繼公謂：此於門右者，宜遠尸柩也。必遠之者，亦謂鬼神，或者尚幽闇。

右賓賵奠賻贈

厥明，陳鼎五于門外如初。

注曰：鼎五，羊、豕、魚、腊、鮮獸各一鼎也。士禮，特牲三鼎，盛葬奠加一等，用少牢也。

繼公謂：少牢五鼎，大夫之禮。士奠乃用之者，喪大事也。而葬爲尤重，故於此奠特許而攝用之，明非常禮。如初，如殯奠時。

其實，羊左胖，胖，音判。

實，鼎實也。總爲五鼎言之，羊其一耳，亦豚解之肩、肫、胉、脊共四段也。羊、豕用左胖，亦變於吉。凡食生與吉祭，皆尚右體。

髀不升。髀，步禮反。

此奠用大牲不合升，故雖豚解，亦去〔二〕髀。

腸五，胃五，

〔二〕文淵閣本「云」作「去」。按，《十三經注疏》本《儀禮注疏·既夕禮》孔穎達疏云：「云髀不升者，則膞已上去之，取膞胳以下。……案，《祭統》云：殷人貴髀，周人貴肩。故云髀不升。」因此，「云」于意不通，「去」字可據從。

注曰：亦盛之也。

疏曰：少牢用腸三、胃三。

繼公謂：此雖盛之，亦變於吉也。

離肺。

明無切肺也。

豕亦如之，豚解，無腸胃。

注曰：如之，如羊左胖、髀不升、離肺也。豚解，解之如解豚，亦前肩、後肫、脊、脅而已。豕無腸胃者，君子不食溷腴。

繼公謂：豚解，謂以解豚之法解之。凡俎實用羊豕者，其體數同此豕。云「豚解」，則羊如之明矣。於羊不見之者，不嫌其異也。用少牢矣，乃熟而豚解之，亦奠禮之異於祭者與？

魚腊、鮮獸，皆如初。鮮，音僊。

注曰：鮮，新殺者。

繼公謂：如初者，如殯奠魚、九腊、左胖、髀不升也。鮮獸亦如腊，凡魚腊皆貴稾而賤新。此牲用少牢，乃無膚而加鮮獸者，凡牲用豚者，例無膚，此豕用豚解之法，故亦放豚之不用膚而以鮮獸代之也。

東方之饌，

亦設洗于東堂下，南順齊于坫，饌于其上也，其饌在下。

四豆：脾析、蜱醢、葵菹、蠃醢； 蜱，皮佳反。蠃，音螺。

注曰：脾析，百葉也。蜱，蜯也。

繼公謂：脾析，亦未詳其爲何物。蜱，《周官》作「蠯」。

四籩：棗、糗、栗、脯。 糗，去九反。

注曰：糗，以豆糗粉餌。

繼公謂：上四豆於《周官》爲饋食之豆，則此四籩亦當爲饋食之籩。然《籩人職》於此但有棗栗而無糗脯，豈其所脱者乎？

醴酒。

醴酒亦北上，而籩在醴北，豆在籩北也。其豆亦南上，籩亦北上，而皆綪之。

陳器。

注曰：明器也，夜斂藏之。

滅燎。執燭，俠輅，北面。俠，音夾。

燭在輅東者，炤徹祖奠與設遣奠；在輅西者，炤改設祖奠也。

賓入者，拜之。

亦鄉而拜之。

徹者入，丈夫踊。設于西北，婦人踊。

注曰：亦既盥乃入。

繼公謂：徹者入門右，由東方進，當前輅折而西，至輅東徹奠如初位。既則由柩車北而設于其西北，不設于序西南，柩在下故也。丈夫踊，蓋亦在徹者折而西之時。

徹者東，

注曰：由柩車北，東適葬奠之饌。

繼公謂：東，適東堂下之饌，以待事至。

鼎入。

注曰：舉入陳之也，西面北上如初。

繼公謂：亦陳于阼階前。

乃奠，豆南上，綪。籩，羸醢南，北上，綪。

注曰：籩，羸醢南，辟醴酒也。

繼公謂：南上綪，羸醢在脾析東也。北上綪，脯在棗東也。

俎二以成，南上不綪，特鮮獸。

注曰：成，猶併也。不綪者，魚在羊東，腊在豕東。

繼公謂：二列各南上，是不綪也。獸特于其北，此設豆籩俎乃云綪，不綪者，省文法也。

醴酒在籩西，北上。

北上，醴在棗西，酒在糗西。凡饌異位，則所上相變，明不相統也。此設之次，亦如殯奠。

繼公謂：此亦不見主人答辭，與請啓期者相類。

奠者出，主人要節而踊。

注曰：亦以往來爲節。

繼公謂：奠者亦從柩北而西，乃出也。節，亦謂阼階前鄉西、西階下鄉南及過重南時也。上言「徹者入」，此言「奠者出」，則私臣於是日不復位于内矣。

右遣奠

甸人抗重，出自道，道左倚之。

注曰：抗，舉也。出自道，出從門中央也。今時有死者，鑿木置食其中，樹於道側，由此。

繼公謂：上篇言甸人置重於中庭，於此又言甸人，蓋始終之辭也。所以見其間凡有事於重者，皆此人爲之。道左，廟大門外之道南。

薦馬，馬出自道，車各從其馬，駕于門外，西面而俟，南上。

注曰：南上，便其行也。行者乘車在前，道稾序從。

繼公謂：重與車馬皆出自道者，象其平生之出必中道也。門，廟門也。西面，于門外之東方，俟器出而從之也。南上將行，以近外者爲先也。

右出重與車馬

徹者入，踊如初。徹巾，苞牲，取下體。

注曰：苞者，象既饗而歸賓俎者也。士苞三个，前脛折取臂臑，後脛折取骼。《雜記》曰：「父母而賓客之，所以爲哀。」

繼公謂：苞，謂以苞盛之也。徹巾即苞牲，是即於席前爲之也。取下體，爲其皮骨多，差可以久也。惟折取下體，則是每牲之俎猶有四段也。此不取俎，釋三个之義與祭禮之歸尸俎者異也。

不以魚腊。

注曰：非正牲也。

右苞牲

行器，

器，謂折抗席、抗木。行，謂舉之以出。

茵、苞、器序從，

注曰：如其陳之先後。

繼公謂：此又以茵、苞連言者，見其相繼也。此器指筲甕之屬。序從者，茵、苞以下爲序而從抗席也，行器、抗席在後。

車從。

注曰：次器。

繼公謂：從器而序於廟之外門外，以俟柩也。

徹者出，踊如初。

注曰：於是廟中當行者唯柩車。

繼公謂：徹者，亦自柩北而設，於西北乃出也。

右行器

主人之史請讀賵，執筭從。柩東，當前束，西面。不命毋哭，哭者相止也。惟主人、主婦哭，燭在右，南面。

注曰：史北面請，既而與執筭西面於主人之前讀書釋筭。燭在右，南面，炤書便也。

繼公謂：賵，即書于方者也。賵禮賓爲之也，故主人之史讀之。不命毋哭，嫌若併止主人、主婦然也。哭者相止，將讀書不可讙譁。右，史右也。執燭者在右，則執筭者在左也。

讀書，釋筭則坐。

釋筭則坐，謂每釋筭則坐。既則興也，必釋筭者，物有多寡，宜知其數。

卒，命哭，滅燭，書與筭執之以逆出。

卒，謂讀之畢也。言「逆出」，亦見執筭者在史南。

公史自西方東面，命毋哭，主人、主婦皆不哭。讀遣，卒，命哭，滅燭，出。

注曰：公史，君之典禮書者。

繼公謂：遣，即書于策者也。此主人之物，故公史爲讀之。柩將行而讀賵與遣者，若欲神一一知之。然賵者賵時雖致命於柩，今亦宜與遣物皆讀之，故不嫌於再告。此讀遣、執筭、執燭之位與上同，惟東西左右則異耳。此二燭即賵之俠輅者，少進而轉南面耳。出，亦逆出。

右讀賵、讀遣

商祝執功布以御柩，

注曰：居柩車之前，若道有低仰傾虧，則以布爲抑揚左右之節。使引者、執披者知之。今文無「以」。

執披。

注曰：士執披八人。

繼公謂：此見執披之節也。不言引者披，後於引言「執披」，則引可知矣。

主人袒，乃行，踊無筭。

注曰：袒，爲行變也。乃行，謂柩車行也。

出宫，踊，襲。

出宫而踊，哀親之遂離其室也。行路不宜袒，故於此而襲。

右柩行

至于邦門，公使宰夫贈玄纁束。

邦門，城北門也。《檀弓》曰：「葬於北方北首，天下之達禮也。」柩至此，公乃贈，亦異於臣也。

主人去杖，不哭，由左聽命。賓由右致命。主人哭，拜稽顙。去，起吕反。

注曰：柩車前輅之左右也。當時止柩車。

疏曰：在廟，柩車南鄉，左則在東。此柩車北鄉，左則在前輅之西也。賓由右致命，則在柩車之東矣。

繼公謂：是時柩北首，賓當南面致命。主人東面聽命而拜之，略與賵于廟者相類。不成踊，變於家也。

賓升，實幣于蓋，降。主人拜送，復位，杖，乃行。

注曰：升柩車之前，實其幣於棺蓋之柳中，若親授之然。復位，反柩車後。

繼公謂：不奠于左服，別於在廟之禮也。是時宰不舉之乃行，亦謂柩車行。

右公贈

至于壙，陳器于道東西，北上。 壙，口廣反。

注曰：統於壙。

繼公謂：西北上，以西行北端爲上，謂苞筲〔二〕而下者也。亦綪之茵以上當其北，亦如在廟中之陳然。

茵先入。

注曰：當藉柩也。

屬引。

注曰：於是説載除飾，更屬引於緘耳。

繼公謂：此屬之爲將窆也，其用異矣。猶以引名之者，見其索不易也。引柩下棺，異索天子之禮也。案，注云「緘耳」，見《喪大記》「大夫士以咸」注。又此及《記》注皆云「説載除飾」，用

〔二〕「苞筲」原作「苞莦」，摛藻堂本作「苞筲」，據改，下同。

《周官》全文耳。其實此禮當除飾，乃説載。

主人袒，衆主人西面，北上。婦人東面，皆不哭。

注曰：俠羡道爲位。

繼公謂：袒，爲窆變也。婦人亦北上，皆不哭，亦爲有事不可讙譁也。《喪大記》曰：「士哭者相止也。」

乃窆。主人哭，踊無筭，襲。窆，彼驗反。

注曰：窆，下棺也。今文窆爲封。

贈用制幣玄纁束，拜稽顙，踊如初。

此贈，謂主人以幣贈死者於壙中也。尸柩已在壙，則有長不復反之意，故此禮亦以贈名之。朋友贈於家，主人贈於壙，親疏之宜。

卒，袒，拜賓，主婦亦拜賓。即位，拾踊三，襲。拾，其業反。下並同。

注曰：主婦拜賓，拜女賓也。即位，反位。拾，更也。

繼公謂：於此拜賓，特爲之袒，重其禮也。主婦所拜賓，謂内賓與宗婦之屬。古者婦人非有親者，不送其葬。即位，主人主婦也，拜賓必鄉之。拾踊者，主先賓後，婦人居間。三謂三者，三也。襲者，主人也。禮，婦人不袒。

賓出，則拜送。

注曰：相問之賓也。凡弔賓有五，去皆拜之，此舉中焉。

疏曰：凡弔賓有五，見《雜記》。

繼公謂：「拜送」云，則明賓有未出者也。

藏器於旁，加見。 見，賢遍反。

注曰：見棺飾也。先言藏器，乃云加見者，器在見內也。《檀弓》曰：「有虞氏瓦棺，夏后氏堲周，殷人棺槨，周人牆置翣。」

繼公謂：器，用器至燕器也。此旁，先言之謂棺之左旁也。加見者，以見加於棺及藏器之上也。牆柳之屬，謂之見者，以其見於棺器之外，故因以名之。此藏器者，其冢人之屬與？《冢人職》云大喪，「入藏凶器」。

藏苞筲于旁。

注曰：於旁者，在見外也。不言甕甒，饌相次可知。《喪大記》曰：「棺槨之間，君容柷，大夫容壺，士容甒。」

繼公謂：苞筲先陳，乃藏於用器以下之後，亦先陳而後用也。旁，右旁也。藏苞筲罋甒於右，亦猶奠于尸柩之右之意也。《喪大記》云：「棺槨之間士容甒。」則此四者蓋一一而居也。若藏器多，則相重累可。　案，注云「見外」，謂見外槨内也。

加折，卻之。加抗席，覆之。加抗木。

折云加者，謂在見與苞筲之上也。抗木不言卻與覆，是兩面同矣。

實土三，主人拜鄉人。

注曰：謝其勤勞。

疏曰：案，《雜記》云：「鄉人五十者，從反哭；四十者，待盈坎。」於時鄉人並在，故主人拜謝之，謂在道助執紼，在壙助下棺及實土也。

繼公謂：下云襲，是亦袒拜鄉人也。不言袒，蓋文脱耳。

即位，踊，襲，如初。

如初，亦拾踊三也。

右窆

乃反哭，入，升自西階，東面。衆主人堂下，東面，北上。

注曰：西階東面，反諸其所作也。反哭者，於其祖廟。

繼公謂：反哭於祖廟者，爲其柩從此而出也。升自西階，未變其歸者升堂之路也。升堂而不見，故但止於西階之上焉，此亦變於尸柩在堂之位也。衆主人西方東面，統於主人也。

婦人入，丈夫踊，升自阼階。

注曰：辟主人也。

繼公謂：以上經及此文考之，則送葬之行，婦人次於衆主人以下明矣。

主婦入于室，踊，出，即位，及丈夫拾踊三。

注曰：入于室，反諸其所養也。出即位，堂上西面也。

繼公謂：惟主婦入于室，則餘人先即位于阼矣。必入于室者，以其生時於此共祭祀也。入室又不見矣，故出而與主人相鄉而哭、踊，同其哀也。

賓弔者升自西階，曰：「如之何？」主人拜稽顙。

注曰：賓弔者，衆賓之長也。反而亡焉失之矣，於是爲甚，故弔之。弔者北面，主人拜於位。

繼公謂：此弔異於常，故爲之稽顙。

賓降，出，主人送于門外，拜稽顙。

門外，廟門外也。送賓而稽顙者，以其送葬且從反哭尤勤勞也，故重謝之。《雜記》曰：「相見也，反哭而退，朋友虞祔而退。」然朋友於此時亦出，至虞祔則復來助祭也。

遂適殯宮，皆如啓位，拾踊三。

如啓位，婦人即位于阼階上，西面，南上。丈夫即位于堂下，直東序，西面也。拾踊者，丈夫先，婦人後而已，蓋此時無賓。

兄弟出，主人拜送。

注曰：兄弟，小功以下也。異門大功，亦可以歸。

繼公謂：賓出自廟，兄弟出自殯宮，親疏之殺。

衆主人出門，哭止。闔門。主人揖衆主人，乃就次。

注曰：次，倚廬也。

右反哭

猶朝夕哭，不奠。

既葬矣，猶朝夕哭於殯宮，以其神靈在此也。不奠者，爲無尸柩也。下云「三虞」，則此朝夕哭乃指未虞以前之禮。《檀弓》曰既葬，「反，日中而虞。葬日虞，不忍一日離也」。而此經於葬虞之間，其言乃若是，則《檀弓》所記者其非舊典與？

三虞。卒哭。

注曰：虞喪，祭名。

繼公謂：卒哭，謂卒殯宮之哭也。禮，於三虞既餞之後而遂卒哭，以其明日祔于祖，故不復朝夕哭。於殯宮惟朝一哭，夕一哭，于其次而已。虞，説見《士虞記》。

明日，以其班祔。

注曰：班，次也。祔，卒哭之明日祭名祔，猶屬也。祭昭穆之次而屬之，《喪服小記》曰，祔必以其昭穆，「亡則中一以上」。

繼公謂：明日，三虞之次日也。班，昭穆之次也。祔，謂祔于祖父。孫與祖其昭穆同，既葬則祔之者，尸柩已去，神宜在廟也，祔而祭之，因名其祭爲祔云。

右言葬後祔哭之禮〔一〕

《記》。

〔一〕文淵閣本作「右虞卒哭祔」

此上、下二篇之記也。

士處適寢，寢東首于北墉下。適，音嫡。

注曰：將有疾，乃寢于適室。

繼公謂：適寢，正寢也。此云「適寢」，明經所謂「適室」者爲適寢之室耳。

有疾，疾者齊。齊，側皆反。下同。

注曰：適寢者，不齊不居其室。

繼公謂：齊之言齊也，齊其不齊，使其心意湛然純一也。疾者齊一其心意，所以養氣體。

養者皆齊。養，羊尚反。

養者齊，欲專心於所養者也。

徹琴瑟。徹，直列反。下並同。

《記》曰：「士無故，不去琴瑟。」

疾病，外内皆埽。埽，悉報反。

疾甚曰病。埽者，爲將有事也。

徹褻衣，加新衣。

此謂死衣也。必易之者，爲不可使之服，故衣以死也。衣云「褻」，見其非上衣，然則新者亦非上衣矣。上衣者，朝服玄端之類。不加上衣者，爲其後有襲斂等事，皆用上衣，故於此略之。

御者四人，皆坐持體。

注曰：御者，今時侍從之人。

繼公謂：持體，正其手足也。

屬纊，〔一〕以俟絶氣。屬，音燭。下並同。

注曰：爲其氣微難節也。纊易動摇，置口鼻之上，以爲候。

繼公謂：絶氣，猶氣絶也。

男子不絶于婦人之手，婦人不絶于男子之手。

注曰：備褻。

疏曰：疾時，使御者持體，并死於其手。婦人則内御者持體，還死於其手。

〔一〕文淵閣本「屬纊」前有「男女改服」四字。

乃行禱于五祀。

注曰：盡孝子之情。

繼公謂：此禱于平常所祭者也。士之得祭五祀，於此可見。

乃卒。

注曰：卒，終也。

主人啼，兄弟哭。

注曰：哀有甚有否。

設牀第，當牖。衽，下莞上簟。設枕。第，側里反。

注曰：病卒之間廢牀，至是設之，事相變。

疏曰：《喪大記》曰：「疾病，寢東首于北墉下，廢牀。」是其始死，亦因在地無牀，復而不蘇，乃設牀于墉下。

繼公謂：設枕于南。

遷尸。

注曰：徙於牖下也。於是幠用夷衾。

復者朝服，左執領，右執要，招而左。朝，音潮。下同。要，於遥反。

簪裳于衣，故左執領，右執要。此謂既登屋而易執之之時也。招而左，謂招時兩手自右而左也。左尊，故其執與招之儀如此。朝服，爲求神敬其事也。

楔，貌如軛，上兩末。軛，於革反。

注曰：事便也。

繼公謂：柶而云楔，因其楔齒而名之，以别於他柶。軛在大車轅端，厭牛領者，楔狀類之，故以曉未知者焉。楔齒時以兩末上鄉，則末出於口旁矣。

綴足用燕几，校在南，御者坐持之。綴，之劣反。校，胡孝反。

校，亦几左廉之名。校在南，則横設也。几之爲制，前後狹而左右差廣，綴足宜寬，故横設之必校在南者。生時設几，左廉近人，故放之也。坐持之，則御者亦在牀矣。其於几之北與？

即牀而奠，當腢，用吉器。若醴，若酒，無巾、柶。腢，音偶。

注曰：腢，肩頭也。用吉器，器未變也。

繼公謂：此吉器之異於凶者，豆籩耳。凶時甒豆籩，無縢，其觶則無吉凶之異，皆用角也。

若醴若酒，謂無酒則二觶皆醴，無醴則皆酒。無巾者，非盛饌。無柶者，異於大斂以後之奠也。

赴曰：「君之臣某死。」赴母、妻、長子則曰：「君之臣某之某死。」長，之丈反。

母、妻、長子死，亦赴於君者，哀樂之事君臣同。

室中惟主人、主婦坐，兄弟有命夫、命婦在焉，亦坐。

注曰：別尊卑也。

繼公謂：經云衆婦人户外北面，衆兄弟堂下北面。《記》乃見兄弟之命夫、命婦者亦坐于室中，然則經所言者，惟指其爲士者及士妻耳。

尸在室，有君命，衆主人不出。

注曰：不二主。

繼公謂：凡居喪而爲君命出者，惟主人耳，衆主人則否。《記》乃特著尸在室之禮者異，時衆主人與主人皆在庭，嫌此時亦然，故以明之。

襚者委衣于牀，不坐。

牀高，可以不坐。

其襚于室，户西北面致命。

注曰：始死時也。

夏祝淅米，差盛之。差，舊初佳、七何、藏何三反。盛音成。

差字未詳。

御者四人，抗衾而浴，襢第。襢，音袒。舊之善反，非。

注曰：抗衾，爲其裸裎蔽之也。襢，袒也。袒簀去席，盝水便。

繼公謂：古字襢、袒通，《詩》曰「襢裼暴虎」、《史記》云「左襢」、「右襢」是也。四人抗衾，而二人浴。

其母之喪，則内御者浴，鬠無笄。

注曰：内御，女御也。無笄，猶丈夫之不冠也。

繼公謂：鬠笄雖短，亦笄也，故辟之，其亦以生時不用此笄而然與？

設明衣，婦人則設中帶。

注曰：中帶，若今之褌襂。

繼公謂：明衣之制，有衣有裳。婦人生時，衣不殊裳，故此不用明衣也。中帶，未詳其制。然與明衣對言，則其連衣裳爲之與？

卒洗，貝反于笄，實貝，柱右䪼、左䪼。䪼，音顛。

䪼，牙也。含而因柱其左右䪼，蓋恐其口復閉也。

夏祝徹餘飯。飯，扶晚反。

注曰：徹去鬵之。

瑱塞耳。

注曰：塞，充窒。

掘坎，南順，廣尺，輪二尺，深三尺，南其壤。廣，古曠反。深，式鴆反。

注曰：南順，統於堂。

繼公謂：南順，復南其壤，明其掘之，自北而南也。

垼用塊。垼，音役。

注曰：塊，堛也。

明衣裳用幕布，袂屬幅，長下膝。長，直亮反。下同。

注曰：幕布，帷幕之布，升數未聞也。長下膝，又有裳，於蔽下體深也。

繼公謂：必云「袂屬幅」者，嫌明衣或異於生也。然則吉服之袂屬幅也，明矣。屬幅，説見《喪服記》。

有前後裳，不辟，長及轂。辟，音壁。轂，苦角反。

注曰：轂，足跗也。凡他服短，無見膚，長無被土。

繼公謂：裳前三幅，後四幅，不辟之，則其要廣而前後相掩者深，旁不開，體不見矣。長及轂，爲蔽足也。明衣之長下膝，其裳之制復如是，皆爲重形且異於生也。

縓綼緆。綼緆，舊音毗替。

綼緆未詳。

緇純。純，之允反。

純，蓋兼指在衣裳者而言。

設握，裹親膚，繫鉤中指，結于掔。

握，手唯一而已，與決同設於右手，其繫則相關。經文詳於設決，略於設握，故《記》見之設握之法。以纁裏親膚，其中央正當於掌右端掩四指之後，左端在其上，乃以其組繫環將指之本，而與決之繫相結于擥而連之。所謂設握，乃連擥者也。

甸人築坅坎。坅，五錦反。

注曰：築，實土其中，堅之。穿坎之名，一曰坅。

隸人涅厠。涅，奴結反。厠，側吏反。

注曰：隸人，罪人也，今之徒役作者也。涅，塞也，爲人復往褻之。

既襲，宵爲燎于中庭。厥明，滅燎，陳衣。

注曰：記節。

凡絞紟用布，倫如朝服。絞，户交反。

注曰：凡，凡小斂、大斂也。倫，比也。今文無「紟」。

繼公謂：紟不必言「凡」，與「絞」連文爾。大斂有紟，小斂無之。

設棜于東堂下，南順，齊于坫，饌于其上，兩甒醴、酒。酒在南，篚在東，南順，實角觶四，木柶二，素勺二。豆在甒北，二以並。籩亦如之。柶，於庶反。

注曰：柶之制如今之大木𦢎也。上有四周，下無足。豆籩二以併，則是大斂饌也。

繼公謂：此大斂饌也。其次當在衆主人布帶之後，角觶四，木柶二，爲明日朝奠兼饌之也。自是以後，常更用之。以位而言，豆當在籩北，乃云「甒北」者，設豆之時未有籩也，故但取節於甒。

凡籩豆實，具設皆巾之。

注曰：籩豆偶而爲具，具則巾之，加飾也，明小斂一豆、一籩、不巾。

繼公謂：籩豆實，謂菹栗之屬。皆，皆上下也。籩豆有實而具，則饌于東方，及奠于席前皆巾之。若一豆一籩，則於奠時。或有巾之者，饌時亦不巾也。經言小斂之饌，云「饌于東堂下，脯醢、醴酒，冪用功布，實于簞」。此則不皆巾者也。

觶俟時而酌，柶覆加之，面枋，及錯，建之。錯，七故反。

俟時而酌，謂將設乃酌之。面枋者，便於建也。建時亦覆手取之，而枋在下。

小斂，辟奠不出室。辟，音闢。

奠，即始死之奠也。後奠未即設而先辟此奠者，辟斂也。不出室，明未徹去也。是時尸在室，未忍遂徹其奠，而脯醢醴酒又無改設于西堂之禮，故辟之於室中而已。既設，小斂奠乃去之，舊説謂辟之設于室西南隅。

無踊節。

此承上文而言，亦異於小斂以後之禮也。踊節，即所謂要節而踊者也。凡丈夫、婦人之踊，或以徹奠者之往來爲節，嫌此辟奠之時亦然，故以明之。此與上文，皆當在設椸于東堂下之上。

既馮尸，主人袒，髻髮，絞帶。衆主人布帶。髻，音括。絞，户交反。下同。

注曰：衆主人，齊衰以下。

繼公謂：絞帶者，繩帶也。先言袒髻髮，著其節也。然則布帶者，亦於既免乃加之。

大斂于阼。

大斂于阼，乃殯于西階，象其由主位而往也。

大夫升自西階，階東北面，東上。

視斂也。云階東者，明大夫雖多，亦不可以當階，恐妨斂者之往來也。

既馮尸，大夫逆降，復位。

卿大夫之位東方，西面。

巾奠，執燭者滅燭出，降自阼階，由主人之北東。

注曰：巾奠而室事已。

繼公謂：此見出時之節，且不與執事者偕行也。言由主人之北，則主人之位近於階明矣。

既殯，主人説髦。説，吐活反。

注曰：既殯，置銘于肂，復位時也。兒生三月，鬋髮爲鬌，男角女羈，否則，男左女右。長大猶爲飾，存之謂之髦，所以順父母幼小之心。至此尸柩不見，喪無飾，可以去之。髦之形象未聞。

繼公謂：子事父母必著拂髦，親已死，至殯乃説之者。未殯之前孝子猶冀其復生，既殯則絶望矣，乃説之也。《詩》云「髧彼兩髦」，「兩」者，爲父母俱存之故。若然，則是時但當脱其「一」耳。孔氏曰「父死説左髦，母死説右髦，二親並没，並説之，親没不髦」是也。

三日，絞垂。

注曰：成服日。絞，要絰之散垂者。

繼公謂：《記》惟指主人也，而男女大功以上亦存焉。小斂之時，婦人之帶雖結本，亦未絞。至此與丈夫同，絞之將成服。先絞其帶之垂者，以其已在身故也。其下冠衰屨，亦皆以所加之次言之。

冠六升，外縪，纓條屬，厭。厭，一涉反。

厭，伏也。冠厭，亦變於吉也。冠所以厭者，其不用辟積乎？縪，《喪服傳》作「畢」，疑此誤。

衰三升，屨外納。杖下本，竹、桐一也。居倚廬，寢苫枕塊。不說絰帶，哭晝夜無時。非喪事不言。衰，初回反。枕，之鴆反。說，吐活反。

意不在他也。

歠粥，朝一溢米，夕一溢米，不食菜果。粥，之育反。

注曰：不在於飽與滋味。實在木曰果，在地曰蓏。

主人乘惡車，

注曰：拜君命，拜衆賓，及有故行所乘也。《雜記》：「端衰、喪車，皆無等。」然則此惡車，王喪之木車也。

疏曰：此惡車，王喪之木車者。案，《巾車》云，王之喪車五乘，發首云「木車，蒲蔽」。是王始喪所乘木車無飾，與此惡車同，故引之見尊卑同也。

白狗幦。幦，眉狄反。

注曰：未成豪狗。幦，覆笭也。以狗皮爲之，取其臑也。白於喪飾宜。古文「幦」爲「冪」。

疏曰：案，《玉藻》云士「齊車鹿幦」，此喪車無飾，故用白狗幦。云「未成豪狗」，《爾雅·釋畜》文。

蒲蔽。

蔽即笰也，在車兩邊，以蒲席爲之。吉時或以簟，《詩》云「簟笰魚服」是也。

御以蒲菆，菆，側留反。

注曰：不在於驅馳。蒲菆，牡蒲莖。

繼公謂：蒲菆，亦變於吉也。吉時，蓋以竹爲策。蒲，楊柳。

犬服，

注曰：笭間兵服，以犬皮爲之，取堅也，亦白。

繼公謂：不言色，似以其革爲之。

木錧，錧，音管。

注曰：取少聲。今文「錧」作「鎋」。

繼公謂：錧，轂端沓也。

約綏，約轡。

約繩也。吉時，二者皆以絲爲之與？

木鑣。鑣，彼苗反。

注曰：亦取少聲。

疏曰：平常車錧馬鑣以金爲之，今用木，是取少聲。

繼公謂：鑣，馬銜也。

馬不齊髦。

注曰：齊，翦也。主人之惡車如王之木車，則齊衰以下，其乘素車、繅車、駹車、漆車與？

疏曰：「齊衰以下，其乘素車、繅車、駹車、漆車與？」案《巾車》，王之喪車五乘：木車始死所乘，素車卒哭所乘，繅車既練所乘，駹車大祥所乘，漆車既禫所乘。此士之喪車亦當五乘：主人乘惡車，齊衰乘素車，與卒哭同；大功乘繅車，與既練同；小功乘駹車，與大祥同；緦麻乘漆車，與既禫同。主人至，卒哭以後哀殺，故齊衰以下節級約與主人同，故鄭爲此義也。若然，士尋常乘棧車漆之。今既禫，亦與王以下同乘漆車者，禮窮則同也。

繼公謂：馬不齊髦，所謂髦馬也。

主婦之車亦如之，疏布裧。裧，尺占反。

婦人之車必有裧，而喪車則以疏布爲之，明吉時不然也。主婦乘車而出者，拜夫人之命，及女賓之弔者也。

貳車，白狗攝服。

注曰：攝，猶緣也。狗皮緣服，差飾。

繼公謂：主人、主婦皆有貳車，各得用一乘，與其所乘者而三，《士昏禮》謂從車二乘，是其數也。凡貳車之數，天子十二，上公九，侯伯七，子男五，孤卿、大夫三，士二乘也。此貳車，亦惡車也。攝服未詳，姑從注説。

其他皆如乘車。乘，繩證反。

注曰：如所乘惡車。

繼公謂：乘車，主人、主婦所乘之車也。其他，謂凡器物在服之外者也。

朔月，童子執帚卻之，左手奉之。奉，芳勇反。

注曰：童子，隸子弟也。執用右手，卻之，示未用。

從徹者而入。

注曰：童子不專禮事。

比奠，舉席，埽室，聚諸窔，布席如初。卒奠，埽者執帚，垂末内鬣，從執燭者而東。比，必二反。窔，一弔反。鬣，獵、葉二音。

注曰：比，猶先也。室東南隅，謂之窔。

繼公謂：此埽室之節，蓋於既徹則爲之。如初，亦東面也。執帚垂末，明已用也。是時垂末内鬣，則埽者卻之，其皆反是與？

燕養、饋、羞，湯沐之饌，如他日。養，羊尚反。

注曰：燕養，平常所用供養也。饋，朝夕食也。羞，四時之珍異。湯沐，所以洗去污垢。《内則》曰：「三日具沐，五日具浴。」孝子不忍一日廢其事親之禮，於下室日設之，如生存也。進徹之時如其頃。

疏曰：云「燕養」者，謂在燕寢之中。生平時所有共養之事，則饋羞、湯沐之饌是也。

繼公謂：此饌，蓋使人爲之，孝子不親視之也。《記》曰「在堊室之中」，非時見乎母也。不入門説者，謂居廬時絶不入門。

朔月，若薦新，則不饋於下室。

注曰：下室，如今之内堂。

繼公謂：不饋於下室者，以其殷奠且有敦實也。

筮宅，家人物土。

注曰：物猶相也，相其地可葬者，乃營之。

卜日吉，告從于主婦。主婦哭，婦人皆哭。主婦升堂，哭者皆止。日，人實反。

若不吉，其禮亦然。

啓之昕，外内不哭。

注曰：將有事，爲其讙囂。既啓，命哭。

夷牀、輁軸饌于西階東。輁，九勇反。

注曰：明階間者，位近西也。夷牀饌于祖廟，輁軸饌于殯宫。

其二廟，則饌于禰廟，如小斂奠，乃啓。

此主於朝祖，故於朝禰之。奠降焉，蓋不可與祖奠同也。是日二廟皆饌，《記》惟見其異者耳。均之爲士而廟數不同者，蓋士之先世或爲大夫而有二廟，至後世爲士則廢其一，而但存二廟。若先世無爲大夫者，則惟一廟而已。

朝于禰廟，重止于門外之西，東面。柩入，升自西階，正柩于兩楹間。奠止于西階之下，東面，北上。主人升柩東，西面。衆主人東即位，婦人從升，東面。奠升，設于柩西，升降自西階，主人要節而踊。朝，音潮。下同。重，直容反。要，於遥反。

注曰：重不入者，主於朝祖而行，若過之矣。門西東面，待之便也。

疏曰：主人要節而踊者，奠升，主人踊，降時，婦人踊也。

繼公謂：重不入者，亦以既奠，則柩行不久留於此故也。夷牀一而已，惟當陳於祖廟。此正柩，其在軸與？是時即要節而踊，亦其異於祖廟者。

燭先入者，升堂東楹之南，西面。後入者西階東，北面，在下。

注曰：炤正柩者。先，先柩者。後，後柩者。

繼公謂：《記》於此者，見下適祖時不用燭也。

主人降，即位，徹。乃奠升，降自西階。主人踊如初。

主人降即位，則婦人亦東即阼階上位矣。不拜賓，踊，襲，以成禮，不在此，且欲急於適祖也。其他禮之不同者，意亦如是。奠，即如小斂奠者也。如初，謂設奠及踊節也。是時丈夫、婦人皆踊，惟言主人，亦文省。

祝及執事舉奠，巾、席從而降。柩從，序從如初，適祖。

柩從，從巾席而降也。序從，柩從奠主人，以下從柩而出也。如初，謂出殯宫時也。此與主人踊之文相屬，則是其事相接也。柩過禰廟，因而朝之，初無他事，既奠則禮畢矣。故即適祖，不見適祖之儀者，蓋與本篇所言者不異故耳。《記》載二廟者，其禰廟在西，祖廟在東，以是言之，則古者之廟尊者東，而卑者西，皆有常位，固無昭居昭廟、穆居穆廟之制也。

薦乘車，鹿淺幦，干、笮、革靾，載旜，載皮弁服，纓、轡、貝勒縣於衡。乘，繩證反。笮，側白反。靾，音泄。縣，音玄。

注曰：士乘棧車。鹿淺，鹿夏毛也。《玉藻》曰：「士齊車，鹿幦豹犆。」靾，韁也。旜，孤卿之所建，亦攝焉。貝勒，貝飾勒，有干無兵，有箙無弓矢，明不用。

繼公謂：勒，馬頭絡銜也。衡，輈端横木以駕馬者。《既夕禮》曰：「薦馬，纓三就，入門，北面，交轡，圉人夾牽之。」則是薦馬之時，纓轡皆在馬之身矣。此乃謂「纓、轡、貝勒縣于衡」，其指薦馬前後之時而言與？蓋事至則加之，既則脱之，而置於此也。

道車，載朝服。

注曰：道車，朝夕及燕出入之車。

繼公謂：案，注云「朝夕」，謂乘此以朝夕於君也。

稾車，載蓑笠。稾，古老反。蓑，素何反。

注曰：稾，猶散也。散車，以田以鄙之車。蓑笠，備雨服。今文「稾」爲「潦」。凡道車、稾車之纓、轡及勒，亦縣于衡也。

繼公謂：《巾車職》曰：「士乘棧車。」然則此三車者，皆漆車也。以制言之，其乘車、道車輪與輈之高下又等，但因事名之耳。所異者，稾車也。《考工記》曰：「田車之輪六尺有三寸，乘車之輪六尺有六寸。」又曰：「國馬之輈深四尺有七寸，田馬之輈深四尺。」足以知其制矣。薦車三乘，士禮也。此薦車，即遣車。禮，天子遣車九，諸侯七，大夫五，士三。

將載，祝及執事舉奠，户西，南面，東上。卒束前而降，奠席于柩西。

注曰：將于柩西，當前束設之。

繼公謂：先舉奠者，辟舉柩也。東上，統於柩也。卒束前，卒束之前也。束未畢而先降奠席，爲卒束即奠故也。此舉奠於堂上者，退立于户西，則奠近於柩而不當西階明矣。

巾奠，乃牆。

注曰：牆，飾柩也。

抗木，刊。

兩面皆刊也。刊，剥削之。

茵著，用荼，實綏澤焉。著，張吕反。

注曰：荼，茅秀也。綏，廉薑也。澤，澤蘭也。皆取其香，且御濕。

繼公謂：茵以草爲著，故文從荼實。綏澤，謂加綏澤以實之也。綏澤未聞。

葦苞，長三尺，一編。

注曰：用便易也。

繼公謂：編則於苞物宜。

菅筲三，其實皆瀹。筲，所交反。

注曰：米麥皆湛之湯，未知神之所享，不用食道，所以爲敬。

繼公謂：此筲設于棺旁，其實宜皆用穀，亦如殯時之熬然。

祖還車，不易位。還，音旋。

注曰：爲鄉外耳，未行。

繼公謂：還車，謂還薦車也。不易位，西者亦當東榮。

執披者，旁四人。披，彼義反。

注曰：前後各二人。

凡贈幣，無常。

注曰：賓之贈也。玩好曰贈，在所有。

繼公謂：此幣亦廣言之。經言「贈者，奠幣如初」，又云「若就器，則坐奠于陳」，亦可見其無常矣。

凡糗，不煎。

云「凡」，則非特葬奠之糗如是也。不煎之，以膏則但熬之而已。所以熬而不煎者，凡食各有所宜，必云「不煎」者，糗之類有煎者矣，嫌或當爲之也。

唯君命，止柩于堩，其餘則否。堩，古鄧反。

注曰：不敢留神也。壇，道也。《曾子問》曰：「葬既引，至于壇。」

繼公謂：言此者，明餘人不當行禮於壇也。

車至道左，北面立，東上。

遣車北鄉而往，則道左乃道西也。其位於壙爲西，故東上而統於壙。

柩至于壙，斂服載之。

注曰：柩車至壙，祝説載除飾，乃斂乘車、道車、槀車之服載之，不空之以歸。送形而往，迎精而反，亦禮之宜。

繼公案：注云「説載除飾」，亦當作「除飾説載」，説見本篇。

卒窆而歸，不驅。

此亦指遣車也。祝斂服而載於棧，則遣車空而無所用之矣。故於既窆即反云不驅者，嫌其與去時異。

君視斂，若不待奠，加蓋而出。不視斂，則加蓋而至，卒事。

注曰：爲有他故也。

繼公謂：《喪大記》曰：「君於士既殯而往，蓋常禮也。」此二者則加於常禮，則以有故而不能終始其事耳。

既正柩，賓出，遂匠納車于階間。

注曰：車，載柩車。其車之轝，狀如牀，有輴前後出，設前後輅，轝上有四周，下則前後有軸，以輇爲輪。許叔重云：「有輻曰輪，無輻曰輇。」

繼公謂：既正柩與賓出不相屬，蓋爛文也。遂匠，未詳。或曰，遂之匠也，未知是否？車，謂棧也。《喪大記》謂之國車，又以其爲公家之車故也，賓出而納此車於階間，爲主人送賓而入，則當載矣。

祝饌祖奠于主人之南，當前輅，北上，巾之。

饌，猶設此。祖奠，即如殯奠者也。祝及執事者饌，此惟言祝者，祝尊也。于主人之南，明其在車東也。主人之位當前東，故奠少南當前輅也。北上，謂先設豆於北也。是亦略言之，以見其如初耳。經於既祖但云「布席，乃奠如初」，不言其所，故《記》明之。

弓矢之新，沽功。沽，音古。

注曰：設之宜新，沽示不用。

繼公謂：「之新」，恐當作「新之」。

有弭飾焉，亦張可也。有柲，設依、撻焉。有韣。

注曰：弭，以骨角爲飾。柲，弓檠弛，則縛之於弓裏，備損傷，以竹爲之。《詩》云：「竹柲緄縢。」依，纒弦也。撻，弣側矢道，皆以韋爲之。韣，緇布爲之。今文「撻」作「銛」。

繼公謂：此言弓也。弭，弓弰也。亦張可也，許其得張之。依撻，未詳。

猴矢一乘，骨鏃，短衛。猴，音侯。乘，繩證反。下同。鏃，子木反。

注曰：猴，猶候也，候物而射之矢也。四矢曰乘。骨鏃，短衛亦示不用也。生時猴矢金鏃。

繼公案：注云「五分笴長而羽其一」者，以見短衛者不及其笴五分之一耳。

凡爲矢，五分笴長而羽其一。

志矢一乘，軒輖中，亦短衛。輖，音周。

注曰：志，猶擬也，習射之矢。《書》云：「若射之有志。」輖，摯也，無鏃短衛，亦示不用。生時志矢骨鏃。凡爲矢，前重後輕也。

繼公案：注知此矢無鏃者，以《記》不見鏃，且言軒輖中也。凡矢之所以於前重後輕者，皆在鏃。此無鏃，故前後之軒輖中。《詩》云：「如輊如軒。」

儀禮集説卷十四

士虞禮第十四

注曰：虞於五禮屬凶。

繼公謂：此篇言士喪始虞之禮。

士虞禮。特豕饋食。食，音嗣。

注曰：祭祀自孰始曰饋食。饋食者，食道也。

繼公謂：祭而用黍稷焉，曰饋食，猶言饋之以食也。

側亨于廟門外之右，東面。亨，音烹。

注曰：側亨，亨一胖也。

繼公謂：東面，謂亨者也，爨亦存焉。此亨于門外之西，變於吉祭，且别於奠也。廟，亦謂殯宫。

魚腊爨亞之，北上。爨，七亂反。

於特豕云「亨」、云「東面」，魚籩云「籩」、云「北上」，文互見也。

饎爨在東壁，西面。饎，尺志反。

爲食曰饎，饎爨在東壁，變於吉也。其爨亦北上，亨、饎皆有爨於其所，蓋祭禮也。爨在堂下，乃云「在東壁」者，見其近於壁也。壁爨之間當容人，此南北之節，亦當南齊坫。《特牲》曰：「主婦視饎，爨于西堂下。」

設洗于西階西南，水在洗西，篚在東。

注曰：亦當西榮，南北以堂深。

繼公謂：此設洗在西，亦以主人位于西階上故也。凡設洗，水在外，篚在内，不別於東西也。此篚亦南順而實爵焉。

尊于室中北墉下，當户，兩甒醴、酒，酒在東，無禁，冪用絺布，加勺，南枋。

注曰：酒在東，上醴也。

繼公謂：祭而尊于室中，且用一醴一酒，皆異於吉也。醴、酒並用者，醴以饗神，酒以飲尸，亦見其未甚變於奠也。兩甒西上，亦以神席在西也。尊之所上，吉凶同士。吉祭冪用綌，此喪祭乃用絺，其義未聞。

素几、葦席，在西序下。

虞乃用几，辟尊者之禮也。《周官·司几筵職》凡喪事，設葦席，右素几，謂奠時也。是天子之禮，未虞以前已用几矣。

苴刌茅，長五寸，束之，實于篚，饌于西坫上。苴，子徐反。刌，七本反。長，直亮反。

注曰：苴，猶藉也，所以藉祭也。

繼公謂：云苴者，亦以其用名之。

饌兩豆菹、醢于西楹之東，醢在西，一鉶亞之。

醢在西，東上也。東上者，變於堂下之敦位也。鉶亞於醢，又在其西，鉶不言豕可知。

從獻豆兩亞之，四籩亞之，北上。

注曰：豆從主人獻祝，籩從主婦獻尸祝。北上，菹與棗。

繼公謂：此豆籩云「從獻」者，以其先獻而後薦也。兩豆亞之，菹在鉶西，醢在菹南也。四籩亞之，於醢之南，一一爲列也。北上者南陳，不東上西陳者，別於正。

饌黍稷二敦于階間，西上，藉用葦席。敦，音對。下並同。藉，才夜反。

藉，猶薦也。藉敦未必有席，「席」字蓋因上文而衍也。《特牲禮》曰：「藉用萑。」

匜水錯于槃中，南流在西階之南，簞巾在其東。

匜水，匜中有水也，所以沃盥。自設洗至此其陳設之位，與特牲饋食異者，皆爲變於吉。

陳三鼎于門外之右，北面，北上，設扃鼏。錯，七故反。下並同。扃，古螢反。鼏，眉狄反。

門外之右，西方，當塾少南也。《記》曰皆設扃鼏陳之，此亦先設鼏乃設扃，云「扃鼏」，文順爾。陳鼎於西，與亨于西之意同。下設鼎放此。

匕俎在西塾之西。

匕亦在俎上。

羞燔俎在内西塾上，南順。

燔，炙肉也。言羞，見其非正俎。南順以羞之者，當北面縮執之也。《少牢》下篇言縮執匕湇俎之法，乃當其下端。然則縮執俎者，其法同耳。此俎在塾上，執時則升取之，如取物于堂。然不言肝俎，肝先進，此時亦設之，可知設肝俎當在燔西，便其先取之也。西塾之階在塾西。〔二〕

〔二〕文淵閣本于此句下另起一行有「右陳饌具」四字，爲諸本所無。

主人及兄弟如葬服，賓執事者如弔服，皆即位于門外，如朝夕臨位。婦人及内兄弟，服即位于堂，亦如之。臨，力蔭反。

注曰：賓執事者，賓客來執事也。

繼公謂：葬服，主人髺髮，衆主人及兄弟免，而大功以上者皆散帶垂也。弔服，疑衰素冠、麻絰帶也。如朝夕臨位，主人及兄弟在東方，賓執事者在西方也。婦人及内兄弟，其服亦如葬服，其位亦如臨位。婦人葬服，經無所見，蓋與既殯之服同。

祝免，澡葛絰帶，布席于室中，東面，右几，降，出，及宗人即位于門西，東面南上。免，音問。澡，音早。

注曰：祝亦執事。免者，祭祀之禮，祝所親也。澡，治也。治葛以爲首絰及帶，接神宜變也。右几，於席近南也。

繼公謂：祝，公有司之助喪祭者也。其服但當弔服加麻，以其接神也，則宜少異，故免而葛絰帶焉。其免也，若過於重；其葛也，若過於輕。然輕重相準，則與其本服亦不甚相遠也。此服亦當事則然，既事則已。宗人，亦公有司也。南上，明其與賓不相統。葛絰帶云「澡」，則有不澡

者矣。右几，神席南上也。〔一〕

宗人告有司具，遂請拜賓，如臨。入門哭，婦人哭。

注曰：臨，朝夕哭。

繼公謂：告主人以有司已具，遂請行祭事也。拜賓如臨，謂旁三拜也。

主人即位于堂，衆主人及兄弟賓即位于西方，如反哭位。

注曰：《既夕》曰：「乃反哭，入門，升自西階，東面。衆主人堂下東面，北上。」此則異於朝夕。

繼公謂：反哭之位，乃順孝子一時之心而爲之，本非正位。自始虞至卒哭，其位皆如之者，蓋因此以别於既祔以後吉祭之位也。此正與婦人於既小斂有阼階上之位者，其意相類。賓即位于西方，朝夕反哭同也。是時賓皆爲執事而來，無異爵者焉，惟士而已。

祝入門左，北面。

門内之西，祝之位也。《特牲饋食記》曰，「公有司門西，北面，東上」是也。

〔一〕文淵閣本于此句下另起一行有「右門外位」四字，爲諸本所無。

宗人西階前，北面。

注曰：當詔主人及賓之事。

繼公謂：宗人即立于此者。以主人已在階上故也。

祝盥，升，取苴降，洗之，升，入設于几東席上，東縮，降，洗觶，升，止哭。

東縮，上西也。止哭，爲祭事至，祝洗觶升，則執之以入，俟時而酌，亦異於吉也。

右陳設即位〔一〕

主人倚杖入，祝從在左，西面。

注曰：主人倚杖西序，乃入。《喪服小記》曰：「虞杖不入于室，祔杖不入於堂。」然則練杖不入於門明矣。

繼公謂：凡喪祭之始及無尸者之祭，主人皆先祝而入室，祝從，故入即西面，亦皆異於吉祝在左之義，見《聘禮》。

贊薦菹、醢，醢在北。

〔一〕文淵閣本作「右門内位」。

醢在北，豆南上也。席南上而豆如之，神饌之異者也。主婦不設豆及敦，未敢同於吉也。

佐食及執事盥，出舉，長在左。 長，知文反。

注曰：舉，舉鼎也。長在左，西方位也。凡事宗人詔之。

繼公謂：此云「長在左」，下云「佐食及右人載」，是佐食非長也。乃先言之者，以其有常職故爾。鼎在門外，北面，則舉時長者在西。案，注云「長在左，西方位」，謂鼎設于西方者之位，如此明其與設于東方者相反也。

鼎入，設于西階前，東面，北上。匕俎從設。左人抽扃、鼏，匕，佐食及右人載。

注曰：佐食載，則亦在右矣。

繼公謂：設鼎南北節，當南於洗東。東面，亦順主人之面位也。此執匕俎者亦三人，各兼執匕俎也。從設，從鼎入而各設于其鼎之東。其設之法，俎東順而匕西枋也。左人亦抽扃，予左手取鼏，委于鼎北，加扃乃執匕。而匕惟言「抽扃、鼏，匕」，省文耳。

卒，朼者逆退，復位。

注曰：復賓位也。

繼公謂：「朼」當作「匕」，字之誤也。

俎入，設于豆東，魚亞之，腊特。贊設二敦于俎南，黍其東稷。

俎南，豕魚二俎之南也。

設一鉶于豆南。

設一鉶，貶於吉。

佐食出，立于户西。

既設俎，則出而立于此矣。後言之者，亦終上事乃及之也。

贊者徹鼎。徹，直列反。

注曰：反于門外。

繼公謂：以《公食禮》、《士喪禮》参考之，則此徹鼎亦當與設俎相屬爲之。言於此者，與上文之意同。贊者，賓執事者也。

祝酌醴，命佐食啓會。佐食許諾，啓會，卻于敦南，復位。會，如字。

注曰：復位出，立于户西。

繼公謂：祝既酌醴，南面，命佐食，遂於此俟之。

祝奠觶于鉶南，復位。主人再拜稽首。

注曰：復位，復主人之左。

繼公謂：此酌醴用觶，别於酳獻也。先啓會乃奠，亦異於吉。主人此拜，爲食具也。

右設饌

祝饗，

注曰：饗，告神饗也。

繼公謂：饗辭，即《記》所云「哀子某圭爲而哀薦之饗」者也。

命佐食祭。佐食許諾，鉤袒，取黍稷，祭于苴三，取膚祭，祭如初。祝取奠觶祭，亦如之。不盡益，反奠之。主人再拜稽首。

注曰：鉤袒，如今擐衣也。

繼公謂：祭，爲神祭食也。鉤袒，蓋外卷其袂以出臂也。爲神祭，當與尸祭異處，故祭于席。爲其污席，故以苴藉之三者三祭之也。每一祭畢，則反取之祭。膚祭如初，亦于苴三也。《記》曰膚祭三，取諸左膉，上神祭用膚，亦别於尸也。祝取奠觶，祭于苴亦三，注之不盡者，三祭而不盡其醴也。既祭更酌而益之，乃反奠于故處，主人拜爲饗也。既祭乃拜者，以此饗禮成於祭也。於此而饗且爲之祭，皆異於吉。

祝祝。卒，主人拜如初。哭，出，復位。下祝，之又反。後「祝祝」放此。

注曰：祝祝者，釋孝子祭辭。

繼公謂：祝祝之辭，則《記》所謂「哀子某，哀顯相，夙興夜處不寧」下至「適爾皇祖某甫」者也。如初，亦再拜稽首也。祝饗與祝，皆在其位。

右饗祝〔一〕

祝迎尸。一人衰絰奉篚，哭從尸。衰，七回反。奉，芳勇反。下同。

注曰：尸，主也。孝子之祭，不見親之形象，心無所繫，立尸而主意焉。一人，主人兄弟。

繼公謂：云「衰絰」，明其爲主人兄弟且不易服也。祝出迎尸，而主人不降者，亦變於吉。

尸入門，丈夫踊，婦人踊。

注曰：踊，不同文者有先後也。

〔一〕文淵閣本作「右饗神」。

繼公謂：此婦人踊，惟繼丈夫之後，不以尸行爲節。

淳尸盥，宗人授巾。淳，音諄。

注曰：淳，沃也，沃尸。盥者，賓執事者也。

繼公謂：亦於入門左之位爲之。

尸及階，祝延尸。

注曰：告之以升。

繼公謂：《覲禮》云：「擯者延之曰升。」

尸升，宗人詔踊，如初。

至是乃云「宗人詔踊」，明尸入門而踊者，非宗人詔之也。如初，如其丈夫先、婦人後。下文放此。

尸入户，踊如初，哭止。

哭止，將有事也。

婦人入于房。

祭禮，婦人當在房前，此在堂者，以其有尸入之哭也。今哭止，故入于房。及尸謖，又復位而哭也。

右尸入

主人及祝拜妥尸。尸拜，遂坐。妥，他果反。

此皆變於其吉祭也。士之吉祭，尸既坐，主人乃拜妥尸，祝不拜。妥，謂安之。

從者錯篚于尸左席上，立于其北。從，才用反。下從者，並同。

注曰：北，席北也。

繼公謂：立，俟其畢也。

尸取奠，左執之。取菹，擩于醢，祭于豆間。擩，人悦反。

右手取奠，予左手執之，爲右手將有事也。下祭之類此者，皆于豆間，特於是見之耳。

祝命佐食綏祭。綏，當讀作授。

綏或是「授」字之誤，以下文可見。

佐食取黍稷肺祭授尸，尸祭之。祭奠。

奠先執後，祭皆尊之。

祝祝。主人拜如初。尸嘗醴，奠之。

注曰：如初，亦祝祝卒，乃再拜稽首。

繼公謂：此拜爲祝祝也，故尸不答拜。凡祝祝之辭，皆告于神。「嘗醴，奠之」，復於故處。嘗與啐之異同未聞。

佐食舉肺脊授尸。尸受，振祭，嚌之，左手執之。

注曰：右手將有事也。

繼公謂：於此舉之，明其不在舉數中也。下篇意亦類此。

祝命佐食邇敦。佐食舉黍，錯于席上。

邇，近也。士之吉祭，則並邇黍稷，此亦其異者。

尸祭鉶、嘗鉶。

注曰：右手也。《少牢》曰：「以柶祭羊鉶，遂以祭豕鉶，嘗羊鉶。」

泰羹湆自門入，設于鉶南。泰，當作「大」，字之誤也，音泰。記同。

此大羹，豕肉之汁也。後篇同。設湇於右，亦因食生之禮，又以别於吉祭也。

胾四豆，設于左。胾，側吏反。

左，醢北也。庶羞惟用胾，亦變于吉。

尸飯，播餘于篚。飯，扶晚反。下並同。

注曰：不反餘也。古者飯用手，吉時播餘于會。

繼公謂：於尸之初飯，即言播餘，是每飯皆然也。惟飯而已，不食舉，未忍同於吉，雖不食舉，猶左執之。

三飯，佐食舉幹，尸受，振祭，嚌之，實于篚。

尸既嚌，而佐食受之。實于篚，舉幹不云授尸，省文，亦以尸受見之也。

又三飯，舉胳，祭如初。

不言佐食，又不言尸受，文又省。初，謂振祭嚌之。下放此。

佐食，舉魚腊，實于篚。

魚腊，一魚及腊胳也。於前後二舉不舉魚腊，此節舉之，又不以授尸，以其不在三舉之數，故略之，亦喪祭異也。必於此節舉之者，所以見前後宜舉而不舉之意也。

又三飯，舉肩，祭如初。

注曰：後舉肩者，貴要成也。

繼公謂：此三舉牲之體骨，始于脅，終於肩，先賤而後貴也。於前後體惟以肩骼者，後體則舉其下，前體則舉其上，亦宜爾。

舉魚、腊俎，俎釋三箇。

注曰：釋，猶遺也。箇，猶枚也。今俗或名枚曰個，音相近。

繼公謂：佐食於魚，亦舉其五，腊又舉其三，每俎各釋三箇，腊體之在俎者，亦臂、臑、肫也。必釋之者，俎未即徹，則不宜空之。此腊亦體五、骨二，如其牲。

尸卒食，佐食受肺脊，實于篚，反黍，如初設。

注曰：九飯而已，士禮也。篚，猶吉祭之有肵俎。

繼公謂：尸九飯乃卒食，雖與吉祭之數同，然其間無告飽、拜侑之事，亦喪質，威儀少也。云「受肺脊」，則尸舉者未嘗奠于豆明矣，是亦變於其吉祭者也。

右尸食

主人洗廢爵，酌酒酳尸。尸拜受爵，主人北面答拜。尸祭酒，嘗之。

注曰：爵無足，曰廢爵。

繼公謂：北面，蓋於户西。北面答拜，變於吉。凡異者，皆變於吉。

賓長以肝從，實于俎縮，右鹽。長，知丈反。

注曰：縮實肝，炙於俎也。喪祭進柢，右鹽於俎近北，便尸取之也。縮執俎，言右鹽，則肝鹽併也。

繼公謂：「實於俎縮，右鹽」，言肝鹽在俎之法爾，非謂此時方實之也。鹽於俎，與執者皆爲右。

尸左執爵，右取肝，擩鹽振祭，嚌之，加于俎。賓降，反俎于西塾，復位。

疏曰：加于俎，異於吉時。

繼公謂：擩鹽，不言「于」，文略耳，餘放此。加于俎，牲俎也〔一〕。

〔一〕文淵閣本、摛藻堂本「牲」字作「特」，王太岳云：「刊本『特』訛『牲』，據經改。」

尸卒爵，祝受，不相爵。主人拜，尸答拜。相，悉亮反。

注曰：相爵者，《特牲》曰：「送爵，皇尸卒爵。」

繼公謂：不相爵，變於吉祝相爵者命主人拜送爵也。此雖不相爵，而主人猶先拜，蓋其節宜然也。

右主人酳尸

祝酌授尸，尸以醋主人。主人拜受爵，尸答拜。主人坐祭，卒爵，拜，尸答拜。醋，才各反。

尸無降席之禮，故祝爲酌之，酢不洗爵，尸禮也。孝子於是時乃飲而卒爵者，爲尊者之賜也。

右尸酢主人

筵祝，南面。

筵祝，蓋贊者也。筵於北墉下，尊之西也。室中之席，南面以西方爲上。既筵，則祝升席與？

主人獻祝，祝拜，坐受爵，主人答拜。

祝與佐食，皆事尸者也。故於酳尸、獻尸之後，因而獻焉，承已飲之後，乃不洗而獻祝者，下尸也。坐受爵者，因尸禮也。以明其由尸而得獻，祝既受爵，主人乃反西面位而答拜。

薦菹醢，設俎。

亦贊薦而佐食設俎。

祝左執爵，祭薦，奠爵，興，取肺，坐祭，嚌之，興，加于俎，祭酒，嘗之，肝從。祝取肝，擩鹽，振祭，嚌之，加于俎。卒爵，拜。主人答拜。祝坐授主人。

祭薦亦右手，以菹擩醢祭于豆間也。先奠爵，乃取肺以祭，離肺用二手也。祭不言絶，文省。以肝從，亦賓長也。祝亦左執爵，乃取肝，不言之者，同於尸可知。「授主人」下宜脱一「爵」字。

主人酌獻佐食，佐食北面拜。坐受爵，主人答拜。佐食祭酒，卒爵，拜。主人答拜，受爵，出。實于篚，升堂，復位。

復堂上東面位。

右主人獻祝及佐食

主婦洗足爵于房中，酌，亞獻尸，如主人儀。

注曰：爵有足，輕者飾也。

繼公謂：此不謂之酳而云獻者，食尸之禮，非關於主婦。故此禮與彼不相蒙，而惟以進酒者爲稱也。如主人儀，則亦北面拜。

自反兩籩，棗、栗設于會南，棗在西。

「反」或是「取」字之誤。此兩籩，自堂而設于室，非可言「反」，云「自」者，明其不用贊也。吉祭則宗婦贊之，《特牲禮》曰「宗婦執兩籩，户外坐。主婦受設于敦南」是也。

尸祭籩。

祭棗栗於豆間也，亦祝取而授之。《特牲禮》曰：「祝贊籩祭，尸受祭之。」

祭酒如初。賓以燔從如初。尸祭燔、卒爵如初。酌獻祝，籩、燔從，獻佐食，皆如初。以虚爵入于房。

注曰：初，主人儀。

繼公謂：賓，謂次賓。燔者，蒙如初者，如肝從之儀也。皆，皆獻祝以下四事也。籩位則豆俎西。

右主婦亞獻〔二〕

賓長洗繶爵，三獻，燔從，如初儀。繶，於力反。

注曰：繶爵，口足之間有篆文，彌飾。

右賓長三獻

婦人復位。

注曰：復堂上西面位。

祝出户，西面，告利成。主人哭，

注曰：西面告，告主人也。利，猶養也。成，畢也。言養禮畢也。

繼公謂：上云「主人升堂，復位」，而此云「祝出户，西面，告利成」，則主人虞祭與反哭之位皆入堂深矣。利成，未詳。

皆哭。

〔二〕文淵閣本以「祭酒如初。賓以燔從如初。尸祭燔、卒爵如初。注曰：初，主人儀。繼公謂：賓，謂次賓。燔者，蒙如初者，如肝從之儀也」爲一段，段下另起一行以「右主婦亞獻」加以總結；又以「酌獻祝，籩、燔從，獻佐食，皆如初。以虚爵入于房。皆，皆獻祝以下四事也。籩位則豆俎西」爲一段，段下另起一行以「右主婦獻祝佐食」爲總結，與諸本不同。

注曰：丈夫、婦人於主人哭，斯哭矣。〔一〕

祝入尸謖。謖，音叔。

謖，起也。祭既畢矣，尸必俟祝入乃起者，禮之節當然也。

從者奉篚哭，如初。

注曰：初，哭從尸。

祝前尸，出户，踊如初。降堂，踊如初。出門，亦如之。

注曰：如初者，出如入，降如升，三者之節悲哀同。

繼公謂：祝前者，道尸也。踊如初者，丈夫先、婦人後也。云「降堂」者，明其方降於階上而即踊。

右尸出

祝反，入徹，設于西北隅，如其設也。几在南，厞用席。厞，扶未反。下並同。

設于西北隅者，亦以尊者之盛饌未可遽徹去之，故改設於此也，蓋微與徹喪奠而改設於序西

〔一〕文淵閣本于此句下另起一行作「右祝告利成」。

南之類者同意。几在南，在饌之南也。厞用席者，以席之一端倚于几，一端倚于俎，則足以障蔽其饌矣。如是者，明其非爲求神祝改設之，亦變於吉。

右改設

祝薦席，徹入于房。祝自執其俎出。贊闔牖户。

徹薦席者，贊也。云「徹入于房」，則祝薦席，初自房來。

主人降，賓出。主人出門，哭止，皆復位。

注曰：門外，未入位。

繼公案：注云「門外未入位」者，謂殯宫門外未入時之位也。

宗人告事畢，賓出，主人送，拜稽顙。

注曰：送于大門外也。

繼公謂：送此賓亦稽顙者，爲徒勞之，故重拜其辱也。吉祭之賓有俎，主人則但拜送之而已，蓋儀物相爲隆殺也。

右事畢

《記》。虞，浴不櫛。

注曰：浴者，將祭自潔清。不櫛，未在於飾也。惟三年之喪不櫛，期以下櫛可也。

陳牲于廟門外，北首，西上，寢右。

注曰：言牲，腊在其中。西上，變於吉。寢右者，當升左胖也。

繼公謂：陳之，亦在西方而當陳鼎之南，略如特牲禮也。西上，腊在東也。腊與豕序，則不在棜矣。北首、寢右，謂牲也。吉時腊東首，則此時西首與？

日中而行事。

日中行事，亦變於吉祭也，三虞皆然。至祔乃質明行事，以其始用吉祭也。

殺于廟門西，主人不視。豚解。

注曰：豚解，解前後脛、脊脅而已。孰乃體解，升於鼎也。

繼公謂：廟門，亦廟門外也。主人不視，亦變於吉。主人不視殺，則陳牲之時可知矣。

羹飪，升左肩、臂、臑、肫、骼、脊、脅、離肺，膚祭三，取諸左膉上，肺祭一，實于上鼎。 骼，音格，與胳同。膉，音益。

注曰：脊脅，正脊、正脅也。離肺，舉肺也。膉，脰肉也。

繼公謂：惟云脊脅，則是各一骨耳。無横脊短脅，而又但用一骨，遠别於吉祭也。離肺，乃與脊同舉者也。言離，見其制與絶祭者同。膚祭三，以爲神祭。肺祭一，以爲尸祭。

升魚：鱄鮒九，實于中鼎。

魚九，亦未可與其吉祭同。凡士之喪奠，用魚則九。

升腊左胖，髀不升，實于下鼎。

腊亦體五骨二，所謂腊如牲骨也。

皆設扃鼏，陳之。

注曰：嫌既陳，乃設扃鼏也。

載猶進柢，魚進鬐。

注曰：猶，猶《士喪》、《既夕》言「未可以吉」也。

繼公謂：喪奠於牲則進柢，魚則進鬐。始者但以未忍異於生之故而爲之，其後遂因之以别於吉祭。故三虞之時雖祭而不奠，猶未變於初也。

祝俎，髀、脰、脊、脅、離肺，陳于階間，敦東。脰，音豆。

髀，亦左髀也。脊、脅，其亦脡脊代脅與？離肺，嚌肺也。祝祭以離肺者，是禮主於飲，故不因尸之食禮也。此俎實自鑊，而徑載於俎，不復升於鼎者，不敢與神俎同也。尸三俎，用豕、魚、腊。祝之俎，實惟用豕者，亦變於吉也。階間，執事之俎所陳之常處也。《特牲饋食禮》曰：「執事之俎，陳于階間二列，北上。」則於階間而陳是俎，吉凶同也。階間先有黍稷敦，故《記》又明著其所焉。云「敦東」者，言其相直也。〔二〕

淳尸盥，執槃西面，執匜東面，執巾在其北，東面。宗人授巾，南面。淳，音諄。

注曰：槃，以盛棄水也。執巾，不授巾，卑也。

繼公謂：淳尸盥，執匜者也。此執盥器者之面位，亦皆變於吉。

主人在室，則宗人升，户外北面。

注曰：當詔主人室事。

佐食無事，則出户，負依，南面。依，於豈反。

依如「負斧依」之「依」，亦謂如屏風然者也。然則自天子至於士，其户牖之間皆設依，惟天子

〔二〕文淵閣本于此句下另起一行作「右記牲鼎俎實」。

則飾以斧文耳。負依南面，明與宗人不相統也。佐食室中無正位，故是時立於此。《特牲記》曰：「佐食當事，則户外南面；無事，則中庭北面。」此禮三獻而止，佐食無中庭之位，故但以事之有無爲言，雖當事猶云無也。〔一〕

鉶芼，用苦，若薇，有滑。夏用葵，冬用荁，有柶。荁，音丸。

注曰：荁，堇類也，乾則滑。夏秋用生葵，冬春用乾荁。

繼公謂：若苦、若薇，亦各隨其時之所有而用之。有柶，所以祭而嘗之也。

豆實，葵菹，菹以西蠃醢。蠃，音螺。

經惟言菹醢，此則見其所用之物也。言「以西」，則指其饌時。

籩，棗烝栗擇。

惟言棗烝栗擇，則是籩豆之類皆未變也。此時尸用莞席、素几，主人酳以廢爵，則其他可知矣。〔二〕

尸入，祝從尸。

〔一〕文淵閣本于此句下另起一行作「右記執事者面位」。
〔二〕文淵閣本于此句下另起一行作「右記鉶豆籩」。

入，謂入門也。言祝從尸者，嫌其如迎尸之時，猶先行也。祝始出迎，尸先行入門。及尸入，祝乃居後而從之。《少牢饋食禮》曰：「祝先入門右，尸入門左，亦辟尸，使先行也。」入門如是，則入户亦從尸可知。

尸坐不說屨。說，吐活反。下並同。

尸久坐於室中，嫌或説屨也。禮，有敬事，則不説屨而坐。《少儀》曰：「凡祭於室中，堂上無跣，燕則有之。」

尸謖，祝前鄉尸。還出户，又鄉尸。還過主人，又鄉尸。還降階，又鄉尸。降階，還及門，如出户。鄉，並音向。還，並音旋。

注曰：祝道尸，必先鄉之爲之節。

繼公謂：前者，當尸之前而行也，前行者所以道之。鄉尸還，謂先鄉尸而即還也。主人位在堂深，祝出户而西行，當階而南行，乃過主人也。過主人則近階矣，故不必見及階之節也。上降階者，祝也。下降階者，尸也。祝先降而鄉尸，及尸既降，祝乃反面而行。及門如出户，謂出門又鄉尸，凡道尸之儀在此。

尸出，祝反，入門左，北面，復位，然後宗人詔降。

祝於尸出即反，則不復前矣。祝於門外迎尸而不送，亦終始異也。詔降，詔主人降也，主人於是乃取杖與？此言主人降之節，似與經異。〔二〕

尸服卒者之上服。

卒者，士也。其上服則爵弁服，是亦異於吉祭者也。吉祭之尸，服元端、元裳。

男，男尸。女，女尸。必使異姓，不使賤者。

女尸，以在孫倫者之妻爲之。據夫家而言之，故曰異姓。其或雖與卒者同姓，亦可以爲之也。賤者，孫倫之妾也。〔三〕

無尸，則禮及薦饌皆如初。

注曰：無尸，謂無孫列可爲者也。

繼公謂：禮，謂主人哭出復位以前之儀，及改設饌與賓出以後之事。薦饌，神席前俎豆之類皆是也。如初，謂與有尸者同。

〔二〕文淵閣本于此句下另起一行作「右記祝相尸之節」。
〔三〕文淵閣本于此句下另起一行作「右記尸服及爲尸者」。

既饗，祭于苴，祝祝卒。下祝，之又反。

雖無尸，此儀則同也。主人於每節亦皆再拜稽首，《記》將見主人哭出之節，故先言此。

不綏祭，無泰羹、湆、胾、從獻。綏，當音授。

綏亦當作「授」，泰亦當作「大」。授祭，謂佐食授祭也。無尸，則固無所授矣。嫌其當象有尸者之禮，故言不以明之。無大羹、湆、胾、從獻，意亦類此。從獻，謂籩及肝燔俎也，此記終始事尸之禮，始於授祭，終於從獻。

主人哭，出復位。

注曰：於祝祝卒。

祝闔牖户，降，復位于門西。

注曰：門西，北面位也。

男女拾踊三。拾，其劫反。下並同。

是時婦人亦在堂也。不入于房，與有尸者異。

如食閒。

注曰：隱之，如尸九飯之頃也。

繼公謂：闔牖户，如食閒，象神食之也。此謂陰厭。

祝升，止哭，聲三，啓户。

注曰：聲者，噫歆也。將啓户，警覺神也。

繼公謂：注云「警覺神」者，謂欲令知其將啓户也。

主人入，祝從啓牖，鄉如初。鄉，許亮反。

注曰：牖，先闔後啓，扇在内也。

繼公謂：鄉，猶面也。謂祝在主人之左，皆西鄉。

主人哭，出復位。

注曰：堂上位也。

卒徹，祝、佐食降，復位。

注曰：祝復門西北面位，佐食復西方位。

繼公謂：卒徹者，言其節也。比徹，亦改設于西北隅。不言之者，亦爲其已蒙如初之文也。

卒徹，祝闔牖户，乃與佐食俱降。佐食於此方云「復位」，則陰厭之時其在中庭北面與？士之佐食位在兄弟之列，《特牲記》曰「佐食於旅，齒於兄弟」是也。

宗人詔降如初。

此如初，但言其與有尸者之節同也。上《記》云：「尸出，祝反，入門左，北面，復位。然後宗人詔降。」[二]

始虞用柔日。

柔日，乙、丁、己、辛、癸也。柔日言「用」，則固非葬日矣。

曰：「哀子某，哀顯相，夙興夜處不寧。相，息亮反。

注曰：曰祝祝之辭也，喪祭稱「哀顯相」，助祭者也。顯，明也。相，助也。《詩》云：「於穆清廟，肅雝顯相。」不寧，悲思不安。

繼公謂：哀子，主人也。哀顯相，衆主人以下也。夙興夜處不寧，言其以神未祔廟之故，日夜爲之悲思不安也。此祝祝之辭也。云「夙興夜處」，則始虞與葬不同日明矣。

敢用潔牲剛鬣、

[二] 文淵閣本于此句下另起一行作「右記無尸」。

注曰：豕曰剛鬣。

香合、

注曰：黍也。大夫士於黍稷之號，合言普淖而已。此言香合，蓋《記》者誤耳。辭次黍，又不得在薦上。

嘉薦、普淖、淖，女孝反。

注曰：嘉薦，菹醢也。普淖，黍稷也。

繼公謂：普淖，未詳。

明齊溲酒，齊，才計反。溲，所求反。

明齊，蓋言醴也。《郊特牲》曰：「縮酌用茅。」明酌也。又曰「明水涚齊」，貴新也。蓋用明水涚醴齊，故曰明齊也。祝祝之時，奠用醴而已，不用酒也。云「溲酒」，似衍文。

哀薦祫事，

注曰：始虞謂之祫事者，主欲其祫先祖也。

適爾皇祖某甫。

注曰：告之以適皇祖也。皇，君也。某甫，皇祖字也，若言尼甫。

繼公謂：云「適爾皇祖某甫」，所以勸勉之。尸柩已去，則神宜在廟。爲神未欲遽離其室，故於三虞皆告之以此。

饗！」

以祔祭之辭例之，當云「尚饗」，蓋庶其饗此祭也。

再虞，皆如初。曰：「哀薦虞事。」

注曰：其祝辭異者，一言耳。

繼公謂：舊説謂再虞後於始虞二日，理或然也。皆如初，謂日與祝辭也。曰「哀薦虞事」，見其與上文異者，惟「虞祫」二字耳。虞之言度也，再告之則有使之度其去就之意，故曰「虞事」焉。虞祭之名蓋取諸此，不以祫爲稱者，以其與大祫之名同，且此時猶未果祫也。

三虞、卒哭、他，用剛日，亦如初。曰：「哀薦成事。」

注曰：其祝辭異者，亦一言耳。

繼公謂：三虞、卒哭，謂既三虞，遂卒朝夕哭也。他者，變易之辭，猶今之言别矣。不用柔日而别用剛日，故曰他也。他用剛日，則三虞卒哭後於再虞三日矣。所以「用剛日」者，爲祔祭宜用柔日故爾。蓋三虞與祔日當相接，經云「明日以其班祔」是也。亦如初，謂祝辭也。成事，謂見其一言之異者耳。三虞云「成事」者，謂神靈適祖之意已定也。此三祭之辭皆告之以適其皇祖，乃異其「某事之」云者，所以見義也。初言「祫」者，象啓尊者以其事也。次言「虞」者，象尊者聞言則度其可否也。末言「成」者，象其思慮已審將行之也。凡此皆所以順孝子事死如事生之心，故其爲辭先後有漸，從容不迫，蓋若此。此先王之道所以爲美與？〔二〕

獻畢，未徹，乃餞。

注曰：餞，送行者之酒。《詩》云：「出宿于泲，飲餞于禰。」

繼公謂：此承上文謂「三虞之祭，既三獻」也。餞尸于外者，象神將適其祖而送之也。

尊兩甒于廟門外之右，少南。水尊在酒西，勺北枋。

是禮主於尸，故惟用酒耳。用酒而有水尊，尊者之禮也。「水尊在酒西」，西，上也。下文言尸席設于尊之西北，是尸席西於尊北也。尸席西於尊北而尊西上，以是觀之，則設尊之法愈可得而見矣。無冪，變於祭。

〔二〕文淵閣本于此句下另起一行作「右記祭日與祝辭」。

洗在尊東南，水在洗東，篚在西。

洗，取節於尊，是猶未離於廟門外之西方也。

饌籩豆，脯四脡。脡，大頂反。

饌籩豆，主於飲也。脯四脡，猶變於吉也。《鄉飲酒禮》曰：「薦脯五脡，横祭于其上。」此亦有祭，《記》但見其異者耳。

有乾肉折俎，二尹縮，祭半尹，在西塾。乾，音干。

尹，正也。二尹云縮，則祭半尹横矣。乾肉在俎而縮，亦變於牲三者。蓋饌於外西塾上之南，籩豆在俎北也。

尸出，執几從，席從。

注曰：祝亦告利成，入尸乃出。几席，素几葦席也，以几席從執事也。

尸出門右，南面。

他時尸出則歸，此乃南面立者，或祝告之以將有事也與？

席設于尊西北，東面。几在南。

此亦右几，明其象神。

賓出，復位。

主人出，即位于門東，少南。婦人出，即位于主人之北，皆西面，哭不止。

注曰：將入臨之位。

主人位少南者，宜稍鄉尸，且爲婦人當位于其北也。衆主人以下亦在婦人之南，如臨位，而婦人之位則當南上。婦人出者，宜送神也。云「哭不止」，見其哭而出也。

尸即席坐，唯主人不哭，洗廢爵，酌獻尸，尸拜受。主人拜送，哭，復位。

是時惟主人不哭，爲將行禮也。然則亞獻、三獻之時，主婦、賓長亦不哭，特於此見之也。主人拜送，蓋亦北面，如室中之儀。

薦脯醢，設俎于薦東，胸在南。胸，其俱反。

注曰：胸，脯及乾肉之屈也。屈者在南，變於吉。

尸左執爵，取脯擩醢，祭之。

亦祭于籩豆之間。

佐食授嚌。尸受，振祭。嚌，反之。

注曰：授嚌，授乾肉之祭也。反之，反於佐食，佐食反之於俎。

繼公謂：乾肉之祭云嚌者，亦因事名之。

祭酒，卒爵，奠于南方。

卒爵，而主人不拜，且奠之而不酢，皆略也。南方，薦右也，後奠者又以次而南。

主人及兄弟踊，婦人亦如之。

亦如之者，亦及内兄弟之屬皆踊也。

主婦洗足爵，亞獻，如主人儀。無從踊，如初。賓長洗繶爵，三獻，如亞獻，踊如初。佐食取俎，實于篚。長，知丈反。

如主人儀，謂自「薦脯醢」至「反之」之外皆如之也。從，從獻者也，如燔之類。踊如初，亦丈夫先、婦人後也。取俎，謂取乾俎之實。

尸謖，從者奉篚哭從之。祝前，哭者皆從。及大門内，踊如初。

注曰：從尸不出大門者，猶廟門外無事尸之禮也。

疏曰：云「從尸不出大門者，猶廟門外無事尸之禮」者，在廟以廟爲限，在寢門外以大門爲限。正祭在廟，廟門外無事尸之禮。今餞尸在寢門外，則大門外無事尸之禮，故鄭舉正祭况之。

繼公謂：哭者，皆從尸者。主於餞尸則宜送之，亦男先女後。不拜者，凡主人於尸無拜送之禮，惟大夫賓、尸乃拜送之。

尸出門，哭者止。

注曰：以餞於外，大門猶廟門。

賓出，主人送，拜稽顙。

注曰：送於大門外。

繼公謂：主人既復位，宗人告事畢，賓乃出也。

主婦亦拜賓。

注曰：女賓也，不言出，不言送，拜之於闈門之内。闈門，如今東、西掖門。

繼公謂：拜賓之位，未詳。

丈夫説經帶于廟門外。

注曰：當變麻受之以葛也。夕日則服葛者，爲袝期。

繼公謂：三虞事畢，即說絰帶者，蓋其節當然也。喪服之始，絰帶先加，故於將變之時亦先說之。若受服及柱楣之類，皆當爲之於既徹之後，此特見其始者耳。案，注云「夕日則服葛者，爲祔期」，是亦以意言之耳。

入徹，主人不與。

主人不與，則是丈夫自齊衰以下、婦人自主婦而下，皆得爲之矣。

婦人說首絰，不說帶。

既徹，乃說絰，下丈夫也。婦人指五服之親言也，不說帶，則不以葛易之。《間傳》曰：「男子重首，婦人重帶。」婦人質，故於其所重者有除，無變其三年者，至小祥而除之。齊衰期以至小功，則皆終喪而除之，《檀弓》曰「婦人不葛帶」是也。其緦麻者此時亦不說，既退則除之與？〔一〕

無尸則不餞，猶出，几席設如初。拾踊三。

注曰：以餞尸者，本爲送神也。丈夫、婦人亦從几席而出。

繼公謂：此節在既陰厭主人復位之後。拾踊者，謂丈夫、婦人及賓也。然則於餞尸之時，賓

〔一〕文淵閣本于此句下另起一行作「右記卒哭祭後餞尸」。

亦踊矣。上記不見之者，文略也。

哭止，告事畢，賓出。

其賓出以下之儀，與有尸者同。〔二〕

死三日而殯，三月而葬，遂卒哭。

云「遂卒哭」，以其與葬事相屬也。記者於既三虞乃更端言此者，明葬與卒哭之月數當視殯之日數也。然則天子七日而殯，諸侯五日，大夫三日，其葬、卒哭之月皆可得而定之矣。

將旦而祔，則薦。

此薦在三虞之夕也。將以來日旦明祔神靈於廟，則是時復薦于寢而告之。薦，謂薦脯醢而奠酒也。惟主告神以祔期耳，故其禮略曩者既餞尸送神於外也。今復薦於寢者，以神不可測，雖已送之，猶不敢必其往也。

卒辭曰：「哀子某，來日某，隮祔爾于爾皇祖某甫。尚饗！」

隮，升也。尚，庶幾也。卒，謂已薦也，已薦則祝告以此辭。

〔二〕文淵閣本于此句下另起一行作「右記無尸不餞之法」。

女子曰：「皇祖妣某氏。」

注曰：女孫祔于祖母。

婦曰：「孫婦于皇祖姑某氏。」

謂「隮祔爾孫婦于皇祖姑某氏」也。云「孫婦」者，對祖姑之稱。

其他辭，一也。

注曰：「來日某，隮祔，尚饗。」

饗辭曰：「哀子某，圭爲而哀薦之。饗！」

注曰：圭，絜也。《詩》曰：「吉圭爲饎。」凡吉祭饗尸，曰孝子。

繼公謂：饗，謂饗神也。祝既釋告祔之辭，主人及祝皆再拜。主人出，立于牖西。祝立于户東，如食閒。主人及祝又入，祝乃釋此饗辭，主人及祝又再拜，主人出，祝乃徹之也。此雖主爲告祔之饗言之，然凡喪祭之饗辭亦皆然爾。注云「圭，絜也」，案，《大戴禮》云「孝嗣侯某，絜爲而明薦之享」，注豈據此而訓「圭」爲「絜」與？

明日，以其班祔。

注曰：卒哭之明日也。《喪服小記》曰：「祔必以其昭穆，亡則中一以上。」
吕與叔曰：禮之祔祭，各以昭穆之班祔于祖廟。有祭即而祭之，既除喪而後遷于新廟，故此謂之祔。

沐浴、櫛、搔翦。搔，音爪。

注曰：彌自飾也。搔，當爲「爪」。搔翦，或爲「蚤揃」。揃，或爲「鬋」。

用專膚爲折俎，取諸脰膉。

注曰：專，猶厚也。折俎，以脰膉變於純吉。

繼公謂：惟云「取諸脰膉」，是不分左右皆用之矣。此折俎，謂尸祝之外凡執事者之俎也，阼俎亦存焉。有此俎，則有致爵獻賓之禮矣。《曾子問》曰：「小祥者，主人練祭而不旅奠酬於賓，賓弗舉禮也。」然則祔祭其無奠酬之事與？以專膚爲俎且取諸脰膉，明不用體骨也。所以然者，祔未純吉，猶以左胖爲神俎，其右胖之體骨則不敢以爲執事者之俎實，蓋辟吉祭神俎之所用者也。

其他如饋食。食，音嗣。

注曰：如特牲饋食之事。

繼公謂：其他，謂陳設之位與事神事尸之儀及執事者也。

用嗣尸。

嗣尸，主人子行之次於爲虞尸者也。以次相繼而用之，故曰嗣。虞祔異尸者，若曰吉凶不可相因然。

曰：「孝子某，孝顯相，夙興夜處，小心畏忌不惰，其身不寧。相，息亮反。

注曰：稱孝者吉祭。

繼公謂：此祭兩告之而辭，乃惟以孝子爲稱者，蓋主於祔者也。自此以下，亦皆祝祝之辭。

用尹祭，

注曰：尹祭，脯也。大夫、士祭無云脯者，今不言牲號而云「尹祭」，亦《記》者誤矣。

嘉薦普淖，普薦溲酒。

注曰：普薦，鉶羹。不稱牲，記其異者。

繼公謂：普薦，亦未詳。

適爾皇祖某甫，以隮祔爾孫某甫。尚饗！」

注曰：欲其祔合，兩告之。

繼公謂：此兩告之，是兩祭之也。兩祭之而用一尸，且不别設几席薦饌，蓋祭禮或當然也。《聘禮記》曰：「賜饔，惟羹飪。筮一尸，若昭若穆。祝曰：『孝孫某，孝子某，薦嘉禮于皇祖某甫，皇考某子。』」此禮差近之。〔一〕

朞而小祥，

注曰：小祥，祭名。祥，吉也。

繼公謂：三年之喪至朞而凶服或有所除，故謂之祥。再朞而祭，祝辭乃曰「祥」，事則此未得正謂之「祥」也，故以「小」言之。自此以下之祭，皆於祖廟特祭新死者，不復及其皇祖，與祔異。

曰：「薦此常事。」

注曰：祝辭之異者。

繼公謂：此見其與祔辭之異者耳，當云「敢用某物，薦此常事于皇祖某甫」也。一朞天氣變易，重服至是當有變除。有變除則當祭，故曰「常事」。

又朞而大祥，曰「薦此祥事。」

〔一〕文淵閣本于此句下另起一行作「右記祔」。

凶事至是盡除，故曰大祥。而其辭曰「祥」、事言「大」者，對「小」之稱。

中月而禫。禫，大感反。

注曰：禫，祭名也。禫之言澹，澹然平安意也。

繼公謂：中，如中夜之中，謂半之也。中月者，祥之後半月，其相去蓋十五日也。如以乙、丑日祥，則或以己、卯禫矣。《記》曰：「三年之喪，二十五月而畢。」其此之謂與？

是月也，吉祭猶未配。

注曰：是月，是禫月也。配，以某妃配某氏也。《少牢饋食禮》祝祝曰：「孝孫某，敢用柔毛、剛鬣、嘉薦普淖，用薦歲事于皇祖伯某，以某妃配某氏。尚饗！」

繼公謂：禫之月即安祭，所以安神。《大戴記》言諸侯遷廟事畢，乃擇日而祭焉，正此意也。至是方云「吉祭」，則於祔云「其他如饋食」者，亦大約言之耳。猶未配，謂孝子之母雖先其父而卒者，此時猶未以之配祭也。蓋此祭主於安其父之神靈，故不及其母，與所謂薦其歲事者不同也。《記》以此繼禫而言，蓋指一廟者耳。若二廟，則遷于禰廟而後吉祭也。士有二廟，則祖在東，禰在西。[一]

[一] 文淵閣本于此句下另起一行作「右記祥禫」。

【正誤】

祝命佐食綏祭

鄭本「綏」作「墮」，注曰「今文『墮』爲『餒』」。繼公謂：以文意求之，當云「授祭」。「墮綏」皆誤，而「餒」於「授」字爲差近，故但取其近者。

浴不櫛

本云「沐浴」，而鄭注乃云「今文曰『沐浴』」，則是鄭氏但從古文元無「沐」字也。今本《記》與注首皆云「沐浴」，蓋傳寫者誤衍之，宜删。

儀禮集説卷十五

特牲饋食禮第十五

注曰：於五禮屬吉禮。

繼公謂：此篇言士祭其祖之禮。

特牲饋食之禮。食，音嗣。

特牲，謂豕也。士祭用三鼎，乃以「特牲」名之者，主於牲也。《少牢》放此。

不諏日。諏，子須反。

諏，謀也。諏日，謂諏其所筮之日也。大夫將祭而筮有諏日之禮，此云「不諏日」，則是祭禮之序先尊後卑，亦可見矣。不諏日，則所筮之日亦在旬之内矣，所以下於大夫。《少牢禮》，諏日用丁巳，筮旬有一日。

及筮日，主人冠端玄，即位于門外，西面。

注曰：冠端玄，玄冠、玄端。門，謂廟門。

繼公謂：筮日，筮之日也。士筮當朝服，今乃玄端者，不可踰其祭服也。筮與祭皆與神交，故主人之服不宜有異。

子姓兄弟如主人之服，立于主人之南，西面，北上。

注曰：小宗祭，而兄弟皆來與焉。宗子祭，則族人皆侍。

繼公謂：子姓，主人之子也。言子復言姓，未詳其意。先子姓而後兄弟，蓋以主人之服親疏爲序也〔一〕。若行禮之次，則自長者始，是時子姓而下之服亦玄端，統於主人也。

有司羣執事如兄弟服，東面，北上。

有司羣執事者，公臣私臣之共筮事者也。此時未有賓，故有司羣執事皆如賓位，西方，東面，北上。

席于門中，闑西，閾外。筮人取筮于西塾，執之，東面受命于主人。

〔一〕「蓋以主人之服」句中，元刊明修本同底本無「人」字，文淵閣本、摛藻堂本增之，王太岳云：「刊本脱『人』字，據《義疏》增。」當是。

云「取筮于西塾」，見其所饌者與《士冠禮》同也，亦抽上韇兼執之。筮人，説見首篇。

宰自主人之左贊命，命曰：「孝孫某，筮來日某，諏此某事，適其皇祖某子。尚饗。」左，當作「右」。

《儀禮》他篇凡於贊命者皆言「自右」，與《少儀》所謂「詔辭自右」者合。惟此經言「自左」，似無他義，蓋字誤耳，「左」當作「右」。來日某，亦謂丁若己也。某事，即歲事也。此適其皇祖某子，謂主人適其廟而祭之也。某子者，祖謚也。稱其謚，則是指大夫之爲祖者言也，亦假設之辭耳。士祭大夫之爲祖者，其禮如此，所以明其從生者之爵也。尚饗，謂其日若吉，則庶幾其神饗之也。下筮尸放此。不言以某妃配，變於大夫之筮辭也。若其祝辭，則亦當言之。

筮者許諾，還即席，西面坐。卦者在左，卒筮，寫卦。筮者執以示主人。還，音旋。下並同。

還亦右還也。寫卦，卦者也。

主人受視，反之。筮者還，東面，長占。卒告于主人：「占曰吉。」長，知丈反。下除「長脅」，餘並同。

長占，長者以次占之。此與「旅占」互見也。

若不吉，則筮遠日，如初儀。

張子曰：祭之筮日，若再不吉則止。據《儀禮》，唯有「筮遠日」之文，不云「三筮」，筮日之禮止是二筮。先筮近日，後筮遠日，不從，則直用下旬遠日，蓋亦足以致聽於鬼神之意，而祀則不可廢。

繼公謂：即於其日改筮之，亦見其異於大夫也。遠日，見首篇。

宗人告事畢。

亦徹筮席，乃告。

右筮日

前期三日之朝，筮尸，如求日之儀。命筮曰：「孝孫某，諏此某事，適其皇祖某子，筮某之某爲尸。尚饗！」

注曰：某之某者，字尸父而名尸也。字尸父，尊鬼神也。大夫、士以孫之倫爲尸。

疏曰：《曲禮》云「爲人子者，祭祀不爲尸」，然則尸卜筮無父者，祭祖則用孫列，皆取於同姓之適孫也。

繼公謂：如求日之儀，兼若不吉而改筮者言也。命筮之辭異，故特見之，明其餘皆同也。某之某，謂某之子某也。《春秋傳》曰潘尫之黨、申鮮虞之摯，皆謂其子也。前期三日，説見《士冠禮》。案，注云「大夫、士以孫之倫爲尸」，不及天子諸侯者，天子諸侯所祭者遠，爲尸者不必皆其孫之倫，或但以昭穆耳。

右筮尸

乃宿尸。

亦目下事也。

主人立于尸外門外，子姓兄弟立于主人之後，北面，東上。

注曰：不東面者，來不爲賓客。子姓立于主人之後，上當其後。

繼公謂：上言「筮尸，如求日之儀」，則是筮時兄弟咸在，所筮者亦存焉。筮之而吉，不即告之，乃於其既歸也。然後親宿之於其門者，尊之而不敢苟也。北面者，亦尊尸，若不敢必其西面見已然。

尸如主人服，出門左，西面。

出門左西面，見賓客之正位也。主人北面，尸不南面見之者，辟尊者之禮也。

主人辟，皆東面，北上。辟，音避。

注曰：順尸。

繼公謂：辟者，起敬也，蓋在尸出門時。皆，皆子姓兄弟也。是時子姓兄弟亦立于主人之後，而上當其後也。

主人再拜，尸答拜。

答拜，亦再拜。尸不先拜者，以將爲尸，故變於賓主禮。

宗人擯辭如初，卒曰：「筮子爲某尸，占曰吉，敢宿。」

注曰：宗人擯者，釋主人之辭。如初者，如宰贊命筮尸之辭。「卒曰」者，著其辭所易也。

祝許諾，致命。

注曰：受宗人辭，許之傳命。始宗人祝北面，至於傳命皆西面受命，東面釋之。

繼公謂：祝，事尸者也。故於此即使之致命，以見其意云。

尸許諾。主人再拜稽首。

注曰：其許，亦宗人受於祝而告主人。

繼公謂：拜稽首，亦尊尸也。尸既許諾則成爲尸，故於此不答拜。

尸入，主人退。

尸既許諾，則有祖道，故不俟主人之退而先入，見其尊，亦變於大夫尸也。先入而不揖，辟君禮也。《聘禮》，公與羣臣夕幣，乃揖而先入。《少牢》云：「主人退，尸送，揖不拜。」

右宿尸

宿賓。賓如主人服，出門左，西面再拜。主人東面答再拜。宗人擯曰：「某薦歲事，吾子將涖之，敢宿。」

注曰：歲事，歲時之祭事。

繼公謂：此云「吾子將涖之」，是鄉者賓既許之矣。然則筮日之後亦當有戒賓之儀，如《士冠禮》所記者。經不見之，文略耳。筮尸、宿尸、宿賓，皆同日爲之，故下文別云「厥明」以別之。

賓曰：「某敢不敬從！」主人再拜，賓答拜。主人退，賓拜送。

主人宿辭，擯者釋之，是賓之對辭亦擯者傳之矣。然則凡主人親戒宿，其儀皆然，經不盡見之也。

右宿賓

厥明，夕陳鼎于門外，北面，北上，有鼏。

門外，不言東方可知也。北面、北上，亦放祭時陳鼎之位也。鼎而鼏，亦爲不宜塵。

棜在其南，南順，實獸于其上，東首。

獸，腊也。獸言東首而不及足者，以其足左、右出故也。士腊用兔。

牲在其西，北首，東足。

注曰：其西，棜西也。東足，尚右也。牲不用棜，以其生。

疏曰：豕縛其足陳之。東足，寢其左。

繼公謂：此士之吉祭，牲宜東上。今腊在棜而豕反居西，又異其所鄉，是無所上也。以其未即殺，故生死不可以相統與？

設洗于阼階東南，壺禁在東序，豆、籩、鉶在東房，南上。几、席、兩敦在西堂。敦，音對。下並同。

豆、籩、鉶，蓋在東房之東墉下。南上者，豆二以並在南，二籩次之，此未實之，故南上之。文惟主於器，士家亦有左、右房，於此見之矣。

主人及子姓、兄弟即位于門東，如初。

注曰：初，筮位也。

賓及衆賓即位于門西，東面，北上。

此時方修祭事，助祭之賓宜來視之，以其不在鼏者有司羣執事之中，故此雖東面北上，而不蒙如初之文。賓既位於此，則公臣、私臣不敢與之齒而位於他所矣。下文云「宗人祝立于賓西北，東面，南上」，又《記》曰「公有司門西北面，東上；私臣門東，北面，西上」，足以明祭時有司之屬不在賓位也，審矣。

宗人、祝立于賓西北，東面，南上。

祭事將至，宗、祝之位宜異於有司，故外位在此。南上，宜變於賓。

主人再拜，賓答再拜，三拜衆賓，衆賓答再拜。

衆賓答一拜，言「再」者，字誤也。

主人揖入，兄弟從，賓及衆賓從，即位于堂下，如外位。

如外位，則子姓宗人、祝皆在其中矣。不言者，省文也。子姓之入，亦先於兄弟。宗祝之入，宜後於衆賓。

宗人升自西階，視壺濯及豆籩，反降，東北面告濯具。

宗人，亦既立於賓西北之位，乃升於壺言濯，以見其餘。不言敦鉶几席，省文也。東北面，鄉主人。濯具，謂所濯者已具也。此亦有不必濯者，乃云濯具者，總言之耳。

賓出，主人出，皆復外位。

惟言賓、主人出，文又省矣。

宗人視牲，告充。雍正作豕。

注曰：充，猶肥也。北面以策動作豕，視聲氣。

繼公謂：雍正，亦公有司給事者也。云「雍正」者，以事名之。

宗人舉獸尾，告備。舉鼎鼏，告潔。

備，具也。此所告之儀，亦皆東北面。

請期，曰「羹飪」。

注曰：期，祭早晏之期也。

繼公謂：言以羹飪爲節，則質明可知。請期而主人自告之，亦異於大夫請期。蓋東面既得期，西北面告賓，東北面告兄弟。

告事畢，賓出，主人拜送。

送于外門外。

右視濯、視牲爲期

夙興，主人服如初，立于門外東方，南面，視側殺。

注曰：側殺，殺一牲。

繼公謂：服如初，冠端玄也。東方，蓋當東塾少南，鼎之西也。

主婦視饎爨于西堂下。

注曰：饎，宗婦爲之。爨，近西壁，南齊于坫。古文饎作「糦」，《周禮》作「⿰食熙」。

繼公謂：視之當東面，爨亦東面。

亨于門外東方，西面，北上。亨，音烹。

此亦以亨者見爨之面位也。東方於陳鼎之處，則又東矣。北上，豕爨在北，魚腊亞之。

羹飪，實鼎，陳于門外，如初。

初，視濯時也。《士昏禮》「既實鼎，陳于門外東方，北面，北上」，謂此時也。是言「如初」，則上文所謂「門外」亦其東方明矣。

尊于户東，玄酒在西。

注曰：户，室户。

實豆、籩、鉶，陳于房中，如初。

注曰：如初者，取而實之。既則反之。

繼公謂：如初，亦如其南上之位也。《記》曰：「賓與長兄弟之薦自東房，其餘在東堂。」然則祝、主人、主婦、賓長、長兄弟之豆籩，亦皆二以並，相繼公而陳之於鉶之北矣。

執事之俎，陳于階間，二列，北上。

注曰：二列者，因其位在東西，不升鼎者異於神。

繼公謂：執事，謂凡執祭事者也，主人及祝以下之通稱。其俎二列、北上，東列則胙俎爲上，西列則祝俎爲上。其内兄弟之俎，則當次於兄弟也。此執事之文所包者廣，與前後所云者不同。

盛兩敦，陳于西堂，藉用萑，几席陳于西堂，如初。盛，音成。下同。藉，在夜反。萑，音桓。

注曰：盛黍稷者，宗婦也。

繼公謂：盛，乃藉之重黍稷也。此云「如初」，則上經「在西堂之下」其有脱文與？

尸盥匜水，實于槃中，簞巾，在門内之右。

亦匜在槃中南流，簞巾在其右。盥以槃匜，說見《公食大夫禮》。

祝筵几于室中，東面。

几亦右之。

右亨饎陳設

主婦纚笄宵衣，立于房中，南面。

大夫妻祭服褖衣侈袂，則此宵衣乃次於褖衣者耳。纚笄，士妻首飾之常言之者，見其無異飾也。凡婦人助祭者，與主婦同服。

主人及賓、兄弟、羣執事，即位于門外，如初。

此於賓、兄弟之下言羣執事，則是指公有司私臣而言也。宗人、祝亦在賓西北，其他則在門西。若門東，與其在内位同。上經不見門東、門西之位，而亦云「如初」者，其文主於兄弟以上，而略於羣執事也。

宗人告有司具。

告主人也，告之，亦宜東北面。既告，則反于賓西北。

主人拜賓如初，揖入，即位，如初。

初，視濯時也。

佐食北面立于中庭。

佐食，主人兄弟之佐尸食者，《記》曰「佐食於旅，齒於兄弟」是也。鼏於門外，猶在兄弟之位，至此乃立于中庭，以事將至，宜異其位也。此中庭謂東西之中，其南北則參分庭一在北與？

右即位

主人及祝升，祝先入，主人從，西面于户内。

注曰：祝先入，接神宜在前也。《少牢饋食禮》曰：「祝盥于洗，升自西階。主人盥，升自阼階。祝先入，南面。」

繼公謂：云「及祝」，則是主人先升也。先升後入，蓋俟於堂。案，注引《少牢》云「祝先入，南面」，蓋疑此經有闕文也。恐或然。

主婦盥于房中，薦兩豆：葵菹、蝸醢。醢[一]在北。蝸，音螺。

注曰：盥，盥于内洗。

〔一〕文淵閣本較諸本多此「醢」字，與《十三經注疏·儀禮注疏》同，當是。

宗人遣佐食及執事盥，出。

此執事，謂左人及取俎匕者，賤於右人，故先出。不遣賓長者，賓長與主人皆在右，宜同出也。

主人降，及賓盥，出。主人在右，及佐食舉牲鼎。賓長在右，及執事舉魚、腊鼎，除鼏。

主人降，亦宗人詔之也。賓長在右，謂長賓在魚鼎之右，衆賓長在腊鼎之右也。然則魚腊之左者，亦衆賓與？凡吉事除鼏于外，凶事除鼏于内。除鼏，亦右人。

宗人執畢，先入，當阼階，南面。

注曰：畢，狀如叉。《雜記》曰：「枇用桑，長三尺。畢用桑三尺，刊其本與末。」枇、畢同材明矣。今此枇用棘心，則畢亦用棘心。《少牢饋食》及《虞》無「叉」者，乃主人不親舉耳。《少牢》大夫祭不親舉。虞，喪祭也，主人未執事。祔、練、祥，執事用桑叉。

繼公謂：宗人執畢，所以指教其錯鼎之處也，故宜先入。當阼階南面者，示其當錯於此爲之節也。其南北之節，亦南於洗西與？鼎入設，當阼階，士禮也。大夫則當東序，國君則在碑南，此用畢者，以主人親舉，重其事也。鼎既錯，則反之於外而復位與？《大射儀》曰：「小臣師設楅。司馬正東面，以弓爲畢。」則畢，但主於指教設器者明矣。

鼎西面錯，右人抽扃，委于鼎北。錯，七故反。下同。

注曰：右人，謂主人及二賓。

繼公謂：鼎錯於東方，西面，順主人之面位也。上者，亦南于洗西。右人既委扃，皆西面，俟于鼎東。

贊者錯俎，加匕。

注曰：贊者，執俎及匕從鼎入者。其錯俎西縮，加匕，東柄。既則退，而左人北面也。

繼公謂：贊者取匕俎于東塾東，執以上而錯俎於鼎西，加匕於鼎上而肵俎亦在豕俎之北也。此贊者蓋三人，其二人各合執二俎，一人兼執三匕與？知取匕俎于東塾東者。《士虞禮》匕俎在西塾之西，此士吉祭，當反之也。

乃朼。

注曰：右人也，左人載之。

繼公謂：朼亦當作「匕」。

佐食升肵俎，鼏之，設于阼階西。肵，音祈。

注曰：肵俎，謂心舌之俎也。《郊特牲》曰：「肵之爲言敬也。」言主人之所以敬尸。

繼公謂：以《少牢饋食禮》例之，則此亦右人先升心舌，而佐食載惟言佐食升之，其文省與？設之，蓋亦西縮。鼏，當作「冪」。

卒載，加匕于鼎。主人升，入復位。

賓匕者，於是亦復位。

俎入設于豆東。魚次，腊特于俎北。

注曰：入設俎，載者。

繼公謂：《少牢禮》曰：「序升自西階，相從入。」

主婦設兩敦、黍稷于俎南，西上。及兩鉶，芼設于豆南，南陳。

鉶不言北上者，其實同也，亦先設北者。宗婦不贊敦、鉶者，辟内子禮也。凡敦、鉶皆特執，於《少牢禮》備見之。

祝洗，酌奠，奠于鉶南，遂命佐食啓會。佐食啓會卻于敦南，出，立于户西，南面。

注曰：後酌者，酒尊要成也。《少牢饋食禮》：「啓會，乃奠之。」

繼公謂：酌奠，酌其所奠之酒也。不云酒而云奠，因事名之。

主人再拜稽首，祝在左。

注曰：祝在左，當爲主人釋辭於神也。祝祝曰：「孝孫某，敢用剛鬣、嘉薦、普淖，用薦某事于皇祖某子。尚饗！」

繼公謂：主人拜，爲食具也。於此乃云「祝在左」，則鄉者南面信矣。祝在左，説見《聘禮》。

卒祝，主人再拜稽首。祝，之又反。

此拜爲已祝也。

右設饌祝神

祝迎尸于門〔一〕。

注曰：尸自外來，代主人接之，就其次而請。《周禮·掌次》：「凡祭祀，張尸次。」

繼公謂：迎尸不拜者，禮不主於己，代主人迎之耳。其或有拜妥尸之類，乃從於主人爲之

〔一〕文淵閣本、摛藻堂本于「門」字後增一「外」字。摛藻堂本校文云：「刊本『外』字脱，今增。」王太岳亦云：「刊本脱『外』字，據《義疏》增。」

也。門，廟門。

主人降，立于阼階東。

注曰：主人不迎尸，成尸尊。尸，所祭者之孫也。祖之尸，則主人乃宗子。禰之尸，則主人乃父道。事神之禮，廟中而已。出迎，則爲厭。

繼公謂：阼階東，亦直序西面，主人位於此，則子姓兄弟在主人之南者，其亦南於洗西與？案，注之「厭」字，蓋用《喪服傳》文也，似失其義，欲改作「屈」。

尸入門左，北面盥，宗人授巾。

注曰：侍盥者執其器就之，執簞者不授巾，賤也。《少牢饋食禮》曰：「祝先入門右，尸入門左。」

尸至于階，祝延尸。尸升入，祝先，主人從。

注曰：《少牢饋食禮》曰：「尸升自西階，入。祝從。主人升自阼階，祝先入，主人從。」

右尸入

尸即席坐，主人拜妥尸。尸答拜，執奠，祝饗，主人拜如初。

注曰：饗辭取於《士虞記》，則宜云：「孝孫某至〔二〕，爲孝薦之饗。」舊説云：「明薦之。」

繼公謂：饗，饗神也。凡饗祝之辭雖或言於尸之前，實主爲神也。如初，再拜稽首也。

案，注引舊説，蓋據《戴禮》而言也。

祝命挼祭。尸左執觶，右取菹，㨎于醢，祭于豆閒。挼，當讀作接。㨎，如悦反。

挼祭，即授祭也，「挼」字蓋誤。祝命佐食授尸、祭尸，於是祭薦欲及其授祭之節也。

佐食取黍、稷、肺祭授尸。尸祭之，祭酒，啐酒，告旨。主人拜，尸奠觶答拜。祭鉶，嘗之，告旨。主人拜，尸答拜。

注曰：酒與鉶齊敬共之，惟恐不美。告之美，達其心，明神享之。

繼公謂：尸告旨而主人先拜者，尸尊也。

祝命爾敦。佐食爾黍、稷于席上。

他篇言爾敦者，爾黍而已。此併及稷，未詳。

〔二〕摛藻堂本「至」字改作「圭」，其校文云：「刊本『圭』訛『玉』，據鄭注及《士虞禮》改。」亦知，摛藻堂本所據元刊本「至」字作「玉」字。

設大羹湆于醢北。大，音泰。

注曰：《士虞禮》曰：「大羹湆自門入。」

繼公謂：此湆爲尸設，乃在左者，以其居神位，故變於常禮也。《虞禮》湆在右者，喪祭也。

凡祭而設湆尸，皆不以之。

舉肺、脊以授尸，尸受，振祭，嚌之，左執之，乃食，食舉。

乃食，乃以右手食食也。既食食，則食舉所以安之。

主人羞肵俎于腊北。

肵俎，一而已，故主人可以親設之。神俎多，宜使賓也。不言降與升，文省。《少牢禮》曰：

「主人羞肵俎，升自阼階。」

尸三飯，告飽。祝侑，主人拜。飯，音反。下同。

注曰：三飯告飽，禮一成也。侑，勸也。或曰，又勸之，使又食。《少牢饋食禮》侑辭曰：

「皇尸未實，侑。」

繼公謂：此祭以饋食爲名，故當食。而尸尤尊，雖主人拜亦不答也。

佐食舉幹，尸受，振祭，嚌之。佐食受，加于肵俎。舉獸幹、魚一，亦如之。

注曰：幹，長脅也。獸，腊。

繼公謂：此一舉也，凡於尸每食必舉牲體若骨者，明主人以此供尸食也。是雖連舉三俎之實，然同時相接爲之，故但主於牲而總爲一舉耳。下文放此。案，注云「幹，長脅也」，今考長脅即正脅耳。尸俎有長脅、短脅，凡舉脊、脅必以正者，故知此幹爲長脅也。

尸實舉于菹豆。

於既三飯而奠，舉士吉祭之禮然爾。士虞則不食舉，卒食乃授之，是其異也。

佐食羞庶羞四豆，設于左，南上，有醢。

《少牢饋食禮》羞兩胾、兩醢，此亦當放之也。左，亦醢之北、湆之南也。南上者，胾醢相間，兩胾各在醢之南也。四豆乃不綪者，統於正豆也。正豆兩而爲一列，故此豆雖有四，亦不宜綪，以異之。

尸又三飯，告飽。祝侑之如初。舉骼及獸、魚如初。

注曰：禮再成也。獸魚如初者，獸骼，魚一也。

繼公謂：此再舉也。

尸又三飯，告飽，祝侑之，如初。舉肩及獸魚，如初。

注曰：禮三成。

繼公謂：此三舉也。獸，謂獸肩。

佐食盛肵俎，俎釋三个。

注曰：佐食取牲魚腊之餘，盛於肵俎。

繼公謂：俎釋三个，不可遽空神俎也。《少牢饋食禮》於每牲之俎惟釋脊脅，皆俎實之下者也。然則此牲俎之所釋者，亦宜放之。其正脊、長脅、短脅與腊俎三个，蓋如牲俎也。

舉肺、脊加于肵俎，反黍稷于其所。

此蒙佐食之文，皆謂佐食舉之反之也。其所，俎南也。肺、脊在菹豆。

右尸食

主人洗角，升，酌，酳尸。

注曰：不用爵者，下大夫也。

繼公謂：不言降，以升見之也。

尸拜受，主人拜送。尸祭酒，啐酒，賓長以肝從。尸左執角，右取肝，抨于鹽，振祭，嚌之，加于菹豆。

置肝于菹豆，尊者之吉禮然也。

卒角。祝受尸角，曰：「送爵，皇尸卒爵。」主人拜，尸答拜。

注曰：曰「送爵」者，節主人拜。

繼公謂：云「皇尸卒爵」，明主人當送之也。後言之者，見送爵之辭爲指主人。尸卒爵而不拜，既乃俟主人先拜送者，所以深見其尊尸也。祝釋辭，其東面於尸席前之東與？

祝酌，授尸，尸以醋主人。醋音昨。

祝不洗而酌，注見前篇。

主人拜受角，尸拜送。主人退，佐食授挼祭。

注曰：退者，進受爵反位。古文醋作「酢」。

繼公謂：此「挼」字，亦因與「授」字相類而衍也。以神俎敦之黍稷肺祭授之者，象尊者賜之食然。

主人坐，左執角，受祭，祭之，祭酒，啐酒，進聽嘏。

進聽嘏，進於尸前而聽其嘏己之辭，下文云「親嘏主人」是也。又以《少牢饋食禮》之所言者參之，則此嘏云者，蓋致福於人之稱。

佐食摶[一]黍授祝，祝授尸。尸受以菹豆，執以親嘏主人。

注曰：獨用黍者，食之主。

繼公謂：饋食之禮主於黍稷，而黍又其尊者，故特取之以通其意焉，然則遠辟大夫禮也。《少牢饋食禮》所載嘏辭，乃祝傳尸嘏者也。此尸親嘏，其辭之首與彼異。

主人左執角，再拜稽首受，復位。詩懷之，實于左袂，挂于季指，卒角，拜。尸答拜。挂，音卦。

注曰：實于左袂，便右手也。

繼公謂：左執角，爲右手將有事也。詩字未詳，或曰敬慎之意。《内則》曰「詩負之」，亦此意也。拜不奠爵，受黍不祭，皆異於大夫也。季指，左手之小指也。挂袪於指，以黍在袂中故也。古者袪挾於袂，然猶挂之者，慮拜時或遺落也。主人拜受黍而尸不答拜者，以其受神惠故也。

〔一〕「摶」，底本作「搏」，誤。據諸本乙正。

主人出，寫嗇于房，祝以籩受。

出，亦執角以出也。籩，虛籩也。此單言「嗇」，《少牢》言「嗇黍」，皆未詳。

右主人酳尸、尸酢主人

筵祝，南面。

筵祝，蓋於其立處之西，亦有司爲之，下放此。

主人酌，獻祝，祝拜受角。主人拜送，設菹醢、俎。

注曰：菹醢，皆主婦設之，佐食設俎。

繼公謂：《士虞》與《少牢禮》皆云祝與佐食坐受爵，此不言坐，如之可知。菹醢，葵菹、蝸醢也。

祝左執角，祭豆，興，取肺，坐祭，嚌之，興。加于俎，坐祭酒，啐酒。

此離肺也。當奠角乃興，取肺坐絕祭，嚌之，既執角乃祭酒，不言奠角、執角與絕者，亦文略耳。《記》曰：「祝俎離肺一。」

以肝從。祝左執角，右取肝，擩于鹽，振祭，嚌之，加于俎。卒角拜，主人答拜。受角。

肝加于俎，辟尊者禮也。下文主人主婦之儀，亦放此。《少牢饋食禮》曰：「不興加于俎。」

酳獻佐食，佐食北面拜，受角。主人拜送。佐食坐祭，卒角，拜。主人答拜。受角，降，反于篚。升入，復位。

上不言坐，故於祭見之。

右主人獻祝佐食

主婦洗爵于房，酌，亞獻尸。

亞獻，更用爵以見主人之用角者，有爲爲之耳。獻以爵，正禮也。獻尸不夾拜，辟内子之禮也。

尸拜受，主婦北面拜送。

注曰：北面拜者，辟内子之禮也。大夫之妻拜於主人北，西面。

宗婦執兩籩，户外坐。主婦受，設于敦南。

注曰：兩籩棗栗，棗在西。

繼公謂：宗婦贊豆籩，户外坐，士祭禮然也。《少牢饋食禮》主婦與贊者授受於室中，亦異者也。《士虞禮》籩設于會南，此宜如之，乃不云會者可知也。

祝贊籩祭。尸受，祭之。祭酒，啐酒。

注曰：籩祭，棗栗之祭也。其祭之，亦於豆祭。

繼公謂：惟云「尸受」，則是祝皆取二籩之祭以授之也，亦左執爵乃受之。

兄弟長以燔從，尸受，振祭，嚌之，反之。

尸取燔於俎乃云「受」者，羞燔者執俎以進之，亦相授之義也。故於尸以受立文，此亦左執爵乃受燔。

羞燔者受，加于肵，出。

尸反其燔於俎，羞燔者則以俎受之也。既則執之，以加于肵。

尸卒爵，祝受爵，命送如初。

注曰：送者，送卒爵。

繼公謂：初，亦主人儀也。

酢，如主人儀。

注曰：尸酢主婦，如主人儀者，自祝酌至尸拜送，如酢主人也。不易爵，辟内子之禮。

主婦適房，南面。佐食挼祭。主婦左執爵，右撫祭，祭酒，啐酒，入，卒爵，如主人儀。

房中南面，主婦之正位也。經因事見之，「挼」亦當作「授」。祭，亦謂黍稷、肺祭也。佐食授祭，主婦撫之而不取，亦異於内子也。既撫，則佐食以祭置于地。主婦入于室中，北面，而立飲如主人儀。謂卒爵拜，尸答拜也。入室卒爵，亦以曏者於此拜受故也。

右主婦獻尸、尸酢主婦

獻祝，籩燔從，如初儀。

主婦當更酌洗于房中，乃酌獻祝，略如内子之禮，蓋男子不承婦人爵也。初儀，即主人獻祝之禮。此惟無祭俎一節，餘則如之也。籩與豆燔，與肝雖異，其祭之之儀則同，故亦蒙如初。祝亦兩籩，其設之棗在菹西，栗在棗南。

及佐食，如初。卒，以爵入于房。

注曰：及佐食如初，如其獻，佐食則拜主人之北西面也。

繼公謂：及，謂獻及之也。初者，亦主人獻佐食之儀。《少牢禮》主婦獻祝及佐食，皆西面於主人之北答拜之。

右主婦獻祝、佐食

賓三獻如初，燔從如初，爵止。

注曰：初，亞獻也。

繼公謂：不言洗爵升酌可知也。如初，謂尸拜受、主婦拜送也。尸於舉酌之末，亦欲主人而下皆受舉爵之禮，故止爵以見其意。於是主人主婦交相致爵，既而遂獻賓以至於私人而終尸意焉。其爵止之節，在羞燔者出之時也，賓長亦出而復位。

右賓長獻尸酌止

席于户内。

注曰：席自房來。

繼公謂：設席，蓋於主人所立處之南席，亦南上未受爵而設席，變於大夫。

主婦洗爵，酌，致爵于主人。主人拜受爵，主婦拜送爵。

注曰：主婦拜，拜於北面也。

繼公謂：是亦獻也。乃不云獻者，酒乃己物，不可以獻爲名，故謂之致爵，亦拜受于席。

宗婦贊豆，如初。主婦受，設兩豆、兩籩。

注曰：初，贊亞獻也。

繼公謂：贊豆，贊豆與籩也。此豆兼籩言之，省文耳。如初，户外坐也。主婦受於户外，而設於席前，其豆則菹在北，其籩則棗在菹北，栗在棗西也。設豆東面，設籩南面與？此宗婦贊者，亦一人耳。既授兩豆，復取兩籩于房。

俎入設。

注曰：佐食設之。

疏曰：有司不儐尸者，主婦致爵於主人時，佐食設俎。

繼公謂：設于豆西。

主人左執爵，祭薦，宗人贊祭。奠爵，興，取肺。坐絶祭，嚌之，興，加于俎，坐捝手，祭酒，啐酒。

此贊祭薦，蓋以籩祭授之。祭離肺之儀，《鄉飲酒禮》備矣。

肝從。左執爵，取肝，擩于鹽，坐振祭，嚌之。宗人受，加于俎，燔亦如之。

「坐」字衍。宗人既受肝，則主人復右執爵矣。一進酒而兩進，從俎者欲其與尸祝之兩獻者同，見其尊也。主婦禮亦如之。

興，席末坐，卒爵，拜。

席末，席上之北。於此卒爵，近於受爵之處也。鄉者受爵在所設席之北，不降席者，亦因尸禮也。

主婦答拜，受爵，酌，醋，左執爵拜。主人答拜。坐祭，立飲，卒爵，拜。主人答拜。主婦出，反于房。

酢不易爵者，禮，婦人承男子後，多不易爵，則其自酢又可知矣。主婦自酢者，主人辟尸，不敢酢主婦，主婦達其意也。下自酢之義，皆類此。反，奠爵于篚也。「左」字非誤則衍。《内則》曰：「凡女拜，尚右手。」

右主婦致爵于主人自酢

主人降，洗酌，致爵于主婦。席于房中，南面。主婦拜受爵。主人西面，答拜。宗婦薦豆、俎，從獻皆如主人。

不言升酌，文省耳。主人於主婦亦謂之致爵者，夫妻一體也。主婦席南面，變於大夫不賓尸之禮也。亦拜受于席，豆亦兩豆、兩籩。俎，牲俎也。從獻，肝燔也。皆如主人謂其受爵以前之禮也，所異者，其不用贊與？此席蓋於房中之北堂。

主人更爵，酌醋，卒爵，降，實爵于篚。入，復位。

更爵，更取在内篚者也。男子不承婦人爵，雖自醋，猶更之。内篚在洗東，乃不因而洗之者，以其自醋也。自醋而不洗，亦因尸之醋禮也。此醋亦在房中西面，其他儀皆與主婦自醋者略同，以有成禮，故略而不見之。卒爵則坐，惟此與主婦異耳。位，室中位。凡男子易爵于内篚，惟醋于房中者，得由便爲之，不然則否。

右主人致爵于主婦自酢

三獻作止爵。

注曰：賓也，謂三獻者，以事命之作起也。舊説云：賓入户，北面，曰：「皇尸請舉爵。」

繼公謂：致爵之禮成，亦足以少塞尸之止爵意矣。於此而作，止爵亦宜也。若俟畢獻乃爲之，則久留尊者之爵，非所以爲敬。

尸卒爵，酢。酌獻祝及佐食。洗爵酌，致于主人、主婦。燔從皆如初。更爵，酢于主人，卒，復位。

注曰：洗乃致爵，爲異事，且以承佐食賤新之。

繼公謂：賓獻祝，亦北面拜於户西。獻佐食，亦西面拜於主人之南也。賓既獻佐食，則室中之事畢矣。乃復致爵者，因上禮也。皆，皆尸卒爵以下也。自尸卒爵以至及佐食，如主人酢獻之禮也。致于主人者，如主婦致爵之禮也。致于主婦者，如主人致爵之禮也。燔從者，如亞獻祝及致于主人主婦之禮也。言此，則是其從獻之物僅有此耳，亦見其殺於初者也。致于主人、主婦，乃惟酢于主人者，爲禮主於尊者也。賓更爵自酢，其義與主人之自酢者同。更爵不言降與升酌，又不言如初，亦文省。

右賓作止爵、尸酢賓、賓獻祝、佐食致于主人、主婦自酢

主人降阼階，西面拜賓如初，洗。賓辭洗。

注曰：拜賓，爲將獻之。如初，如視濯時。

繼公謂：階下當有「前」字。初，謂三拜衆賓，衆賓皆答一拜也。將獻而旅拜賓，賓一人辭洗，則是助祭之賓，其尊卑但與《鄉飲酒》之衆賓同耳。《少牢》下篇曰：「主人洗爵，長賓辭。主人奠爵于篚，興，對。」

卒洗，揖讓升，酌西階上，獻賓。

獻賓，蓋西南面也。

賓北面，拜受爵。主人在右，答拜。薦脯醢，設折俎。

自賓以下，其設薦俎者，皆以私人爲之與？

賓左執爵，祭豆，奠爵，興，取肺，坐絶祭，嚌之，興，加于俎，坐捝手，祭酒，卒爵，拜。主人答拜，受爵，酌酢，奠爵，拜。賓答拜。

豆，亦兼籩言也。賓云「卒爵拜」，主人云「奠爵拜」，文互見耳。

主人坐祭，卒爵，拜，賓答拜。揖，執祭以降。西面，奠于其位，位如初，薦俎從設。

注曰：位如初，復其位東面。

繼公謂：執祭，脯也。云位如初，嫌既獻則位或異也。

右主人獻賓長自酢

衆賓升，拜受爵，坐祭，立飲。薦俎設于其位，辯。主人備答拜焉，降，實爵于篚。辯，音徧。下並同。

注曰：《鄉飲酒記》曰：「立卒爵者，不拜既爵。」備，猶盡也。

繼公謂：立飲，亦爲不拜既爵也，其説見《鄉飲酒》與其《記》。辯，謂皆有薦俎也，其薦俎亦於每獻一人則設之。備答拜，謂悉答之也，其拜亦在每人受爵之後。

右主人獻衆賓

尊兩壺于阼階東，加勺，南枋，西方亦如之。

爲賓及兄弟設之也。西方之尊，其在西階西與？設尊於堂下者，欲其便且別於大夫禮也。兩壺皆酒者，別於上尊也。

主人洗觶，酌于西方之尊，西階前北面酬賓。賓在左。

於此酬賓，終正禮也。酬賓於西方，故酌西方之尊必酬之者，重其爲賓也。酬於下者宜近賓位，便其奠之。

主人奠觶拜，賓答拜。主人坐祭，卒觶，拜。賓答拜。

此賓主之拜亦皆北面。

主人洗觶，賓辭，主人對。

《少牢》下篇云：「主人奠爵于篚對。」

卒洗，酌，西面，賓北面拜。

注曰：西面者，鄉賓位，立於西階之前，賓所答拜之東北。

主人奠觶于薦北。

不授而奠，酬之正禮。薦北，薦左也。既奠則復位北面拜，文不具耳。此奠觶于庭，皆將舉者也。而或在薦左，或在薦右，蓋各從其便，而不取奠者於左將舉於右之義也。

賓坐取觶，還，東面拜。主人答拜。賓奠觶于薦南，揖，復位。

注曰：還東面，就其位薦西。

繼公謂：賓坐取觶而興，象受之也。賓取觶，亦西面還而東面拜，謝主人之奠觶也。執奠觶而拜，所以見其意。東面而奠于薦南，亦便也。復位，主人復阼階下西面位也。奠而不辭，既則以拜謝之，皆變於飲酒之儀也。

右主人酬賓長

主人洗爵，獻長兄弟于阼階上，如賓儀。

注曰：酬賓乃獻長兄弟者，獻之禮成於酬，先成賓禮也。

繼公謂：此獻于阼階上，異内外也，獻亦西南面。賓，賓長也，如賓儀兼酢言也。

右主人獻長兄弟自酢

洗，獻衆兄弟，如衆賓儀。

獻衆兄弟與獻長兄弟之禮相屬，乃爲之洗者，以其承已自酢之後，故須洗之也。然則獻衆賓於自酢之後，則亦宜爲之洗矣。上經不言者，文略耳。

右主人獻衆兄弟

洗，獻内兄弟于房中，如獻衆兄弟之儀。

注曰：内兄弟，内賓宗婦也。如衆兄弟，如其拜受，坐祭立飲，設薦俎於其位而辯内賓，其位在房中之尊北。《有司徹》曰：「主人洗，爵内賓於房中，南面拜受爵。」

繼公謂：獻之，蓋西北面。

主人西面答拜，更爵酢，卒爵，降。實爵于篚，入復位。

注曰：内賓之長，亦南面答拜。

繼公謂：更爵，亦在房中者也。獻畢乃酢其長，亦猶賓致爵于主人、主婦而受爵酢于主人之義也。不言酢儀者，其禮可得而推故爾。

右主人獻内兄弟自酢

長兄弟洗觚爲加爵，如初儀，不及佐食。洗致如初，無從。

注曰：大夫士三獻而禮成，多之爲加也。「不及佐食」、「無從」，殺也。致，致於主人、主婦。

繼公謂：無從，謂所獻所致者皆無燔從也。無從，則不啐酒而卒爵，亦其異者。

右長兄弟爲加爵

衆賓長爲加爵，如初，爵止。

繩者三獻用爵，其爵止而主人、主婦之致亦用爵，蓋放尸器而用之也。此爵止之後，室中及庭中行禮者皆用觶。以是推之，則此加爵當用觶，經不見之，文略耳。如初，亦如亞獻也。此亦無從，尸祭酒、啐酒而爵止矣。尸於舉觶之節又欲觶之徧行也，故止之以見其意，蓋與三獻而止爵者相類也。

右衆賓長爲加爵

嗣舉奠。

注曰：嗣，主人將爲後者。大夫之嗣子不舉奠，辟諸侯。

繼公謂：舉奠，謂舉奠觶而飲之，重適，故特爲此禮。是惟主於有適者言之，無適則已。

盥，入，北面再拜稽首。

盥，盥于洗也。再拜稽首，重尊者之賜也。北面，亦於户西。

尸執奠，進受，復位。祭酒，啐酒。尸舉肝，舉奠左執觶，再拜稽首，進受肝，復位，坐食肝，卒觶，拜。尸備答拜焉。

注曰：備答拜，每拜答之。

繼公謂：奠，鉶南之觶也。肝，即鼏之加于葅豆者也。位，室中之位也。坐卒觶，亦異其室中之禮。凡子姓受主人之獻，亦立卒爵，不拜既爵。

舉奠洗酌入，尸拜受，舉奠答拜。尸祭酒，啐酒，奠之。舉奠出，復位。

注曰：奠之者，復神之奠觶。

繼公謂：舉奠酌，以進尸、反尸之奠觶耳。尸祭啐奠之，如初禮新之。

右嗣舉奠

兄弟弟子洗酌于東方之尊，阼階前北面舉觶于長兄弟，如主人酬賓儀。

注曰：弟子，後生也。

繼公謂：如主人酬賓儀者，是亦在長兄弟之右也。此有代主人酬長兄弟之意，故位與主人同。主人酬賓，奠觶于薦北，此則當奠于薦南，而長兄弟則取觶還西面，奠于薦北也。

右兄弟之弟子舉觶于其長

宗人告祭脀。

注曰：脀，俎也。所告者，衆賓、衆兄弟、内賓也。獻時設薦俎于其位，至此告之祭，使成禮也。其祭皆離肺，不言祭豆可知。

繼公謂：所告者，衆賓、衆兄弟、内兄弟也，公有司私臣亦存焉。將羞，乃告祭脀，蓋與《燕禮》大夫祭薦之意同也。《記》言「衆賓以至私臣皆肴脀膚一、離肺一」，又曰「公有司獻次衆賓，私臣獻次兄弟，乃羞」。羞，庶羞也。此但以羞爲文，則是自尸而下以至於私臣皆然也。大夫祭禮羞于尸、祝、主人、主婦，與羞于賓、兄弟、内賓及私臣不同時，又加以内羞，此則一之，亦士禮異也。

右祭脀乃羞

賓坐取觶，阼階前北面，酬長兄弟，長兄弟在右。

注曰：薦南奠觶。

繼公謂：長兄弟在右，賓在左，各象其位也。

賓奠觶拜，長兄弟答拜。賓立卒觶，酌于其尊，東面立。長兄弟拜受觶。賓北面答拜，揖，復位。

注曰：其尊，長兄弟尊也。此受酬者拜，亦北面。

繼公謂：阼階東之尊，爲長兄弟而下設之，故曰「其尊」。若彼自有之，然西方之尊亦如之東面立，變於《鄉飲酒》酬者之儀也。《鄉飲酒禮》賓東南面酬主人，主人西南面酬介，此東面酬長兄弟，亦惟北面受之，下放此。

長兄弟西階前北面，衆賓長自左受旅，如初。

注曰：初，賓酬長兄弟。

繼公謂：初，謂奠觶拜，受旅者答拜也。

長兄弟卒觶，酌于其尊，西面立，受旅者拜受，長兄弟北面答拜，揖，復位。衆賓及衆兄弟交錯以辯，皆如初儀。錯，如字。

交錯，謂二黨互相酬也。初儀，即上文所言相酬之禮。

右賓與兄弟旅酬

爲加爵者作止爵，如長兄弟之儀。

奠觶既舉，其禮一終於此，可以作止爵矣。不俟再旅者，其意與三獻作止爵於獻賓之前者同。

右衆賓長作止爵

長兄弟酬賓，如賓酬兄弟之儀，以辯。卒受者實觶于篚。

如，謂儀略同耳，其異者則以意定之。

右兄弟與賓旅酬

賓弟子及兄弟弟子洗，各酌于其尊，中庭北面西上，舉觶於其長，奠觶拜，長皆答拜。舉觶者祭，卒觶，拜，長皆答拜。

此中庭，東西之中也。其南北之節，則皆少南於其長之前與西上者，尊賓之弟子也。是時，長皆在東西面之位而拜之。卒觶，坐卒觶也。此觶乃代主人舉之，故其儀與鄉飲舉觶者略同。

舉觶者洗，各酌于其尊，復初位，長皆拜。舉觶者皆奠觶于薦右。

薦右，賓之薦南，兄弟之薦北也。奠於此者，因其所改奠之處也。緣長者意，不欲勞其復還之。此觶爲無筭爵始。

長皆執以興，舉觶者皆復位，答拜。長皆奠觶于其所，皆揖其弟子，弟子

皆復其位。

注曰：復其位者，東西面位。弟子舉觶於其長，所以序長幼、教孝弟。拜，亦皆北面。

繼公謂：執以興，亦象受之其所薦右也。揖，揖之使復其位。

爵皆無筭。

此亦賓先舉奠觶酬，兄弟長交錯以辯。卒飲者洗酌，反奠於故處，長兄弟又舉奠觶酬，賓長亦交錯以辯。卒飲者洗酌，亦反奠於故處。賓及兄弟又迭舉奠觶，皆如初禮，終而復始，故云爵皆無筭。若其儀之與旅酬異者，惟不拜耳。

右賓弟子、兄弟弟子各舉觶于其長，遂無筭爵

利洗散，獻于尸，酢，及祝，如初儀。降，實散于篚。 散，息但反。下及《記》並同。

注曰：利，佐食也。更言獻者，以利侍尸，禮將終，宜一進酒，嫌於加酒，亦當三也。不致爵，禮又殺也。

繼公謂：佐食云利，未詳。或曰，以其善佐尸食而宜於尸，故曰利。利之言宜也，未知是否？

右佐食獻尸祝

主人出，立于户外，西面。

户外，户東少南也。不立于阼，亦變於大夫。

祝東面告利成。

東面，于户外之西。

尸謖，祝前，主人降。

注曰：《少牢饋食禮》曰：「祝入，尸謖，主人降，立于阼階，東西面。祝先，尸從，遂出于廟門。」其儀，《士虞禮》備矣。

祝反，及主人入，復位。命佐食徹尸俎，俎出于廟門。

注曰：《少牢饋食禮》曰：「有司受，歸之。」

繼公謂：言「及」，見其先入也。俎，胙俎也。

徹庶羞，設于西序下。

徹者，亦佐食也。徹庶羞，亦改設者尊尸食，故未即去之。西序下，其東也。此先徹庶羞，亦與大夫禮相變。

右尸出

筵對席，佐食分簋、鉶。

筵對席，設對席于饌東也。此於神席亦爲少北，其名義與昏禮之對席同，下篇放此。簋，即敦之異名。分簋、鉶者，以簋分簋實，以鉶分鉶羹也，爲將餕分之。或曰，以尸之兩敦、兩鉶分與二餕也。其敦則上餕，黍而下餕，稷亦異於大夫之餕者，惟用黍也。未知孰是？

宗人遣舉奠及長兄弟盥，立于西階下，東面北上。

舉奠，子姓也。云「及長兄弟」，則主人之子位在長兄弟之上明矣。立于西階下，俟命也，其位蓋在賓之東北。

祝命嘗食，餕者、舉奠許諾，升，入，東面。長兄弟對之，皆坐。佐食授舉，各一膚。餕，音俊。

命，告也。「嘗食」二字，或當在「餕者」之下。舉奠東面，升尸席也。長兄弟對之，升對席也。使嗣子餕，故不敢以賓長對之，而使長兄弟也以膚爲舉，亦欲其每食則啗之。士以二人餕，降於大夫者兩也。其餕惟以嗣子及長兄弟，又與大夫禮相變云。古文餕皆作「餕」。

主人西面再拜，祝曰：「餕有以也。」兩餕奠舉于俎，許諾，皆答拜。

西面，蓋于其位。餕有以也，其意未詳。或曰，言主人所以使女餕者，蓋有相親敬之意。不欲明説，故惟言「有以」也。下文有與之言，亦類此俎者。上餕豕，而下餕腊與？

若是者三。

所以見主人殷勤之意也。三者，總言之，蓋禮成於三也。然則主人拜，祝釋辭囊答拜者，又二也。

皆取舉、祭食、祭舉乃食，祭鉶，食舉。

祭舉，亦振祭嚌之食。食乃祭鉶，變於尸。

卒食，主人降，洗爵，宰贊一爵。主人升，酌，酳上囊。上囊拜受爵，主人答拜。酳下囊，亦如之。

注曰：《少牢饋食禮》曰：「贊者洗三爵，酌。主人受于户内，以授次囊。」

繼公謂：酳下囊，亦東面于其席前之北授之。

主人拜，祝曰：「酳有與也。」如初儀。

有與，猶有以也。初儀，主人再拜及兩囊許諾也。

兩囊執爵拜。

注曰：答主人也。

繼公謂：此著其拜之異於上者也。凡男子執爵拜，皆左執之。《内則》曰：「凡男拜尚左手。」

祭酒，卒爵，拜。主人答拜。兩餕皆降，實爵于篚。

注曰：下餕復兄弟位。

繼公謂：上餕將酢，乃亦實爵于篚者，宜與下餕共終其事，不可由便也。

上餕洗爵，升，酌，酢主人。

酢主人，東面鄉之於其位。上餕得親酢者，尸已出故也，此亦變於大夫之禮。大夫餕者不親酢主人，拜受爵，主人亦西面拜也。主人父也，上餕子也。父乃先拜，其子而不以爲嫌者，以事餕之禮當然，故略於父子之分也，此與事尸之意微相類。

上餕即位坐，答拜。主人坐祭，卒爵，拜。上餕答拜，受爵，降，實于篚。

主人出，立于户外，西面。

户外，亦户東。

右餕

祝命徹阼俎、豆、籩，設于東序下。

注曰：命，命佐食。胙俎，主人之俎。

繼公謂：改設之，尊之也。主人之俎謂之胙俎者，以其設於主位而名之也。户内之東祭時，室中之主位也。東序下，堂上之主位也。凡祭奠之禮，其徹尊者之盛饌，必改設之乃去之。宗婦不徹之者，以其改設于東序，非婦人之事也。其設之面位，亦如在室。既養乃徹胙薦俎，亦變於大夫禮。

祝執其俎以出，東面于户西。

注曰：俟告利成。

繼公謂：不俟改設尸俎而先出者，亦異於大夫。此云「户西」，則主人立于户東明矣。

宗婦徹祝豆、籩入于房，徹主婦薦、俎。

此所徹者皆置于房，故宗婦得爲之，不言席，文省。

佐食徹尸薦、俎、敦，設于西北隅，几在南，厞用筵，納一尊。佐食闔牖户，降。厞，符味反。

既餕，復改設而未即徹去者，重其爲神之餘食也。一尊，酒尊也，納于室中之北墉下。必納之者，以酌神之酒，於是乎取之，故亦改設而未即徹於徹室中之饌，乃并去之不納玄尊者，以其初不用於神也。佐食闔牖户，因後出而爲之。

右徹改設

祝告利成，降，出。主人降，即位。宗人告事畢。賓出，主人送于門外，再拜。

門外，廟門外也。賓既出，則婦人亦徹室中之饌與？

佐食徹阼俎，堂下俎畢出。

注曰：記俎出節。

繼公謂：阼俎執事者，俎之最尊者，故其出也。以之爲節，賓長以下各自執之出以授人，既則復反其位。

右禮畢

《記》。特牲饋食，其服皆朝服，玄冠、緇帶、緇韠。食，音嗣。朝，音潮。

皆者，皆賓與兄弟及公有司私臣也，此指祭時之服也。經云「夙興，主人服如初」，則固冠端玄矣。助祭必朝服而不玄端服者，與人之祭宜盛服也。緇韠者，其別於大夫助祭之賓與？朝服用玄端之衣冠、皮弁之裳，故次於皮弁而尊於玄端。

唯尸、祝、佐食玄端、玄裳、黄裳、雜裳可也，皆爵鞸。

注曰：與主人同服。

繼公謂：士尸服玄端，亦以其爲卒者之正服也。然則尸服卒者之上服，唯喪祭耳。祝、佐食與主人亦玄端者，以其事尸於室，尤爲近之，故服宜與尸同。言玄端、玄裳，又言黄裳、雜裳可也者，蓋以賤者或不能備服，故制此禮以通之。其朝服之裳惟許用素積者，豈以素者易辨故與？

設洗，南北以堂深，東西當東榮。水在洗東，篚在洗西，南順，實二爵、二觚、四觶、一角、一散。深，式鴆反。

注曰：舊説云，爵一升，觚二升，觶三升，角四升，散五升。

李寶之曰：賓獻尸之時，爵止，主人當致爵于主婦，故爵二云。

繼公謂：二觚者，長兄弟以觚爲加爵，因以致于主人、主婦。既則更之，以酢于主人也。四觶者，其一奠于神席前，其一乃主人以奠酬於賓，其一乃衆賓長爲加爵於尸，其一乃爵止而未舉之時兄弟弟子舉觶於其長者也。

壺、棜禁饌于東序，南順，覆兩壺焉，蓋在南。明日卒奠，冪用綌，即位而徹之，加勺。覆，芳服反。

注曰：覆壺者，盝瀝水，且爲其不宜塵。

楊志仁曰：奠，酌奠，奠于鉶南時。即位，尸即席坐時。

繼公謂：壺、棜，禁废壺之棜禁也。禁名曰棜，其制則未聞。鼏亦當作「冪」，既奠乃冪之，則未酌以前用蓋與？

籩巾以綌也，纁裏。棗烝，栗擇。

注曰：舊説云纁裏者，皆玄被。

繼公謂：籩用巾，謂既實而陳之之時也。及將設則去之，獨籩用巾者，以其未即設，故爲禦塵。此巾云纁裏，則是凡巾皆複爲之矣。

鉶芼，用苦，若薇皆有滑，夏葵、冬荁。

此無羊鉶，故豕鉶亦得用苦。然則鉶芼之異者，非爲各有所宜也。《士虞禮記》云：「有柶。」

棘心匕，刻。

注曰：刻，若今龍頭。

繼公謂：喪祭匕用桑，吉祭匕用棘者，喪、桑音同，吉、棘聲近故也。

牲爨在廟門外東南，魚腊爨在其南，皆西面。

《士喪禮》曰：「爲垼於西牆下。」又吉凶之饎、爨皆近於壁，以是例之，則凡門外之爨亦當在牆下明矣。

饎爨在西壁。

士之饎爨在内者，以宗婦主其事也。大夫則以廩人爲之，故其爨亦在門外。

肵俎，心舌皆去本末，午割之，實于牲鼎。載，心立，舌縮俎。去，起吕反。

注曰：午割，從横割之，亦勿没。

繼公謂：既實牲體於鼎，乃制此而實之。於其上載謂載於肵俎，心舌皆當牲體之中，爲内體之貴者，故不他用，而專以進於尸，又見《少牢饋食禮》。

賓與長兄弟之薦自東房，其餘在東堂。

經惟云「豆籩鉶在東房」，蓋主於尸者也。此又見賓與長兄弟之薦，則祝主人、主婦之薦亦在東房矣。賓，賓長也。其餘次賓、次兄弟而下，與内兄弟及公有司、私臣也。公有司私臣有俎，則有薦可知，經記不見之耳。《少牢饋食禮》：「私人有薦脀。」

沃尸盥者一人。奉槃者東面，執匜者西面淳、沃，執中者在匜北。奉，芳勇反。淳，之純反。

注曰：匜北，執匜者之北，亦西面。

繼公謂：「者一人」三字疑衍。又「淳、沃」並言之，亦未詳。

宗人東面取巾，振之三，南面授尸，卒，執巾者受。

振之三，爲去塵，敬也。宗人授巾，尊尸也。卒，謂已捝手受巾，亦以簞。《少牢饋食禮》曰：「卒盥，坐奠簞，取巾，興。振之三，以授尸。坐取簞，興，以受尸巾。」

尸入，主人及賓皆辟位。出亦如之。辟，音避。

入，入門也。出，出户也。言主人及賓，則兄弟之屬在其中矣。

嗣舉奠，佐食設豆、鹽。

置鹽於豆，而設於舉奠之前，爲其食肝也。

佐食當事，則户外南面；無事，則中庭北面。

注曰：當事，將有事而未至。

凡祝呼，佐食許諾。

注曰：呼，猶命也。

宗人獻與旅，齒于衆賓。

注曰：齒，從其長幼之次。

繼公謂：《記》末云「公有司獻次衆賓」，宗人亦公有司也。乃齒於衆賓者，所謂有上事者貴之也。

佐食于旅，齒于兄弟。

佐食已獻於室中，故獻兄弟時不與，而但與其旅酬也。云「齒於兄弟」，則士之佐食亦其兄弟明矣。

尊兩壺于房中西墉下，南上。

注曰：爲婦人旅也，其尊之節亞西方。

繼公謂：兩壺皆酒，云南上者，亦以其先酌在南者與？

内賓立于其北，東面南上，宗婦北堂東面北上。

注曰：二者所謂内兄弟。内賓，姑姊妹也。宗婦，族人之婦，其夫屬于所祭爲子孫，或南上，或北上，宗婦宜統於主婦。主婦南面。

繼公謂：云内賓立于尊北，記者蓋取尊爲節而見其位之所在耳。其實，内賓之位已定於未設尊之時也。

主婦及内賓、宗婦亦旅，西面。

注曰：西面者，異於獻也。男子獻於堂上，旅於堂下；婦人獻於南面，旅於西面。内賓象衆賓，宗婦象兄弟，其節與其儀依男子也。其拜及飲者，皆西面于主婦之東南。

繼公謂：此旅酬之儀雖與在庭者略同，然亦不能無少異，蓋主人既酢内兄弟，主婦則酬内賓之長。酌奠于薦左，内賓之長坐取之，奠于右。及兄弟舉旅之時，内賓之長亦取奠觶以酬主婦，主婦以酬次内賓。次内賓以酬宗婦之長，亦交錯以辯内賓之少者。宗婦之少者，又各舉觶于其長，以爲無筭爵始，内賓長之觶惟以旅主婦而已。宗婦長之觶，則以旅次内賓，亦交錯以辯皆不拜，略如《鄉射》無筭爵之儀也。然則房中之篚，其實一爵二觶與？

宗婦贊薦者，執以坐于户外，授主婦。

此儀已見於經，而《記》復著之，蓋備載其所聞耳。

尸卒食，而祭饎爨、雍爨。

注曰：雍，孰肉，以尸享祭竈有功也。舊説云，宗婦祭饎爨亨者，祭雍爨用黍肉而已，無籩豆俎。《禮器》曰：「夫爨者，老婦之祭，盛於盆，尊於瓶。」

繼公謂：此以尸享祭而祭竈，亦見其尊尸之意。牲、魚、腊之爨皆謂之雍爨，《少牢禮》曰：「雍爨在門東南，北上。」

賓從尸，俎出廟門，乃反位。

注曰：賓從尸，送尸也。士之助祭，終其事也。俎尸，俎也。賓既從尸，復入反位者，宜與主人爲禮乃去。

尸俎：右肩、臂、臑、肫、胳，正脊二骨，横脊，長脅二骨，短脅。

注曰：尸俎，神俎也。

繼公謂：長脅，即正脅也。士之祭，其俎豆之屬，既貶於大夫者二，而其俎實之脊脅之骨又各貶其半，皆降殺以兩之意也。

膚三，

特牲無膚俎，故以膚附于牲俎焉。三者，亦貶於大夫之尸也。凡膚與牲體同在尸俎者，大夫五、士三，《少牢》下篇言「尸之豕脅膚五」是也。大夫以上，膚若別俎，則若七、若九以差而加之。

離肺一，

注曰：舉肺也。

刌肺三，刌，七本反。

注曰：爲尸主人、主婦祭。今文「刌」爲「切」。

繼公謂：祭肺言刌，或言切，皆見其制也。

魚十有五，

注曰：《少牢饋食禮》亦云「十有五」，而俎尊卑同，此所謂經而等也。

繼公謂：此盛祭禮也。

腊如牲骨。

惟云骨而不言體者，蓋骨可以該體，而體不可以該骨也。言骨，則體在其中矣。

祝俎：髀脡，脊二骨，脅二骨，膚一，離肺一。

髀，謂右髀，亦用尸俎之不升者也。脅，代脅也。不見之者，上言脡脊，則此爲代脅可知矣。祝脊脅用二骨，見其尊於執事者也。此離肺，嚌肺也。祝祭以離肺，其義與虞禮同，餘放此。

阼俎：臂，正脊二骨，横脊，長脅二骨，短脅。膚一，離肺一。

臂，左臂。阼俎尊，乃不用左肩而用左臂者，屈於尸也。脊脅非體也，故得與尸同，以伸其尊，亦以特牲之俎實少故爾。少牢俎實多，故主人、主婦脊脅皆減於尸。

主婦俎：觳折，其餘如阼俎。觳，户角反，又苦角反。

注曰：觳，後足。餘，謂脊、脅、膚、肺。

繼公謂：觳非正體，折骼之下而取之，故云觳折，凡牲固皆折也。然經文之例，其先言體，乃言折，或單言折者，必非正體若全體者也，蓋與折俎之説不同。主婦俎之脊脅，其名數必不盡與阼俎同，乃云如阼俎者，亦大略之言也。《少牢饋食禮》阼俎脊脅皆牢，主婦俎之脊脅但用羊也，則此可知矣。

佐食俎：觳折，脊、脅，膚一，離肺一。

主婦俎與佐食俎同用觳，而主婦尊於佐食，則主婦右、佐食左與？或曰，佐食宜用右觳，猶祝俎用右髀之意，未知孰是。

賓，骼。長兄弟及宗人，折。其餘如佐食俎。

骼，左骼也。凡骼與觳連，乃爲全體，上記兩見觳折，則此骼亦非全體矣。不言骼折者，以其可知，不必言也。長兄弟及宗人折亦謂折，分其全體也。不言其體者，或以其所用者不定故與？其餘，謂脊、脅、膚、肺。

衆賓及衆兄弟、内賓、宗婦，若有公有司、私臣皆殽脀，膚一，離肺一。

公有司，公家所使給私家之事者也。私臣，私家之臣，或己所自有，或假於他家，皆是也。云「若有」者，不定之辭。祝宗人，亦公有司也，已見其俎於上。若有之文，主於殽脀者耳。此俎無脊脅者，以其或用脊，若脅爲殽脀故也。

公有司門西，北面東上，獻次衆賓。私臣門東，北面西上，獻次兄弟。升受，降飲。

注曰：亦皆與旅。

繼公謂：門西者尚右，門東者尚左，亦各變於東面、西面之位者也。獻公有司於西階上，私臣於阼階上。其受爵，則惟二者之長拜於下，乃升受。主人答拜，乃降飲，餘皆不拜。

儀禮集説卷十六

少牢饋食禮第十六

注曰：於五禮屬吉禮。

繼公謂：此篇言大夫祭其祖之禮。

少牢饋食之禮。少，詩照反。食，音嗣。

注曰：禮將祭祀，必先擇牲繫于牢而芻之。羊豕曰少牢。

日用丁、己。己，音紀。

注曰：内事用柔，日必丁、己者，取其令名。自丁寧，自改變，皆爲謹敬。

繼公謂：此指筮日之日也，所謂諏日者也。先諏是日，至其日乃筮。

筮旬有一日。

以丁若己之日而筮，旬有一日，則所筮之日亦丁若己可知矣。以丁、己之日而筮，丁、己乃云

「旬有一日」，則是并筮日之日而數之也。古者數日之法，於此可見。

筮於廟門之外。主人朝服，西面于門東。史朝服，左執筮，右抽上韇，兼與筮執之，東面，受命于主人。朝，並直遥反。下「朝服」，並同。

朝服，大夫、士以筮之正服也。史亦公有司也。《周官·筮人職》中「士二人、史二人」，《士冠》、《特牲》之筮者言「筮人」，此言「史」，蓋互文也。大夫筮亦朝服者，降於卜也。《雜記》言大夫卜宅與葬日，云「占者皮弁」，又云「如筮，則占者朝服」，是其服異也。

主人曰：「孝孫某，來日丁亥，用薦歲事于皇祖伯某，以某妃配某氏。尚饗！」

注曰：丁未必亥也，直舉一日以言之耳。《禘於太廟禮》曰：「日用丁亥。」伯某，且字也。其仲、叔、季，亦曰仲某、叔某、季某。某妃，某妻也。合食曰配某氏，若言姜氏、子氏也。

繼公謂：此惟云「丁亥」，特見其一耳。必言「丁亥」者，以其爲六丁之末者，故設言之也。末者且用，則其上者可知矣，己日亦宜如之。稱其祖字，則是指士之爲祖者而言，亦假設之辭耳。大夫祭士之爲祖者如此，亦所以明其從生者之爵也。其祖禰若爲大夫，則稱曰某子，《聘禮記》曰「皇考某子」是也。大夫三廟，其常祀自曾祖而下。此辭惟言皇祖者，亦見其一耳。三廟，説見

《聘禮》。

史曰：「諾。」西面于門西，抽下韇，左執筮，右兼執韇以擊筮。

擊筮者，爲將述命故也。不述命，則無此儀。

遂述命曰：「假爾大筮有常。孝孫某，來日丁亥，用薦歲事于皇祖伯某，以某妃配某氏。尚饗！」大，音泰。

注曰：重以主人辭告筮也。假，借也。

繼公謂：大者，尊之之辭。假爾大筮，謂假借爾大筮之靈以問於神也。有常，謂其常常如此也。言每有疑事則必問之，而不敢專決，所以見其敬信之意。「孝孫某」以下之辭，則所謂述命也。

乃釋韇，立筮。

立筮而又在門西，皆大夫之禮異者也。

卦者在左坐，卦以木。卒筮，乃書卦于木，示主人，乃退占。

注曰：卦者，史之屬也。卦以木者，每一爻畫地以識之。六爻備，書於板。史受以示主人，退占，東面旅占之。

繼公謂：此卦者坐，亦與筮者相變也。上木畫地者也，下木板也。退，退于其位也。不言其位，亦西方東面可知。此占者，亦當三人也。大夫廟門外之位，其有司之西方東面者，惟此耳。蓋筮者有事於神，故不爲大夫而變位也。

吉則史韇筮，史兼執筮與卦，以告于主人：「占曰從。」

既筮，又釋筮于所筮之處。至是，乃就而韇之也。韇筮而兼與卦，執之以告，此亦與士禮異者也。

乃官戒，宗人命滌，宰命爲酒，乃退。

注曰：滌，溉濯祭器，埽除宗廟。

繼公謂：官戒，謂某官戒某人以某事也。宰宗人，乃官之尊者，故見其所命者以明之。有司羣執事之位當在門東，東上。大夫之宗人亦私人爲之，自此以下，諸官司馬之屬皆放此。

若不吉，則及遠日。又筮日如初。

注曰：遠日，後丁若後己。

繼公謂：此遠日，對筮之日而言，即所筮不吉之日也。至此日，又筮旬有一日也。此文當承

「占曰從」之下，欲終言上事，故至是乃見之。

右筮日

宿。

宿，謂宿賓以下也，是亦官宿之。大夫於助祭之賓爲踰等，故不親宿。此宿當在宿尸之後，言於此者，爲下文節也。

前宿一日，宿戒尸。

宿戒尸者，凡可爲尸者皆宿戒之，爲將筮也。此宿戒，蓋亦使人爲之尸，未筮則未成其尊。宿前一日，又宿戒尸，亦尊者之禮異也。

明日，朝筮尸，如筮日之禮。命曰：「孝孫某，來日丁亥，用薦歲事于皇祖伯某，以某妃配某氏，以某之某爲尸。尚饗！」筮、卦、占如初。朝，如字。

不前期三日而筮尸，未詳。此筮日、筮尸之辭，皆不言筮之，亦與士異。

吉則乃遂宿尸，祝擯。

祝爲擯，與上篇祝致命之意同。

主人再拜稽首。

不待其許諾，而即再拜稽首，亦異於士。已上之儀當略與特牲同，以其有成禮，故略之而不言。

祝告曰：「孝孫某，來日丁亥，用薦歲事于皇祖伯某，以某妃配某氏。敢宿！」

注曰：告尸以主人爲此事來宿。

尸拜，許諾。主人又再拜稽首。主人退，尸送，揖不拜。

主人拜而后致辭，故尸答拜而后許諾。尸所以答拜者，亦以其未許諾故也。主人又拜者，所以見其不必答，已尊之。又此主人退，尸雖不拜送，猶揖之。凡尸與主人爲禮於其家者，皆變於賓主之儀。

若不吉，則遂改筮尸。

所改筮者，嗣户也。此所筮者若又不吉，則直以其次者爲尸，不復筮，與筮日之意同。

右筮尸宿尸

既宿尸反，爲期于廟門之外。

注曰：期，祭期也。言既宿尸反爲期，明大夫尊宿尸而已。其爲賓及執事者，使人宿之。繼公謂：既宿尸反而爲期，是其事相繼而不必至夕也。然則覊所宿者，皆不在可知。大夫宿，與爲期同日。此時又未有賓，皆大夫禮異者也。

主人門東，南面。

主人門東南面，有司羣執事之位北面。大夫宜鄉之，亦大夫禮異也。

宗人朝服，北面。曰：「請祭期。」主人曰：「比於子。」比，略志反。

注曰：比次早晏，在於子也。

宗人曰：「旦明行事。」主人曰：「諾。」

注曰：旦明，旦日質明。

乃退。

惟云「乃退」，是主人不送也。下篇云「衆賓出，主人拜送于廟門外」，此退而不送，則衆賓不在可知。既退，有司乃宿賓。

右爲期

明日，主人朝服，即位于廟門之外東方，南面。宰宗人西面，北上。牲北首，東上。司馬刲羊，司士擊豕。宗人告備，乃退。刲，苦圭反。

注曰：刲、擊，皆謂殺之。此實既告備，乃殺之，文互者省也。

繼公謂：東方，視殺之位，亦宜當塾少南，此異宰宗人之位，亦與《士禮》〔二〕異宗祝之位者同意。牲亦當在東方少南，有司牽羊豕，則東之而東足也。乃退，謂主人。

右視殺

雍人概鼎、匕、俎于雍爨，雍爨在門東南，北上。

注曰：雍爨，羊、豕、魚、腊竈也。

繼公謂：概，猶拭也。既筮日，而宗人命滌，則有司於祭器皆已濯之矣。故至此但概之，爲去塵也。鼎、匕、俎，皆牲器，故雍人概之於雍爨之上，以其類也。下文概甑、甗、匕、敦于廩爨，其義亦然。雍人，見《公食禮》「廩人概甑、甗、匕與敦于廩爨」。

廩爨在雍爨之北。甑，于孕反。甗，魚展反。敦，音對。下並同。

注曰：匕，所以匕黍稷者也。

〔二〕文淵閣本、摛藻堂本「士禮」二字作「特牲」，王太岳云：「刊本『特牲』訛『士禮』，據《義疏》改。」

疏曰：《冬官·陶人職》云：「甗實二鬴，厚半寸，脣寸；甑實二鬴，厚半寸，脣寸，七穿。」

繼公謂：廩人與雍人對言，則是掌爲饎之事者也。甗如甑，蓋有底而無孔，所以盛米也與？甑則炊之，匕則出之，此四器與鼎、匕、俎皆陳于外，故雍人、廩人分摡之，廩爨亦北上。

司宮摡豆、籩、勺、爵、觚、觶、几、洗、篚，于東堂下，勺、爵、觚、觶實于篚。卒摡，饌豆、籩與篚于房中，放于西方。設洗于阼階東南，當東榮。放，方往反。

司宮，主陳設此器，故俱摡之。勺、爵、觚、觶摡之，則隨實于篚，不待其卒摡也。勺亦實于篚者，爲將洗之饌之，蓋於北堂，放于西方以次而西也。下篚亦饌于房以俟事，至而設之，不言陳几之處，未詳其所。《特牲禮》：「几席陳于西堂。」

右摡器

羹定，雍人陳鼎五，三鼎在羊鑊之西，二鼎在豕鑊之西。

三鼎羊魚腊，二鼎豕與膚。膚鼎亦在豕鑊西者，以膚在豕鑊故也。魚腊自有鑊，未升之時，其鼎乃從羊者，以膚鼎從豕之故而爲之也。蓋此鑊四而鼎五，若鼎各從其鑊，則豕鑊西之鼎二、羊鑊西之鼎一。嫌其輕重失次，故以魚腊之鼎從羊，見其尊也。不云「爨」而云「鑊」，據鼎實之所從出者而言。是篇獨著鑊西之鼎位，以其異也。士禮三鼎無嫌，故不見之。

司馬升羊右胖，髀不升，肩、臂、臑、膊、骼，正脊一、脡脊一、横脊一、短脅一、正脅一、代脅一，皆二骨以並，腸三、胃三、舉肺一、祭肺三，實于一鼎。膊，音純，與肫同。脡，他頂反。

注曰：肩、臂、臑，肱骨也。膊骼，股骨也。脊從前爲正，脅旁中爲正。祭肺三，爲尸、主人、主婦。

繼公謂：升，謂升於鼎也。牲體盡在鑊，惟神之俎實升於鼎，其餘則皆自鑊升於俎也。正脊之屬用二骨，乃皆云「一」者，則是但以其名相别耳，不繫其骨之多寡也。脊先前，脅先後，亦禮貴相變也。腸三胃三者，少牢之俎五而已。腸胃不得别俎，故但附於其牲也。附於其牲，則其數貶焉而止於三，亦如《特牲》「豕俎、膚三」之意也。大夫或用大牢，而俎若九、若七，則腸胃别俎，得充其數，此制於《公食大夫禮》見之。

司士升豕右胖，髀不升，肩、臂、臑、膊、骼，正脊一、脡脊一、横脊一、短脅一、正脅一、代脅一，皆二骨以並，舉肺一、祭肺三，實于一鼎。

此與上經升羊者皆出自鑊而入于鼎，其文之序則始於肩、終於肺，與下經之出於鼎而載於俎者同。以其出入先後之節考之，似正相反。然則此所云者，但據其已在鼎者上下之次而言，非謂入鼎之序亦然也。蓋與下經之文雖同，而意則異矣。

雍人倫膚九，實于一鼎。

注曰：倫，擇也。膚，脅革肉，擇之取美者。

繼公謂：膚九者，與其牲異鼎，不視腸胃，故得充其數焉。司士不倫膚，以其卑也。先魚腊實之者，與牲體同鑊，宜因便也。既實，則遷之於腊爨之西南。

司士又升魚腊，魚十有五而鼎，腊一純而鼎，腊用麋。

云又升，則司士即曏之升豕者也。然則，此時亦先升魚後升腊與？鼎，謂實于一鼎也。牲一胖而腊一純，亦大夫禮異也。不言髀，不升可知也。每於將升之時，則舉鼎以就其鑊西。他篇言腊者，皆不言其物，而此云用麋者，經特於此見之乎？

卒脀，皆設扃鼏，乃舉，陳鼎于廟門之外東方，北面北上。

陳於東方，亦當塾少南。曏不陳於此，亦異於士。

司宮尊兩甒于房户之間，同棜，皆有冪。甒有玄酒。

棜，即所謂棜禁也。惟言棜，文省耳。設尊即加冪者，甒其無蓋與？

司宮設罍水于洗東，有枓。設篚于洗西，南肆。枓，音主。

注曰：枓，剩水器也。

繼公謂：枓者，沃盥與洗用之加于罍。上經言罍水者，惟此與《大射燕禮》耳。然則士之水器，其異於此乎？凡沃洗及盥于洗者皆用枓，經特於此見之。

改饌豆、籩于房中，南面，如饋之設，實豆、籩之實。

注曰：改，更也。如饋之設，如其陳之左右也。饋設東面。

繼公謂：改饌乃就而實之，大夫禮異也，此亦司宮主爲之。案，注云「饋設東面」，以見其異者此耳。

小祝設槃、匜與簞、巾于西階東。

其設如《士虞禮》，惟異處耳。

主人朝服，即位于阼階東，西面。

更言朝服者，嫌祭服或異於前也。阼階東，亦直東序，後放此。主人既視殺而退，至是乃出，立于其位也。

司宮筵于奧，祝設几于筵上，右之。

司宮不設几，以祝接神，宜使其爲尊者。《公食大夫禮》：「司宮設几。」

右實鼎陳設器饌即位

主人出迎鼎，除鼏。士盥，舉鼎，主人先入。

注曰：道之也。主人不盥不舉。

繼公謂：主人未入室而先迎鼎，且不舉，亦大夫禮異也。除鼏，亦有事也。士盥於外。

司宮取二勺于篚，洗之兼執以升，乃啓二尊之蓋、冪，奠于棜上，加二勺于二尊，覆之，南枋。覆，方服反。

二尊，兩甒也。蓋、冪，蓋尊之冪也。此時即徹冪而加勺，亦變於士。

鼎序入，雍正執一匕以從，雍府執四匕以從，司士合執二俎以從。司士贊者二人，皆合執二俎以相從入。相，如字。

雍正，雍人之長。府，其佐也。匕先俎後，變於君禮也。贊者二人，故云相從，嫌並行也。

陳鼎于東方，當序，南于洗西，皆西面北上，膚爲下。匕皆加于鼎，東枋。

注曰：南于洗西，陳于洗西南。

繼公謂：膚爲下，陳鼎于外之時則然矣。見於此者，蓋要終言之。必言膚爲下者，以其出於豕且與之同鑊，嫌宜在魚腊上也。加匕東枋，便匕者之執也。既錯鼎加匕，則右人及執匕者退，惟左人待載。

俎皆設于鼎西，西肆，肵俎在羊俎之北，亦西肆。

注曰：肵俎在北，將先載也。異其設文，不當鼎。

繼公謂：後言肵俎，亦以設在後也。執俎者既設俎，乃退。

宗人遣賓就主人，皆盥于洗，長匕。長，知丈反。

注曰：主人不匕，言就主人者，明親臨之。

繼公謂：此所遣者，二佐食、三司士也。云賓者，省文耳。此佐食，賓也。司士，私人也。就主人，謂立于主人之南西面也。既乃序盥，復位，乃序進匕也。云長匕，則匕者亦有先後矣。此禮舉者、匕者異人，亦大夫禮異。

佐食上利升牢心、舌，載于肵俎。心皆安下切上，午割勿沒。其載于肵俎，末在上。舌皆切本末，亦午割勿沒，其載于肵，横之。皆如初爲之于爨也。

注曰：牢，羊、豕也。安，平也。平割其下，於載便也。午割，使可絶也。勿没，爲其分散也。

今文「切」皆爲「刌」。

疏曰：皆者，皆羊、豕，羊、豕皆有心舌也。案，《特牲記》云「肵俎，心舌皆去本末，午割之，實于牲鼎，載，心立，舌縮俎」，即是未入鼎時則制此心舌然也。既未入鼎先制之，是爲之于爨也。

繼公謂：此羊豕之心舌，蓋俱在羊鼎，故惟上利升之。勿没者，不絶其中央也。必切上下、本末者，欲其整也。《特牲記》云「舌縮俎」，此云「横之」，蓋於俎爲縮於，載者爲横。然則，肵俎亦有執之以載者明矣。皆如初爲之於爨者，言此切割之制與爲之於爨之時無以異也。心舌載於俎，皆二以並，羊左而豕右與？此載者蓋南面，以羊俎在其南也。

佐食遷肵俎于阼階西，西縮，乃反。

肵俎既載，則執俎者以錯于故處，而佐食遷之也。西縮，猶西肆。

佐食二人。上利升羊，載右胖，髀不升，肩、臂、臑、膊、骼，正脊一、脡脊一、横脊一、短脅一、正脅一、代脅一，皆二骨以並；腸三、胃三，長皆及俎拒；舉肺一，長終肺；祭肺三，皆切。肩、臂、臑、膊、骼，在兩端，脊、脅、肺、肩，在上。

疏曰：云「肩、臂、臑、膞、骼在兩端，脊、脅、肺、肩在上」者，此是在俎之次。俎有上下，猶牲體之有前後，故肩、臂、臑在上端，膞、骼在下端，脊、脅、肺在中。其載之次序，肩、臂、臑、正脊、脡脊、橫脊、代脅、長脅、短脅、肺、腸、胃、膞、骼也。

繼公謂：此先言其出於鼎之序，後言其載於俎之次也。出於鼎者，其序如此，則其在鼎上下之次亦可見矣。拒，未詳。脊、脅、肺，不言腸、胃可知也。或曰，肺上當有「腸胃」二字，文脱耳。凡吉禮之大牲，其俎實體骨之名與其出鼎及載之次見於此。

下利升豕，其載如羊，無腸、胃。體其載于俎，皆進下。

注曰：進下，變於食生也。《鄉飲酒禮》進腠，羊次其體，豕言「進下」，互相見。

繼公謂：進下，謂以每體之下鄉神位也。載時，則但爲鄉俎之右耳。

司士三人，升魚、腊、膚。

升之每俎異人，亦變於初也。

魚用鮒，十有五而俎，縮載，右首，進腴。

注曰：右首、進腴，亦變於食生也。

繼公謂：縮載，謂載而縮俎也。右首據載者，視之而言也。魚之進腴，猶牲之進下也。魚以腴爲下，鬐爲上，右首而進腴，則亦寢右矣。士喪奠用食生之禮，其魚則左首進鬐，與此異。又喪奠魚九而爲三列，此其列亦三而每列用五與？

腊一純而俎，亦進下，肩在上。

注曰：如羊豕。

繼公謂：腊一純而俎，則肩、臂、臑、膞、骼各二，而脊脅之數亦倍於牲。其載之次，左右股肱皆二體以並，而右爲上。凡腊之體骨及載，亦見於此。

膚九而俎，亦横載，革順。

注曰：列載於俎，令其皮相順。亦者，亦其骨體。

繼公謂：上俎云進下，即横載也。故此亦之横載者，載而横於俎也。

右陳鼎匕載俎

卒脀，祝盥于洗，升自西階。主人盥，升自阼階。祝先入，南面。主人從，户内西面。

祝先升，亦大夫禮異也。祝南面，負墉。

主婦被錫，衣侈袂，薦自東房，韭菹、醓醢，坐奠于筵前。主婦贊者一人，亦被錫，衣侈袂，執葵菹、蠃醢以授主婦。主婦不興，遂受。陪設于東，韭菹在南，葵菹在北。主婦興，入于房。錫，並音彖。蠃，音螺。

被，如被袗衣之被，謂衣之也。錫皆當作「緣」，字之誤也。緣、褖通，《内司服》曰「緣衣素沙」是也。内子祭服，緣衣而又侈其袂焉，所以甚别於士妻之祭服也。卿大夫之妻展衣爲上，褖衣次之，此自祭於家，故服其次者，辟助祭於公也。不言首飾，其亦纚笄與？贊者亦被褖，衣侈袂，婦人助祭者其服宜與主婦同，亦如賓客之皆朝服也。然則雖非内子，其衣亦得侈袂矣。古者男女吉凶之衣，其袂二尺二寸，袪一尺二寸，此制之正也。侈袂之度，則未詳。主婦贊者云一人，見其數止於此耳。以授主婦，坐授之也，故主婦不興。上不言主婦之位，此不言盥，如《特牲》可知。大夫尊，亦得用朝事之豆、籩。乃於此禮惟用其二豆者，遠下君禮也。國君之豆、籩惟所用之，而皆自其上者始。

佐食上利執羊俎，下利執豕俎，司士三人執魚、腊、膚俎，序升自西階，相從入。

此執俎，皆匕者也。不使載者設之，亦大夫祭禮異也。

設俎，羊在豆東，豕亞其北，魚在羊東，腊在豕東，特膚當俎北端。當豕俎北端，乃云「特」者，明不與之爲列也。

主婦自東房執一金敦黍，有蓋，坐設于羊俎之南。婦贊者執敦稷以授主婦，主婦興受，坐設于魚俎南。又興受贊者敦黍，坐設于稷南。又興受贊者敦稷，坐設于黍南。敦皆南首。主婦興，入于房。

金敦，以金飾之也。四敦皆然，特見其一耳。婦贊者，即主婦贊者一人也。不言主，省文也，後放此。以授主婦，立授之也，故主婦興受敦，與受豆籩不同禮，貴相變也。其後二敦，則婦人贊者執以立于户外。婦贊者一一反之以授于主婦，蓋婦贊者惟一人而已。敦南首，是北足也。《士喪禮》曰：「敦啓會，面足。」敦從設之首足異鄉，蓋有所象也，但其制則不可得而考矣。執敦者面足，而此設之南首，則是設敦者亦鄉席爲之，如設豆之面位矣。

祝酌奠，遂命佐食啓會。佐食啓會蓋，二以重，設于敦南。重，直容反。

注曰：《特牲饋食禮》曰：「祝洗，酌奠。」重，累之。

繼公謂：已酌奠，即奠之於韭菹之南，而東當所設會之西，此文省也。設于敦南，郤而設于其南，兩敦之南也。云會，復云蓋，以明會之爲蓋也。

主人西面，祝在左，主人再拜稽首。祝祝曰：「孝孫某，敢用柔毛剛鬣、嘉薦普淖，用薦歲事于皇祖伯某，以某妃配某氏。尚饗！」主人又再拜稽首。祝祝下，之又反。淖，女孝反。

主人固西面矣，復見之者，嫌此時或異面也。羊曰柔毛。

右設饌祝神

祝出，迎尸于廟門之外。主人降，立于阼階東，西面。祝先入門右，尸入門左。

注曰：《特牲饋食禮》曰：「尸入，主人及賓皆辟位，出亦如之。」祝入門右者，辟尸盥也，既則後尸。

宗人奉槃，東面于庭南。一宗人奉匜水，西面于槃東。一宗人奉簞巾，南面于槃北。乃沃尸，盥于槃上。卒盥，坐奠簞，取巾，興，振之三，以授尸，坐取簞，興，以受尸巾。奉，並芳勇反。

注曰：庭南，没霤。

繼公謂：庭南，於入門左之位，爲少北。於此俟之，亦異於士。

祝延尸，尸升自西階入。祝從。

《特牲饋食禮》曰：「尸至于階，祝延尸，祝從。」從其升而入也。祝入，亦南面。

主人升自阼階，祝先入，主人從。

上云「尸入，祝從」，則祝固已入矣。此復云「祝先入」者，明其先於主人。

右尸入

尸升筵，祝、主人西面，立于户内，祝在左。

注曰：祝從尸，尸即席，乃卻居主人左。

繼公謂：在左者，當爲主人釋妥尸之辭也。在左之義，見《聘禮》。

祝、主人皆拜妥、尸，尸不言。答拜，遂坐。

注曰：尸自此答拜而卒食，其間有不啐奠、不嘗鉶、不告旨，大夫之禮尸彌尊也。

繼公謂：云「尸不言」，則妥有辭矣。尸於既拜乃坐，亦變於士所以升筵而未即坐者，以主人尊故也。

祝反，南面。

注曰：未有事也。墮祭，爾敦，官各肅其職，不命。

繼公謂：妥尸事畢也。南面云「反」，以見從尸入時位。在此不饗，亦大夫禮異。案，注云「墮祭」，亦誤，「墮」宜作「授」。

尸取韭菹，辯擩于三豆，祭于豆間。上佐食取黍稷于四敦，下佐食取牢一切肺于俎，以授上佐食。上佐食兼與黍以授尸。尸受，同祭于豆祭。辯，音徧。下並同。擩，如悦反。

牢一切肺，羊豕各一也。言兼與黍而不言稷，見其尊者耳。或曰「黍」下脱一「稷」字，同猶兼也。豆祭，豆實所祭之處。

上佐食舉尸牢肺、正脊以授尸，上佐食爾上敦黍于筵上，右之。

注曰：右之，便尸食也。重言上佐食，明更起不相因。

繼公謂：此於所舉者，皆繫以尸明其爲尸物也。肺脊先食舉之，亦明不與他舉同。重言上佐食者，授舉之後，尸有事也。不言振祭、嚌之，文省耳。右之，蓋當尸前之南。案，注云「右之」，便尸食。謂黍在尸右，則尸以右手取之便也。

主人羞肵俎，升自阼階，置于膚北。

羞，進也。云「升自阼階」者，嫌進俎者必升自西階，故以明之。置，亦横設之也。

上佐食羞兩鉶，取一羊鉶于房中，坐設于韭菹之南。下佐食又取一豕鉶于房中以從，上佐食受。坐設于羊鉶之南，皆芼，皆有柶。尸扱以柶，祭羊鉶，遂以祭豕鉶，嘗羊鉶。

注曰：芼，羊用苦，豕用薇，皆有滑。

繼公謂：上佐食受，興受之也。故下云「坐設芼」，以菜和物之名祭。鉶，亦於豆祭也，下篇曰「以羊鉶之柶扱羊鉶，遂以扱豕鉶，祭于豆祭」。若《公食大夫禮》用太牢，則祭鉶于上鉶之間，與此異。

食舉。

《特牲饋食禮》曰「乃食，食舉」，謂一飯則食舉以安之也。《士昏禮》亦然，則此亦當先飯而後食舉也。不言「乃食」者，文有脱漏也。

三飯。上佐食舉尸牢幹，尸受，振祭，嚌之。佐食受，加于肵。上佐食羞胾兩瓦豆，有醢，亦用瓦豆，設于薦豆之北。飯，扶晚反。下並同。

注曰：設于薦豆之北，以其加也。四豆亦綪，羊胾在南，豕胾在北。

繼公謂：薦豆兼二列而言也。無臐、膮，其遠别於太牢之禮與？禮，用太牢庶羞，乃有腳、臐、膮。案，注云「羊胾在南，豕胾在北」者，謂羊在西列之南，豕在東列之北也。

尸又食，食胾。上佐食舉尸一魚，尸受，振祭，嚌之。佐食受，加于肵，横之。

注曰：魚横之者，異於肉。

繼公謂：尸食胾，亦異於士横之，象其在魚俎也。此亦於俎爲縮，於人爲横，然則佐食於加物于肵俎之時，其亦西面與？賓尸益送之俎，皆於羊俎南載之，與此禮同。

又食，上佐食舉尸腊肩，尸受，振祭，嚌之，上佐食受，加于肵。

注曰：腊、魚皆一舉者，《少牢》二牲略之，腊必舉肩，以肩爲終也。

繼公謂：肩，右肩也。骨體惟肩爲尊，腊但一舉，故即用其尊體也。别舉魚腊，大夫禮異也。

此言上佐食受，則前後所謂佐食受者皆其上者也。

又食，上佐食舉尸牢骼[一]，如初。

注曰：如，舉幹也。

又食，尸告飽。祝西面于主人之南，獨侑，不拜。侑曰：「皇尸未實，侑。」

注曰：實，猶飽也。祝既侑，復反南面。

繼公謂：侑尸之禮，祝固不拜矣。乃言之者，嫌主人不拜祝，獨侑則或當拜也。祝獨侑，亦與士禮異。

尸又食，上佐食舉尸牢肩，尸受，振祭，嚌之。佐食受，加于肵。

三舉骨體，始於幹，終於肩，亦自卑而尊也。此禮或三飯而舉，或一飯、二飯而舉，又别其魚腊

〔一〕摛藻堂本「骼」改作「骼」，其校文云：「刊本『骼』訛『骼』，據注疏本改。」

各自爲舉數，皆與士異也。

尸不飯，告飽。祝西面于主人之南。

注曰：祝當贊主人辭。

繼公謂：不飯而告飽，又變於上。主人不言拜侑，祝爲之辭，故不言也。

尸又三飯。

注曰：爲祝一飯，爲主人三飯，尊卑之差。凡十一飯，士九飯。

繼公謂：於舉肩之後又三飯，爲主人加也。

上佐食受尸牢肺、正脊，加于肵。

言受，明尸未嘗奠之也。《特牲禮》，既舉幹魚，「尸實舉于菹豆」。故食畢，佐食自舉加于肵，與此禮異。佐食亦反，上敦黍于其所，經文略也。

右尸食

主人降，洗爵，升，北面酌酒，乃酳尸。尸拜受，主人拜送。

云「北面酌酒」，見凡酌於此者之面位也。尊東西設勺，南枋而北面酌之，則非酌於此者，其面位亦可得而推矣。

尸祭酒，啐酒。賓長羞牢肝，用俎，縮執俎，肝亦縮，進末，鹽在右。長，知丈反。下並同。

注曰：鹽在肝，便尸㨎之。

繼公謂：此縮執俎者，執其左右廉也。肝進末，即體進下之意。鹽在肝右，則羊肝在豕肝之左與？祭禮進末，則昏禮之肝從，當進本也。

尸左執爵，右兼取肝，㨎于俎鹽，振祭，嚌之。加于菹豆，卒爵。主人拜，祝受尸爵。尸答拜。

兼，兼羊豕也。於尸未受爵而主人拜，故祝亦不相爵，皆大夫禮異也。下凡與特牲異者皆放此，不悉見之。

右主人酳尸

祝酌授尸，尸醋主人。主人拜受爵，尸答拜。主人西面奠爵，又拜。醋，才各反，與酢同。下不見之。

初拜固西面矣，此言之者，著受爵而反位也。主人受酢而俠拜，亦大夫禮異也。

上佐食取四敦黍稷，下佐食取牢一切肺，以授上佐食。上佐食以綏祭。

綏，當亦作授。

綏，亦當作「授」。授祭者，授主人以祭也。以此使之祭者，若尊者賜之食然。

主人左执爵，右受佐食，坐祭之。又祭酒不興，遂啐酒。

注曰：右受佐食，右手受祭於佐食也。

繼公謂：言坐祭之者，凡奠爵拜者執爵興，故至此云「坐」也。

祝與二佐食皆出，盥于洗，入。

三人皆爲將執所嘏之物而盥，敬其事也。

二佐食各取黍于一敦，上佐食兼受，摶之，以授尸。尸執以命祝。

注曰：命祝以嘏辭。

繼公謂：各取黍上者，取于上敦；下者，取于下敦。黍之上，敦在西，下敦在東。

卒命祝，祝受以東，北面于户西，以嘏于主人曰：「皇尸命工祝，承致多福無疆于女孝孫。來女孝孫，使女受禄于天，宜稼于田，眉壽萬年，勿替引之。」女，並音汝。來，如字。

注曰：工，官也。承，猶傳也。耕種曰稼。勿，猶無也。替，廢也。引，長也。言無廢止時，長如是也。

繼公謂：受，受黍也。東北面，鄉主人于户西者，爲尸致嘏宜近尸也。來，如「來禹」之「來」。來之者，欲其進而受黍也。

主人坐奠爵，興，再拜稽首，興，受黍，坐振祭，嚌之。詩懷之，實于左袂，挂于季指，執爵以興，坐卒爵，執爵以興，坐奠爵，拜。尸答拜。執爵以興，出。宰夫以籩受嗇黍。主人嘗之，納諸内。挂，音卦。

注曰：出，出户也。納，猶入也。

繼公謂：云「坐奠爵」，是立聽嘏也。興，少進，受黍，復位，乃坐祭，嚌之也。宰夫受黍，主人左執爵，乃取而嘗之，而納之内，謂籩中。既嚌之，復嘗之，亦大夫禮異也。此嘏禮詳於特牲者，大夫尊尚多儀也。

右尸酢主人

主人獻祝，設席南面。祝拜于席上，坐受。

亦先設席，乃酌獻之。

主人西面答拜。

答拜，即拜送也。

薦兩豆菹、醢。

薦者，亦宰夫也。下篇云「主婦獻祝，宰夫薦棗糗」，此宜如之。菹醢，謂韭菹、醓醢也。蓋祝籩以尸之上籩，則其豆亦當以尸之上豆也。不賓尸禮，主人、主婦之薦皆以韭菹、醓醢，則此可知矣。其設之，亦菹在西，醢在東。

佐食設俎，牢髀，横脊一、短脅一、腸一、胃一、膚三、魚一，横之，腊兩髀屬于尻。屬，音燭。尻，苦刀反。

髀，右髀也。横脊、短脅不二骨者，俎實已多，故此略之。魚横之，亦據人而言也，其義與加于肵者同。牢皆用右髀，腊兩髀不殊，皆取尸俎之不用者耳。腊亦髀者，與牲並用，故體亦放之。祝俎一而已，乃雜用五俎之物者，見其尊也。不賓尸之禮，主人、主婦俎亦然。

祝取菹擩于醢，祭于豆間。祝祭俎，

注曰：大夫祝俎無肺，祭用膚，遠下尸。

繼公謂：祭俎，取膚以祭也，亦振祭，嚌之，既則反之於俎。《士虞》餞尸以乾肉半尹爲祭，其祭之也，振祭，嚌之，反之。此膚乃俎實異於豆祭，不可以置于地，其儀當與乾肉之祭同。不言振祭嚌之，亦文省耳。

祭酒，啐酒。肝牢從。祝取肝抨于鹽，振祭，嚌之，不興，加于俎。

肝牢，當作牢肝。俎牲，俎也。

卒爵，興。

注曰：亦如佐食授爵乃興。

主人酌獻上佐食。上佐食户内牖東北面拜，坐受爵。主人西面答拜。

取節於牖，見其少西於其他之北面拜者也。凡室中北面拜者，皆在户牖間。其言户西者，則近於户。言牖東者，則近於牖。

佐食祭酒，卒爵拜，坐授爵，興。

拜，蓋衍文。祝與佐食皆不拜既爵者，遠下尸，亦大夫禮異也。佐食興，則出立于户外。《士虞記》曰：「佐食無事，則出户，負依，南面。」

俎設于兩階之間，其俎折，一膚。

下篇獻衆賓以至於私人，皆有薦脀。佐食在衆賓之中，又有上事，不宜貶於私人，但有脀而無薦，此不云薦，亦似文略也。又《不賓尸之禮》云其獻祝與二佐食其位、其薦脀皆如儐，然則此佐食有薦明矣。折，説見前篇記。

主人又獻下佐食，亦如之。其脀亦設于階間，西上，亦折，一膚。

卒獻，則主人受爵，以實于下篚而升復位。《特牲饋食禮》曰：「佐食卒角，主人受角，降，反于篚。」

右主人獻祝及佐食

有司贊者取爵于篚以升，授主婦贊者于房户。

篚，下篚也。主婦亞獻用下篚之爵，豈此時内篚未有爵與？婦人不可以取爵于庭，故有司爲取之。「户」，字誤。若授受於户，當言内外西東，不宜單言也。下篇曰「司宫取爵于篚以授婦贊者于房東」，此「户」亦當爲「東」與？

婦贊者受，以授主婦。主婦洗于房中，出酌，入户，西面拜，獻尸。

注曰：入户西面拜，由便也。

尸拜受。主婦主人之北，西面拜送爵。

注曰：此拜於北，則上拜於南矣。

尸祭酒，卒爵。主婦拜，祝受尸爵，尸答拜。易爵，洗酌，授尸。

尸不啐而卒爵，爲無從也。易爵，易于下篚也。醋而易爵，亦内子禮異也。下篚在洗西，故因易爵而洗之也。凡尸酢不洗，賓尸乃或有之。

主婦拜受爵，尸答拜。

主婦受酢，不夾爵拜，亦變於不賓尸之禮。

上佐食綏祭。主婦西面，于主人之北受祭，祭之。其綏祭如主人之禮，不嘏，卒爵，拜。尸答拜。

注曰：不嘏，夫婦一體。

繼公謂：綏，亦當作「授」。其授祭，謂所取及相授者也。士妻撫祭，内子受祭，又有于房、于室之異，皆相變也。主婦既祭，又祭酒，乃卒爵。下篇曰：「主婦立，卒爵，執爵拜。」

主婦以爵出，贊者受，易爵于篚，以授主婦于房中。

注曰：贊者，有司贊者也。

繼公謂：贊者與主婦親授受，亦變於初。此易爵于下篚，則内篚初無爵明矣。易爵于下篚乃不洗者，辟祝爲尸易爵之禮也。

右主婦獻尸尸酢

主婦洗酌，獻祝。祝拜，坐受爵。主婦答拜于主人之北。卒爵，不興，坐授主婦。

主婦必洗者，爲贊者終其事也，獻祝可以不洗。

主婦受酌，獻上佐食于户内，佐食北面拜，坐受爵。主婦西面答拜。祭酒，卒爵，坐授主婦。主婦獻下佐食，亦如之。主婦受爵以入于房。

注曰：不言拜于主人之北可知也。爵奠于内篚。

繼公謂：上云「主人之北」，此云「西面」；上云「不興」，此云「祭酒」，皆互見也。

右主婦獻祝佐食

賓長洗爵獻于尸，尸拜受爵，賓户西北面拜送爵。尸祭酒，卒爵。賓拜。祝受尸爵，尸答拜。祝酌，授尸。賓拜受爵。尸拜送爵。賓坐奠爵，遂拜，執爵以興，坐祭，遂飲，卒爵，執爵以興，坐奠爵，拜，尸答拜。

賓受酢而俠拜，與夫奠爵拜、執爵興之類皆放主人事尸之禮爲之。

右賓獻尸尸酢

賓酌，獻祝。祝拜，坐受爵，賓北面答拜。祝祭酒，啐酒，奠爵于其筵前。

不卒爵，故啐而奠之。筵前，席南也。蓋北面奠之，奠於此者，明其與他奠爵之禮異。祝不卒爵，又不及佐食，蓋放不賓尸末獻之儀也。

右賓獻祝

主人出，立于阼階上，西面。祝出，立于西階上，東面。祝告曰：「利成。」

階上，亦皆序内也。

祝入，尸謖。主人降立于阼階東，西面。祝先，尸從，遂出于廟門。

祝先，先尸而行也。其出户降階及門之時，亦皆鄉尸而還，略如《士虞記》所云也。尸出廟門，祝宜告以主人將有事，則尸於門外次中俟之。《士冠禮》曰：「請醴賓，賓就次。」

祝反，復位于室中。主人亦入于室，復位。祝命佐食徹肵俎，降設于堂下阼階南。徹，直列反。

徹肵俎不出門，示將賓尸之意也。不賓尸之禮，尸出則佐食出。尸俎于廟門外，有司受歸之。肵俎而以賓尸者。賓尸之俎宜俱用尊體，肵俎有肩骼之屬在焉，不得不於是乎取之也。終以歸尸，故無嫌。佐食，亦上佐食也。阼階南，近於鼏者所升之處也。

右尸出祭禮畢

司宫設對席，乃四人餕。上佐食盥，升，下佐食對之，賓長二人備。

注曰：備，四人餕也。三餕亦盥升。

繼公謂：賓長二人，謂長賓及衆賓長也。此佐食皆異姓也，故可使賓長對之。案，注知「三餕亦盥升」者，以《特牲禮》舉奠及長兄弟盥而推之也。

司士進一敦黍于上佐食，又進一敦黍于下佐食，皆右之于席上。

注曰：右之者，東面在南，西面在北。

資黍于羊俎兩端，兩下是餕。

注曰：資，猶減也。減置于羊俎兩端，則一賓長在上佐食之北，一賓長在下佐食之南。

繼公謂：「資」字未詳。兩端，當肩骼之處也。羊俎兩端，其於兩下，亦皆爲右。兩下是餕，謂二賓長以此黍餕也。餕主於二佐食，故以二賓長爲兩下。

司士乃辯舉，養者皆祭黍、祭舉。

辯舉、舉膚，以授四人膚，即在特俎者。

主人西面，三拜養者。養者奠舉于俎，皆答拜，皆反取舉。

注曰：三拜，旅之也。

繼公謂：西面，於其位也。言此者，明其不爲二人西面而易位拜之也。奠舉于俎，亦各於其所近者與？皆答拜，答一拜也。養者答拜無異文，則是西面者，亦西面拜矣。反取舉，復取舉于俎也。言反者，爲其鄉者亦在手也。

司士進一鉶于上養，又進一鉶于次養，又進二豆湆於兩下。乃皆食，食舉。

兩下，資黍於俎，又有湆無鉶，皆下立養者也。此二佐食，衆賓也。兩下，賓長也。養則佐食，反尊於賓長者，以其勞於室事，故報禮特重焉。祝不養者，接神職尊，不敢使之養也。二鉶上養羊，下餕豕，然則二豆湆亦羊、豕各一與？

卒食，主人洗一爵，升，酌，以授上餕。贊者洗三爵，酌，主人授于户内，以授次餕，若是以辯。皆不拜，受爵。主人西面，三拜餕者。餕者奠爵，皆答拜，皆祭酒，卒爵，奠爵，皆拜。主人答一拜。

贊者，蓋亦宰夫也。每於將酌乃洗爵，云「洗三爵」，總言之耳。若是謂酌受授也，辯及于兩下也。皆不拜受爵者，人多，重勞主人一一答之也。餕者奠爵拜，亦與士異。答一拜卒爵，禮輕可以略。《特牲》二人餕，其禮亦然。凡大夫士之禮，其答卒爵拜者皆一拜也。乃見之者，嫌人多，或旅之也。

餕者三人興，出。

注曰：出，降反其賓位。

繼公謂：不執爵以出，統於上餕也。

上餕止。主人受上餕爵，酌以醋于户内，西面坐奠爵，拜。上餕答拜。

注曰：主人自醋者，上餕獨止，當尸位，尊不酌也。

坐祭酒，啐酒。

主人啐酒者，爲聽嘏。凡既祭酒而未得即卒爵者，必啐酒。

上餕親嘏曰：「主人受祭之福，胡壽保建家室。」

上餕親嘏，且不用黍，惟以辭别於户也。胡，如「胡福」之胡。

主人興，坐奠爵，拜，執爵以興，坐卒爵，拜。

重嘏，故其禮盛。至是乃云「主人興」，是坐而聽嘏也，亦殺於户。

上餕答拜，上餕興，出。主人送，乃退。

云「上餕興，出」，則是不受主人爵也。主人奠爵，上餕不受，示禮有終，且爲有司將徹之也。出，亦謂出户。送，謂送之於户外。退者，上餕退立于賓位也。賓以出爲退，主人以入爲退。

右餕

【正誤】

長匕

鄭本「匕」作「朼」，今亦從古文作「匕」。

緆衣

鄭本「緆」作「錫」。注曰：「今文『錫』爲『緆』。」繼公謂：錫、緆二字皆誤，而緆於緣爲差近，故但取其近者。

儀禮集説卷十七

有司徹〔二〕第十七

注曰：《少牢》之下篇也。

繼公謂：此别爲一篇，及其名篇之意，皆與《既夕》同。

有司徹。 徹，直列反。下並同。

徹室中之饋及養者之豆爵與祝之薦俎也。祝不自執其俎以出，是未歸也。其二佐食乃衆賓爲之，室中事畢，亦反於賓位。然則，祝與佐食皆當與賓尸之禮矣。此時有司徹祝俎，或設於堂下與？主人於養者之退，亦反入於室。及有司既徹，則出立於阼階東也。

埽堂。

注曰：爲賓尸新之。

〔二〕元刊明修本同底本作「有司」，誤。文淵閣本、摛藻堂本于「有司」後增一「徹」字，當是。

司宫攝酒，乃爓尸俎。

注曰：爓，温也。温尸俎於爨，肵亦温焉。古文「爓」皆作「尋」，《記》或作「燖」。《春秋傳》曰：「若可燖也，亦可寒也。」

繼公謂：皆示新之俎，俎實謂尸前之羊、魚、豕及所加於肵俎者也。雍爨之所爓者固不止此，是特爲其已在俎者言之耳。祝佐食亦與賓尸之禮，其俎實不爓者，以無上位略之，但因其故俎而已。

卒爓，乃升羊、豕、魚三鼎，無腊與膚。乃設扃鼏，陳鼎于門外，如初。爓，音尋。又徐鹽反。

注曰：如初者，如廟門之外東方北面北上。

繼公謂：《少牢》當五鼎，此乃無腊與膚鼎者，賓尸之禮膚不專俎而附於豕俎，故是時亦不可以專鼎而惟附於豕鼎也。然鼎數宜奇，是以併去腊鼎而爲三焉。腊全不用者，此禮貶於祭而腊又賤，故略之。

右新儐禮

乃議侑于賓，以異姓。

議侑於賓，謂與賓長謀議可以爲侑者也，此與《鄉飲酒》就先生而謀賓介之意相類。以異姓，謂於衆賓之中擇之也。必異姓者，以尸既同姓，故侑須用異姓。侑之言佑也，所以輔助尸者也。賓尸而立侑，亦示敬尸之意，且貴多儀也。

宗人戒侑。

注曰：戒，猶告也。南面告於其位，戒曰：「請子爲侑。」

侑出，俟于廟門之外。

注曰：俟於次，當與尸更入。

右立侑

司宫筵于户西，南面。

注曰：爲尸席也。

又筵于西序，東面。

注曰：爲侑席也。

尸與侑北面于廟門之外，西上。

尸北面者，尊大夫，若不敢爲賓客然也。其位當在門外之西，祭事已，尸出門，則不敢以尊自居。西上，賓位尚左也。

主人出迎尸，宗人擯。

迎之而使宗人擯，待賓之禮也。賓客尸而迎之，亦爲祭事已。

主人拜，尸答拜。主人又拜侑，侑答拜。

主人拜，蓋西面也。答拜者，其皆東面與？此拜，皆再拜，下文「拜至」亦然。

主人揖，先入門右。尸入門左，侑從，亦左。

揖，乃讓，亦三揖至於階，乃三讓也。惟云揖乃讓，經文省，亦以其可知故也。凡主人與客揖而先入，皆入門右也，經獨於此見之。

主人先升自阼階，尸、侑升自西階，西楹西，北面東上。

尸、侑升自西階，尸升三等，侑從之中等，如上、下射升階之儀也。其降也亦然。東上，尸宜與主人相當也。

主人東楹東，北面拜至。尸答拜。主人又拜侑，侑答拜。

拜至，説見《士昏禮》。

右迎尸侑

乃舉。

注曰：舉，鼎也。舉者不盥，殺也。

司馬舉羊鼎，司士舉豕鼎、舉魚鼎以入，陳鼎如初。

司馬二人，司士四人也。魚鼎重言舉，明其與豕鼎異人也。如初，如其東方當序西面北上。

雍正執一匕以從，雍府執二匕以從，司士合執二俎以從，司士贊者亦合執二俎以從。匕皆加于鼎，東枋。二俎設于羊鼎西，西縮。二俎皆設于二鼎西，亦西縮。

注曰：凡三匕，鼎一匕。四俎爲尸、侑、主人、主婦，其二俎設於豕鼎、魚鼎之西，陳之宜具也。

繼公謂：一匕，羊匕也。二匕，豕、魚匕也。四俎，乃尸、侑、主人、主婦之羊俎也。設之，亦北上如鼎之序。然其載之，亦先北而後南也。此皆羊俎，其二乃在豕鼎、魚鼎西者，但欲使鼎前皆有俎耳，不嫌其所載者異也。羊鼎西特有二俎，尊之也。此執匕以少者爲貴，設俎以多者爲尊，亦宜也。

雍人合執二俎，陳于羊俎西，並，皆西縮。覆二疏匕于其上，皆縮俎，西枋。覆，芳服反。下並同。

注曰：疏匕，匕柄有刻飾者。

繼公謂：羊俎，指在羊鼎西者也。此二俎陳於其西，亦北上。其北俎次賓以羞羊匕湇、豕匕湇，其南俎司馬以羞羊肉湇，司士以羞豕脀湇、魚疏匕二者。羊、豕之湇，宜異器也。覆者，爲塵也。二匕覆於二俎之上，羊匕在北，豕匕在南。南非匕湇之俎，亦覆匕於其上者，事未至，權加之耳。此俎將載，則更以豕匕加於其北俎，既則反之。縮俎西枋，爲縮執俎者在西也。

右陳設鼎俎於内

主人降，受宰几。尸、侑降。主人辭，尸對。

爲尸受几，故尸從降。侑亦降者，從尸也。凡尸爲禮之類此者，侑則從之，此所以謂之侑也與？

宰授几，主人受，二手橫執几，揖尸。

几自東壁來，其授受於阼階東與？獨揖尸，尸尊也。《聘禮》：「公受几於序端。」

主人升，尸、侑升，復位。

注曰：位，阼階、賓階上位。

主人西面，左手執几，縮之，以右袂推拂几三，二手横執几，進授尸于筵前。

推拂，謂外拂之。推者，推手也。

尸進，二手受于手間。

案，《聘禮》曰：「賓進，訝受几於筵前。」此亦訝受也，乃云「手間」者，但言其疏數之節耳。此授受者皆横執几，而二手之間有廣狹，則凡賓主之横執几者，二手共執其一廉明矣。

主人退。尸還几，縮之，右手執外廉，北面奠于筵上，左之，南縮，不坐。

還，音旋。

主人退，復位也。還几，還而易執之也。縮執几，亦用二手，此惟云「右手執外廉」，特見其一耳。右廉而謂之外者，以其差遠於人故也。几稍高，故設之。不坐，《少儀》曰「取俎、設俎不坐」，其意類此。

主人東楹東，北面拜。

注曰：拜，送几也。

尸復位，尸與侑皆北面答拜。

注曰：侑拜者，從於尸。

繼公謂：至此尸乃復位，則是主人拜時，尸在筵前東面也。《聘禮》曰：「賓進，訝受几於筵前，東面俟。公壹拜送。」此異於彼者，先奠几與飲酒而授几，其禮重，故侑亦拜。答拜之文，主於尸也。

右授几

主人降，洗，尸、侑降。尸辭洗，主人對。卒洗，揖。主人升，尸、侑升。

辭對之儀，見《鄉飲酒》，故此略之。揖，亦主人揖尸也，文省耳，下放此。

尸西楹西，北面拜洗。主人東楹東，北面奠爵，答拜。降盥，尸、侑降。主人辭，尸對。卒盥，主人揖，升，尸、侑升。主人坐取爵，酌，獻尸。

尸北面拜受爵，主人東楹東，北面拜送爵。

獻受之儀，亦當如《鄉飲酒禮》。

右主人獻尸

主婦自東房薦韭菹、醓，坐奠于筵前。菹在西方。婦贊者執昌、菹、醓以授主婦，主婦不興，受，陪設于南，昌在東方。興，取籩于房，麷、蕡坐設于豆西，當外列，麷在東方。婦贊者執白、黑以授主婦。主婦不興，受，設于初籩之南，白在西方。興，退。麷，芳中反〔二〕。

注曰：昌，昌本也，韭菹、醓醢、昌本、麋臡。麷，熬麥也。蕡，熬枲實也。白，熬稻。黑，熬黍。主婦取籩興者，以饌異，親之。當外列，辟鉶也。退，退入房也。

繼公謂：四豆，四籩放室中之數也。賓尸以飲酒爲主，其禮變於饋食，不可復因其薦，故於其始亦變而用朝事之豆籩焉。不辟君禮者，變而用之無嫌也。當外列，麷在麋臡西也。

〔二〕底本原無「中」字，誤。元刊明修本、文淵閣本、摛藻堂本均增「中」字，摛藻堂本校文云：「刊本『中』字闕，據《經典釋文》補。」

右主婦薦尸豆籩

乃升。

注曰：升牲體於俎也。

司馬朼羊，亦司馬載。載右體，肩、臂、肫、胳、臑，正脊一、脡脊一、横脊一、短脅一、正脅一、代脅一、腸一、胃一、祭肺一，載於一俎。

注曰：一俎，謂司士所設羊鼎西第一俎。

繼公謂：二司馬，即舉羊鼎者也。以下凡升羊者，皆司馬爲之，特於此見之耳。上言「燅尸俎」，而此肩、臂、臑、肫、胳具有，明其神俎、肵俎並用也。復序俎實者，其數及載與進俎之法皆有異於上，故爾是言載時先後之序也。其在俎則與正祭者略同，惟臑後於胳爲異耳。臑後於胳者，以其折也。折之則不爲全體，而在全體之下矣。臑必折者，見其貶於神俎，且欲以所折者爲肉湇俎也。其脊脅皆一骨，及腸胃各一者，義亦如之。賓尸主於飲酒，此俎乃有祭肺者盛之一俎，謂司士所設羊鼎西之北俎也。司馬亦南面執之，以載與他俎異也。既載，則侑主人、主婦之羊俎三，亦繼此而序載之。每俎既載則遷之於阼階西，亦北上，西縮，俟時乃設耳。所以然者，爲當進羊匕湇、羊肉湇於尸也。朼當作匕，下同。

羊肉湆，臑折、正脊一、正脅一、腸一、胃一、嚌肺一，載于南俎。

注曰：肉湆，肉在汁中者也。必云「臑折」，明爲上所折分者嚌肺、離肺也。南俎，雍人所設在南者。

繼公謂：云「臑折」者，明其爲臑之下也。此臑蓋與後足之觳同，以無異名，故但云「臑折」而已。羊俎之外，又分其體以爲此俎，貴多儀也。尊尸不敢用左體，故分右臑爲之。用嚌肺，亦别於其正。羊肉湆與羊俎之實同鼎而名不同，以其於鼎有湆上、湆中之異也。羊俎西之二俎亦北上，肉湆載於南俎，則其北俎爲羞匕湆明矣。凡羊肉湆與豕脀湆、魚皆俟時而載，因升正俎之節而遂見之，欲其文相比也。

司士朼豕，亦司士載，亦右體，肩、臂、肫、胳、臑，正脊一、脡脊一、横脊一、短脅一、正脅一、代脅一、膚五、嚌肺一，載于一俎。

此謂豕脀也。二司士，即舉豕鼎者也。此下凡升豕者，皆此司士爲之。豕無正俎，故此尸俎之體骨皆放於羊俎。此俎與羊肉湆俎同。臑在胳下，是亦折矣。

侑俎，羊左肩、左肫，正脊一、脅一、腸一、胃一、切肺一，載於一俎。侑俎，豕左肩折，正脊一、脅一、膚三、切肺一，載于一俎。

注曰：切肺，亦祭肺互言之耳。

繼公謂：侑無羊肉湇，故羊俎得用二體。前體以肩，後體以肫，尊之也。右體皆在尸俎，故此皆用左焉。有肩有肫，則肫在下端矣。羊俎亦用祭肺者，與尸俎同在堂上，因其禮也，阼俎亦然。飲酒正禮，祭以離肺。其有以切肺者，或盛之，或有爲加之，或相因用之，非常禮也。豕左肩折，不用全體，爲羊俎已用二，故於此殺之。豕脅體數殺於羊俎，又無羊肉湇，皆下尸也。豕脅之肺宜如羊肉湇，而用嚌此，乃放羊俎而用切者，亦以無羊肉湇故也。侑之羊俎，司士所設，在羊鼎西之南者。侑之豕俎與尸之豕脅，同用南俎。

阼俎，羊肺一、祭肺一，載于一俎。羊肉湇，臂一、脊一、脅一、腸一、胃一、嚌肺一，載于一俎。豕脅，臂一、脊一、脅一、膚三、嚌肺一，載于一俎。

注曰：臂，左臂也。阼俎，司士所設豕鼎西俎也。

繼公謂：尸之牲俎三，主人亦如之，故其正俎無體，遠下尸也。無骨之屬，但用肺而已，臂不言左者可知也。正俎太貶，故加俎宜用尊體。其脊脅之屬，亦不嫌於與尸同也。侑正俎用肩，主人之加俎乃用臂，蓋示其不相統之意。豕脅，猶言豕俎也。不言肉湇者，一俎而已，無所別異也。

豕脅體數乃放羊肉湆者，亦羊俎太簡故爾。此羊肉湆、豕脅皆用雍人所設之南俎，與尸同。

主婦俎，羊左臑、脊一、脅一、腸一、胃一、膚一、嚌羊肺一，載于一俎。

注曰：言嚌羊肺者，文承膚下，嫌也。其俎，司士所設在魚鼎西者。

繼公謂：主婦有正俎而無豕脅下侑也，必用膚者，明其可用豕脅而不用也，亦與阼俎惟用羊肺之意相近。用嚌肺者，此俎設於房中，故不因堂上之禮。膚在嚌羊肺上，未詳。

司士枇魚，亦司士載，尸俎五魚，橫載之。侑、主人皆一魚，亦橫載之。皆加膴祭于其上。膴，火吴反。鄭又音哻。

注曰：橫載之者，異於牲。膴，讀如「殷哻」之「哻」。刳魚時，割其腹，以爲大臠可用祭也。

繼公謂：二司士，舉魚鼎者也。橫載之，亦縮俎。其於載者則爲橫，此益送魚肉之俎，載時皆橫執之，與羞之之時異，於斯見之矣。凡經言載俎之例，惟云「橫載」者，據俎而言也。加以「之」字者，據載者而言也。此三羞湆魚，亦皆迭用南俎。枇亦當作匕。

右通言載俎之法

卒升。

謂已升四羊俎也。

賓長設羊俎于豆南。賓降。尸升筵自西方，坐，左執爵，右取韭菹，擩于三豆，祭于豆間。尸取醴、蕡，宰夫贊者取白魚以授尸。尸受，兼祭于豆祭。長，之丈反。

注曰：賓長，上賓。

繼公謂：賓長設俎，尊尸之正俎也，阼俎亦然。云「賓降」，見尸升之節也。既祭，則右執爵。於尸升筵，主人亦疑立於阼階東。

雍人授次賓疏匕與俎，受于鼎西，左手執俎左廉，縮之，卻右手執匕枋，縮于俎上，以東面受于羊鼎之西。司馬在羊鼎之東，二手執挑匕枋以挹湆，注于疏匕，若是者三。挑，湯堯反。鄭音由。挹，一入反。

注曰：挑謂之歃，讀如「或舂或抌」之「抌」。此二匕者，皆有淺升，狀如飯撡。挑長枋，可以抒物於器中者。注，猶寫也。今文「挑」作「抌」。

繼公謂：疏匕與俎，在羊俎西之北者也。匕湆尊於肉湆，故用上俎羞之。陳俎時，俎西縮，疏匕縮俎西枋。而此左手執左廉，卻右手執匕枋以受湆，是身當俎下端也。然則凡縮執俎者，皆當其下端矣。左手執俎左廉，乃縮之，是授受時皆横執俎也。縮執俎以受於鼎西者，惟此與豕匕湆耳。二手執挑匕枋，敬其事，不游手也。挹湆且若是，則匕牲體者可知。

尸興，左執爵，右取肺，坐祭之，祭酒，興，左執爵。

注曰：肺，羊祭肺。

繼公謂：言興左執爵，明其右執爵以興也，下文皆然。

次賓縮執匕俎以升，若是以授尸。尸卻手受匕枋，坐祭，嚌之，興，覆手以授賓。賓亦覆手以受，縮匕于俎上以降。

若是者，謂執匕俎之儀無變也。卻手受匕枋，則匕内鄉而便於用。覆手以授賓，明其變於有事之時，次賓亦覆手以受統於尊者也。縮俎則不復執之，而二手執俎矣。祭湆如祭酒，然亦注於地。他時湆不祭，此祭者，重其在俎也。湆與肉湆相將之物，故以此先肉湆而進之。

尸席末坐，啐酒，興，坐奠爵，拜告旨，執爵以興。主人北面于東楹東，答拜。

拜告旨，不降筵，以有後事也。云「主人北面于東楹東」，明其復位，下放此。

司馬羞羊肉湆，縮執俎。尸坐奠爵，興，取肺，坐絶祭，嚌之，興，反加于俎。司馬縮奠俎于羊湆俎南，乃載于羊俎，卒載俎，縮執俎以降。

縮執俎者，既載則錯而改執之也。載時横執之，尸奠爵亦於左，宜辟羞俎者。後「湆」字衍。

司馬北面縮奠俎，既則西面於俎東載之。

尸坐執爵以興。次賓羞羊燔，縮執俎，縮一燔于俎上，鹽在右。尸左執爵，受燔，揳於鹽，坐振祭，嚌之，興，加于羊俎。賓縮執俎以降。

室中之事無燔俎，故此與亞獻皆用之。受燔，取於俎也。

尸降筵，北面于西楹西，坐卒爵，執爵以興，坐奠爵，拜，執爵以興。主人北面于東楹東答拜。主人受爵，尸升筵，立于筵末。

右主人獻尸禮卒

主人酌，獻侑。侑西楹西，北面拜受爵。主人在其右，北面答拜。

獻侑，亦於席前西南面也。侑既拜，則進受之以復位。主人既拜，則立於西階東。及侑降筵北面，則復就其右。

主婦薦韭菹醢，坐奠于筵前，醢在南方。婦贊者執二籩𥢶、蕡以授主婦，主婦不興，受之，奠𥢶于醢南，蕡在𥢶東。主婦入于房。

醢在南方，是豆北上也。豆北上者，以席南上也。主人席豆，相變之法，於斯見之矣。下云「侑升筵、降筵自北方」，是席南上也。主婦薦豆而贊者，即贊籩者兩豆、兩籩同時設，故不必親取籩。

侑升筵自北方，司馬横執羊俎以升，設于豆東。

凡正俎皆横執，此乃明言之者。以司馬進之，嫌亦縮執也。

侑坐，左執爵，右取菹，擩于醢，祭于豆間。又取𥢶、蕡同祭于豆祭，興，左執爵，右取肺，坐祭之，祭酒，興，左執爵。次賓羞羊燔，如尸禮。

不啐酒者，凡堂上每獻，啐酒之節皆當放於尸。上禮尸嚌湆，乃啐酒，此無湆，則不宜啐酒以異其節。侑無羊匕湆者，以無肉湆故也。

侑降筵自北方，北面于西楹西，坐卒爵，執爵以興。坐奠爵，拜。主人答拜。

注曰：答拜，拜於侑之右。

右主人獻侑

尸受侑爵，降，洗。侑降立于西階西，東面。主人降自阼階，辭洗。尸坐奠爵于篚，興，對。

尸適洗南，北面。主人阼階東南面辭洗，尸對。主人復阼階東，西面。

卒洗，主人升。尸升自西階，主人拜洗。尸北面于西楹西，坐奠爵，答拜，降盥。主人降，尸辭，主人對。卒盥，主人升。尸升，坐取爵，酌。

主人亦揖乃升，與前後之儀同，不言者可知也。侑不升，辟酢禮也。與尸同升，則嫌若同酢主人然。

司宮設席于東序，西面。主人東楹東，北面拜受爵。尸西楹西，北面答拜。

事至乃設席，略倣室中致爵之節，亦所以尊尸侑也。既設席，尸乃於席前東南面酢主人。主人拜受爵，復位。

主婦薦韭菹醢，坐奠於筵前，菹在北方。婦贊者執二籩䴴、蕡，主婦不興，受。設䴴於菹西北，蕡在䴴西。主人升筵自北方，主婦入於房。

注曰：設籩於菹西北，亦辟鉶。

繼公謂：主人之席亦南上，而菹在北方，豆席相變之法愈可見矣。升筵之節，侑速於尸，主人速於侑，皆所以示其異。

長賓設羊俎于豆西。主人坐，左執爵，祭豆籩，如侑之祭。興，左執爵，右取肺，坐祭之，祭酒，興。次賓羞匕湆，如尸禮。席末坐啐酒，執爵以興。司馬羞羊肉湆，縮執俎。主人坐奠爵於左，興，受肺，坐絶祭，嚌之，興，反加于湆俎。司馬縮奠湆俎于羊俎西，乃載之，卒載，縮執虚俎以降。

祭酒興，亦左執爵，乃受匕湆奠爵於左，辟肉湆俎也。受肺亦取於俎，言受者，執俎以進亦授也，故取之。云受言「虚俎」者，見其盡載於羊俎而無所釋也。此經言羞湆俎一節，其文有加尸者，所以足其義非異也。

主人坐取爵以興，次賓羞燔，主人受，如尸禮燔。

不言羊，可知也。

主人降筵自北方，北面于阼階上。坐卒爵，執爵以興。坐奠爵，拜，執爵以興。尸西楹西答拜。主人坐奠爵于東序南。侑升，尸、侑皆北面于西楹西，主人北面于東楹東，再拜崇酒。尸、侑皆答再拜。主人及尸、侑皆升就筵。

此尸酢主人、主人拜崇酒而侑亦答拜者，緣主人意，亦欲并謝己也。云主人及尸、侑，先後之辭也，後文放此。「升就」二字，宜衍其一。

右尸酢主人

司宫取爵于篚以授婦贊者，于房東以授主婦。

注曰：房東，房户外之東。

繼公謂：以授主婦，婦贊者以授主婦於房中也。上篇亞獻畢，主婦以爵入於房，今司宫乃取爵於下篚以授者，其有司徹之，後此爵又反於下篚與？

主婦洗于房中，出，實爵，尊南西面拜獻尸。尸拜于筵上，受。

注曰：尊南西面拜，由便也。

繼公謂：尸拜於筵上受，以其殺於主人，且因室中之禮也。後三獻放此。

主婦西面于主人之席北，拜送爵。入于房，取一羊鉶，坐奠于韭菹西。主婦贊者執豕鉶以從，主婦不興，受，設于羊鉶之西，興，入于房，取糗與服脩，執以出，坐設之。糗在蕡西，脩在白西，興，立于主人席北，西面。

主人席北，此時主婦堂上之正位也。飲酒而有鉶，尸尊，亦盛之。設二籩而主婦親取之，以其與鉶異類，不可相因也。糗與脩雜用，饋食之籩也。去棗用脩，以示其變。糗脩北上，明不與初儀序，下儀類此。

尸坐，左執爵，祭糗脩，同祭于豆祭。

於此乃云「尸坐」，是受爵時立也。祭糗脩之祭，當如下文作「取」，蓋字誤也。

以羊鉶之柶扱羊鉶，遂以扱豕鉶，祭于豆祭，祭酒。

祭鉶，乃祭酒者，是禮初獻祭酒之節居其祭之四，三獻居其祭之二，故於此特居其祭之三以序之，且示禮殺有漸也。

次賓羞豕匕湆，如羊匕湆之禮。

如者，如其左手執俎左廉。以下之儀其異者，次賓自縮執匕俎以受，雍人不復授之也。羞豕匕湆亦用羊匕湆之俎，其匕則殊，乃鼏之覆於羊俎西之南俎之上者也。將羞此湆，則以羊匕與之易處焉，既則各反之。

尸坐啐酒，左執爵，嘗上鉶，執爵以興。坐奠爵，拜。主婦答拜。執爵以興。

此嘗鉶拜也。不告旨，異於主人也。《特牲饋食禮》曰：「尸祭鉶嘗之，告旨。主人拜，尸答拜。」

司士羞豕胥。尸坐奠爵，興，受，如羊肉湆之禮。坐取爵，興。

奠爵亦於左。

次賓羞豕燔。尸左執爵，受燔，如羊燔之禮。坐卒爵，拜。主婦答拜，受爵。

受爵，亦於其席也，下文放此。

酌，獻侑。侑拜，受爵。主婦主人之北西面答拜。

亦拜於筵上受，蓋不敢異於尸，不言者可知也。北，亦席北。

右主婦獻尸

主婦羞糗、脩，坐奠糗于籩南，脩在蕡南。侑坐，左執爵，取糗、脩，兼祭于豆祭。

無鉶，亦殺也。不祭酒者，上禮尸祭鉶乃祭酒，此無鉶，則不祭酒，其義與上「不啐酒」同。

司士縮執豕脀以升。侑興，取肺，坐祭之。司士縮奠豕脀于羊俎之東，載于羊俎，卒，乃縮執俎以降。侑興。

取肺，亦右取之。肺，謂切肺。豕脀無涪者，初獻無羊涪，故此雖有豕脀，亦不用涪也。

次賓羞豕燔，侑受如尸禮，坐卒爵，拜。主婦答拜。受爵。

如尸禮，亦如受羊燔之禮也。

酌以致于主人。主人筵上拜受爵。主婦北面，于阼階上答拜。

筵上受，因尸禮也。北面答拜，放室中之儀也。與主人行禮，故亦得獨拜於阼階上。

主婦設二鉶與糗脩，如尸禮。主人其祭糗脩、祭鉶、祭酒、受豕匕湆、啐酒皆如尸禮。嘗鉶不拜。

有鉶者胙俎如尸，故鉶亦因之。設二鉶，羊在菹北，豕在羊北。設糗脩，糗在菹北，脩在蕡北。此啐酒，爲將嘗鉶也。嘗鉶不拜，鉶己物也，言此以别於尸禮。其受豕脀、受豕燔，亦如尸禮。

坐卒爵，拜。主婦北面答拜，受爵。

右主婦獻侑

尸降筵，受主婦爵以降。

主婦受爵，尸即降筵。主婦以尸將受己爵也，其西面於主人之北以待之與？

右主婦致爵於主人

主人降，侑降。主婦入于房。

侑、主人降，從尸也。主婦入於房，尸降，爲己宜辟之也。凡婦人於丈夫之爲己而降洗者，例無徒降之禮，蓋於此篇及《士昏禮》見之矣。

主人立于洗東北，西面。侑東面于西階西南。

設洗當東榮，而主人降位在阼階東，直東序，則宜西於洗北。又上文侑降立於西階西，此亦從降也。而主人云「洗東北」，侑云「西階西南」，未詳，疑文有誤衍也。

尸易爵于篚，盥，洗爵。

易爵，酢主婦，因室中之禮也。

主人揖尸、侑。

亦異揖之，於此乃并揖侑者，以曏者尸酢主人之時侑不升故也。必揖之使升者，尸酢之意已見於前，今無嫌也。

主人升。尸升自西階，侑從。主人北面立于東楹東，侑西楹西北面立。

以尸方行禮，宜俟之。

尸酌。主婦出于房，西面拜，受爵。尸北面，于侑東答拜。

主婦入于房西面，亦於主人席北，蓋尸亦就此位而酢之。

司宮設席于房中，南面。主婦南面立于席西。

既受爵，乃設席降於主人也。席南面，變於不賓尸之禮也。立於席西者，亦西爲下。未設豆而立席西，亦異於上。

婦贊者薦韭菹醓，坐奠于筵前，菹在西方。婦人贊者執𩱛、蕡以授婦贊者，婦贊者不興，受。設𩱛于菹西，蕡在𩱛南。

注曰：婦人贊者，宗婦之少者。

主婦升筵。司馬設羊俎于豆南。主婦坐，左執爵，右取菹，揳于醓，祭于豆間，又取𩱛、蕡兼祭于豆祭。主婦奠爵，興，取肺，坐絶祭，嚌之，興，加于俎。坐挩手，祭酒，啐酒。

注曰：挩手者於帨，帨，佩巾。《内則》曰：「婦人亦左佩紛帨。」

繼公謂：凡祭離肺者必挩手，經不盡見之也。

次賓羞羊燔。主婦興，受燔，如主人之禮。主婦執爵以出于房，西面，于主人席北立。卒爵，執爵，拜。尸西楹西，北面答拜。主婦入，立于房。尸、主人及侑皆就筵。

出房卒爵，宜成禮於所酢者之前也。立卒爵，婦人常禮也。立卒爵而拜既，惟人君及主婦耳。其異者，奠爵與執爵也。《燕禮》曰：「公立卒爵，坐奠爵，拜。」云立於房，見其不就席。

右尸酢主婦

上賓洗爵以升，酌，獻尸。尸拜，受爵。賓西楹西北面拜，送爵。尸奠爵于薦左。賓降。

注曰：上賓，賓長也，或謂之長賓。奠爵，爵止也。

繼公謂：拜受爵，亦於筵上也。尸於三獻而奠爵，亦欲助祭者皆受獻也。薦左，醢東也。不奠於右，爲妨往來及行禮也。

右上賓獻尸爵止

主人降，洗觶。尸、侑降，主人奠爵于篚，辭，尸對。卒洗，揖，尸升，侑不升。

侑不升者，酬禮不及己升，嫌也。

主人實觶，酬尸東楹東，北面，坐奠爵，拜。尸西楹西，北面答拜。坐祭，遂飲。卒爵，拜。尸答拜。降，洗。尸降，辭。主人奠爵于篚，對。卒洗，主人升，尸升。主人實觶，尸拜受爵。主人反位，答拜。尸北面，坐奠爵于薦左。尸、侑、主人皆升筵。

卒洗，亦揖乃升。主人實觶，亦北面於尸之席前。尸階上拜，乃進受之而反位。主人既答拜，尸乃進，北面奠爵薦左，其昌本之東與？酬而授觶者，大夫之禮異於士也。主人於尸爵止之後，即舉觶以酬尸者，宜終尸禮乃可以獻助祭者也。侑升堂之節，其在尸奠爵之時乎？

右主人酬尸、尸奠酬

乃羞。宰夫羞房中之羞于尸、侑、主人、主婦，皆右之。司士羞庶羞于尸、侑、主人、主婦，皆左之。

注曰：房中之羞，其籩則糗餌、粉餈，其豆則酏食、糝食。

繼公謂：房中之羞，饌於房者也。言房中，以别於庶羞，明庶羞不自房來也。饋食之禮，庶羞亦設於薦豆之左，則庶羞在左，乃其常處。庶羞左，則内羞右，亦宜矣。庶羞之物，恐亦不過胾醢而已。案，注以羞籩、羞豆之實爲此房中之羞，亦恐或然，但未必其俱用之也。

右羞於尸、侑、主人、主婦

主人降，南面拜衆賓于門東，三拜。衆賓門東北面，皆答壹拜。

注曰：拜於門東，明少南就之也。

繼公謂：助祭之賓，主黨也。故主人降拜之，而尸侑不從，與《鄉飲》、《鄉射》之禮異也。未獻之前，衆賓位在門東，亦大夫之禮異於士者。主人三拜旅衆賓，衆賓答一拜，大夫士之禮同。

主人洗爵，長賓辭。主人奠爵于篚，興，對。卒洗，升，酌，獻賓于西階上。長賓升，拜受爵。主人在其右，北面答拜。

長賓辭，亦北面，蓋於門東少進也。主人已酌長賓，乃升，遠下尸也。獻賓，當西南面。

宰夫自東房薦脯醢，醢在西。

醢在西者，爲降設於其位，則脯當在南也。賓位於庭北上而脯醢南上，亦席豆相變之意也。由是言之，則他禮之類此者皆可得而推矣。

司士設俎于豆北，羊胳一、腸一、胃一、切肺一、膚一。

注曰：羊胳，羊左胳。薦與設俎者，既則俟於西序端。

繼公謂：上賓一體，又無脊脅，遠别於堂上者也。用切肺者，賓俎設於堂，故亦因尸禮肺繼胃言之，羊肺可知。

賓坐，左執爵，右取脯，擩於醢，祭之，執爵，興，取肺，坐祭之，祭酒，遂飲卒爵，執爵以興。坐奠爵，拜執爵以興。主人答拜，受爵。賓坐，取祭以降，西面，坐委於西階西南。

注曰：成祭於上，尊賓也。取祭以降，反下位也。反下位而在西階西南，已獻，尊之。祭，脯肺。

繼公謂：賓取祭以降，以己所有事者也，宜親執之。西階西南，賓之正位也。既獻，乃立於此，尊者之禮節文彌多，以相變爲貴。執以興，似脱一「爵」字。

宰夫執薦以從，設于祭東。司士執俎以從，設于薦東。

此設薦於祭東，則是凡祭於豆間，乃當其間之前耳。此獻長賓而宰夫、司士薦，則自此以下皆私人爲之明矣。宰夫、司士，大夫之私人也。

衆賓長升，拜受爵。主人答拜。坐祭，立飲。卒爵，不拜既爵。宰夫贊主人酌，若是以辯。辯受爵。

宰夫贊酌，大夫尊也。贊酌者，主人以虚爵授宰夫，宰夫爲酌之。於此乃言之者，見獻賓一人乃贊酌也。若是以辯，謂皆如衆賓長升拜受爵以下之儀。言辯受爵，嫌或有不與者也。

其薦脯醢與胥，設于其位。其位繼上賓而南，皆東面。其胥體，儀也。

注曰：亦宰夫薦，司士胥。用儀者，尊體盡，儀度餘骨，可用而用之。今文「儀」作「騰」。

繼公謂：《特牲饋食禮》曰：「衆賓升，拜受爵，坐祭，立飲。薦俎設於其位，辯。」此下經言兄弟之儀，云「升受爵，其薦胥設於其位」，然則此薦胥亦於每獻設之也。體儀，謂或體，或儀也。尊者用體折，卑者但用儀。且儀者，其脊若脅之屬與？又下云「長兄弟之胥折，脅一、膚一」，則此非折而儀者，惟有膚而已。

右主人獻賓

乃升長賓。主人酌，酢于長賓西階上，北面。賓在左。

注曰：言升長賓，則有贊者爲之。

繼公謂：乃升長賓者，其宗人與？後「長賓」二字似衍。蓋此乃主人自酢，非酢於長賓也。

《鄉飲酒》曰：「主人實爵以酢於西階上。」此文宜類之。偏獻乃酢，變於士禮。賓辟尸，不敢親酢主人，故主人自酢以達其意。

主人坐奠爵，拜，執爵以興。賓答拜。坐祭，遂飲，卒爵，執爵以興。坐奠爵，拜。賓答拜，賓降。

注曰：降，反位。

繼公謂：賓降反位，則主人亦就席矣。

右主人自酢

宰夫洗觶以升。主人受，酌，降酬長賓于西階南，北面。賓在左。主人坐奠爵，拜。賓答拜。坐祭，遂飲，卒爵，拜。賓答拜。

注曰：宰夫授主人觶，則受其虚爵，奠於篚。

繼公謂：宰夫授觶於上，便其酌也，此亦異于士。

主人洗，賓辭。主人坐奠爵於篚，對。卒洗，升酌，降復位。賓拜受爵，

主人拜送爵。賓西面坐奠爵于薦左。

位，西階南之位也。以《特牲禮》例之，此時當西面，乃云「復位」，未詳。主人拜，亦北面也。

賓西面奠爵於薦左，由便，説見《特牲禮》薦左、薦北。

右主人酬賓

主人洗，升，酌，獻兄弟于阼階上。兄弟之長升，拜受爵。主人在其右答拜。坐祭，立飲，不拜既爵。皆若是以辯。辯受爵。

獻兄弟，不殊其長，與衆賓同，亦大夫禮異也。不言宰夫贊主人酌，略其文耳。兄弟卑於衆賓，主人於其次者不親酌可知。下「獻内賓」放此。此獻亦西南面。

其位在洗東，西面，北上。升受爵，其薦脀設于其位。

又著兄弟長以下既獻之位及其設薦脀之節也。至此乃言其位者，因文而見之也。升受爵，謂每人升受爵之時也。於其受獻則爲之設薦脀於位，明不俟其降也。《鄉飲酒禮》「衆賓每一人獻，則薦諸其席」，是禮似之矣。此不言宰夫贊酌獻，衆賓不言升受爵而設薦脀，其禮同，故互文以相足也。

其先生之脀，折脅一，膚一。其衆，儀也。

注曰：先生，長兄弟。

繼公謂：脀，猶俎也。其折與脅若羊若豕，則不可考。先生脀折，其衆則儀，亦以此别長幼也。無離胏者，因上賓俎也。俎不設於堂，故無切胏。

主人洗，獻内賓于房中。南面拜受爵，主人南面于其右答拜。坐祭，立飲，不拜既爵。若是以辯，亦有薦脀。

右主人獻兄弟

注曰：内賓，姑姊妹及宗婦，獻於主婦之席東，南面於其右，主人之位恒左人，亦設薦脀於其位。《特牲饋食禮記》曰：「内賓立於房中西墉下，東面南上；宗婦北堂，東面北上。」

繼公謂：洗不言降，是洗於房也。獻之，蓋東北面受，送之拜，皆南面，猶堂上之皆北面也。是或一禮與？若是以辯，亦謂長幼拜受以下之儀同也。不言辯，受爵已於衆賓兄弟見之，此可知也。不著其位者，嫌未獻、既獻之位異也。

右主人獻内賓

主人降洗，升，獻私人于阼階上。拜于下，升受，主人答其長拜。乃降，坐祭，立飲，不拜既爵。若是以辯。宰夫贊主人酌。主人于其羣私人不答拜。其位繼兄弟之南，亦北上，亦有薦脀。

注曰：初亦北面，在衆賓之後爾。凡獻，位定。

繼公謂：私人，猶私臣也。經、記異人，故其文亦異獻私人。而降洗，重獻禮也。拜於下而降，飲賤也。獻亦西南面於東楹東而拜，於其右，私人賤，故但答其長，拜以殊之。自獻衆賓至此，其獻凡四節，惟前後兩言「宰夫贊主人酌」，所以見其間二獻之，不言此者，爲省文耳。此言於「若是以辨」之後，見獻私人之長，即贊之也。以是例之，則獻内賓以上主人所親酌者，惟於其長益可見矣。此位亦北上者，賤於兄弟，故其位繼其後而不更端也。《特牲記》言「衆賓及衆兄弟、内賓、宗婦、公有司私臣其俎同」，然則此禮内賓以及私人，其俎亦皆儀而有膚矣。大夫無獻公有司之禮，豈其私臣多，足以任其事，不用公有司與？或公有司在衆賓之中不必别見之與？

右主人獻私人

主人就筵，尸作三獻之爵。

注曰：上賓所獻爵。

繼公謂：主人畢獻而就筵三獻，於是升，立於西階上，尸乃舉爵也。此與不賓尸之禮皆尸自作止爵，不待獻者作之，亦異於士。

司士羞湆魚，縮執俎以升。尸取膴祭祭之，祭酒，卒爵。

注曰：不羞魚匕湆，略小味也。羊有正俎，羞匕湆，肉湆。豕無正俎，魚無匕湆，隆殺之殺。

繼公謂：不言左執爵與興坐者，如上禮可知。

司士縮奠俎于羊俎南，横載于羊俎，卒，乃縮執俎以降。尸奠爵，拜，三獻，北面答拜，受爵。

横載者，於俎爲横，與牲體同也。不縮載者，正俎之實已多，又加以益送之俎，故載魚。於此不得象其在魚俎也。尸既卒爵，乃執虚爵以待執俎者降，而後奠爵拜，行禮之序於此可見。

右尸作止爵

酌，獻侑。侑拜受，三獻，北面答拜。司馬羞湆魚一，如尸禮。卒爵，拜。三獻答拜，受爵。

「司馬」當作「司士」，字之誤也。上下皆司士爲之，此不宜使司馬。且司馬惟主羊俎耳，羞湆魚非其事也。卒爵與拜，其節宜與尸同，此略言之耳，下文主人亦然。

酌，致主人。主人拜，受爵三獻東楹東，北面答拜。司士羞一湆魚，如尸禮。卒爵，拜。三獻答拜，受爵。

「致」下蓋脱「於」字也。賓拜東楹東者，以與主人爲禮，則不敢獨拜西階上，辟尸也。此與侑如尸禮皆兼祭酒而言，不致爵於主婦，變於不賓尸之禮。

右上賓獻侑致於主人

尸降筵，受三獻爵，酌以酢之。

注曰：既致於主人，尸乃酢之，遂賓意。

繼公謂：賓尸，則尸與侑主人爲序，故俟其畢獻乃酢之。酢而不洗，亦因室中之禮也。賓尸而不因室中之禮者，惟主人耳。

三獻西楹西，北面拜受爵，尸在其右以授之。尸升筵，南面答拜。坐祭，遂飲，卒爵，拜。尸答拜，執爵以降，實于篚。

尸在其右，並授也。並授而不同面拜，遠辟主人獻賓之禮也。云「執爵以降」，則是既卒爵亦奠之而拜矣。

右尸酢上賓

二人洗觶，升，實爵，西楹西北面東上。坐奠爵，拜，執爵以興，尸、侑答拜。坐祭，遂飲，卒爵，執爵以興。坐奠爵，拜。尸、侑答拜，皆降。

二人舉觶，爲旅酬始也。《中庸》曰：「旅酬下爲上，所以逮賤也。」其是之謂與？

洗，升，酌，反位。尸、侑皆拜受爵，舉觶者皆拜送。侑奠觶于右。

反位，於西楹西，俟拜也。受爵亦於其席，拜送亦於其位。舉觶者不奠觶於席前，不變於主人之儀也。侑奠觶不言坐，文省也。於右，亦由便耳。右，䊮南。

右二人舉觶於尸、侑

尸遂執觶以興，北面于阼階上，酬主人。主人在右。

言遂執觶以興，是鄉者亦執觶以坐而俟也。尸雖不奠觶猶坐，以其當然也。

坐奠爵，拜。主人答拜。不祭，立飲，卒爵，不拜既爵。酌，就于阼階上酬主人。

亦執觶興，主人乃答拜也。此酬主人，謂東面授之，如《特牲》賓兄弟旅酬之儀。

主人拜受爵，尸拜送。尸就筵，主人以酬侑于西楹西。侑在左，坐奠爵，拜，執爵興。侑答拜，不祭，立飲，卒爵，不拜既爵。酌，復位。侑拜受，主人拜送。主人復筵。

復位而西面授之，下放此。

乃升長賓，侑酬之，如主人之禮。

注曰：遂，旅也。

至于衆賓，遂及兄弟，亦如之，皆飲于上。

注曰：上，西階上。

遂及私人，拜受者升受，下飲。

私人拜而升受兄弟之爵，俟兄弟答拜，乃下也。下飲，謂就其位而飲之，以酬其次者也。惟云「拜受」，云「下飲」，是兄弟及私人飲時皆不拜矣。兄弟飲不拜者，以所酬者在下，難爲禮也。私人飲不拜者，因酬己者之儀，且賤者禮簡也。

卒爵，升酌，以之其位，相酬辯。

注曰：其位，兄弟南位，亦拜受、拜送升酌由西階。

繼公謂：以之其位，飲所酬者也。亦於此相酬，則私人之長其下飲之時亦在此明矣。

卒飲者，實爵于篚。

注曰：末受酬者，雖無所旅，猶飲。

右旅酬

乃羞庶羞于賓、兄弟、内賓及私人。

無房中之羞，别於主婦以上也。此節亦當祭薦脅，文不具耳。此羞同時羞，則兄弟酌以相酬之時，房中亦旅。

右羞於堂下及房中

兄弟之後生者，舉觶于其長。

注曰：後生，年少也。

洗，升酌，降，北面立于阼階南，長在左。坐奠爵，拜，執爵以興，長答拜。

此後生者，舉觶與主人酬賓之儀略同，似有爲主人酬長兄弟之意，故位如主人而長在左。

坐祭，遂飲，卒爵，執爵以興，坐奠爵，拜，執爵以興。長答拜。

長既拜，則復於東面位也。

洗，升，酌降，長拜受于其位。舉爵者東面答拜。爵止。

此拜受於其位者，别於主人之親酬，是亦變於士也。酬而受爵，因賓禮也。東面答拜，宜鄉之。爵止，奠之於薦左也。以其未即舉，故言止，亦省文。

右兄弟之後生者舉觶於其長

賓長獻于尸，如初。無湆，爵不止。

注曰：如初，如其獻侑酌致於主人受尸酢也。無湆，爵不止，别不如初者。

繼公謂：賓長，衆賓長，即次賓也。但言賓長者，亦獻於尸，不嫌與三獻者同也。此獻當用觚，不言者，文省耳。《特牲饋食禮》「長兄弟於三獻之後洗觚，爲加爵」，此節與之同器，亦宜同也。上篇實觚於篚，其爲此用與不使兄弟不稱加爵，大夫禮異也。湆，謂湆魚。

右次賓獻致如初

賓一人舉爵于尸，如初，亦遂之于下。

注曰：遂之於下者，遂及賓兄弟，下至於私人。

繼公謂：賓一人，次賓之次者也。舉爵，即舉觶也。如初，如二人舉觶於尸侑之儀。其異者，不及侑耳，亦上文尸酬主人以下之禮。

右賓一人舉觶於尸遂旅酬

賓及兄弟交錯其酬，皆遂及私人，爵無筭。

言皆遂及私人，則是賓及兄弟之奠爵先後迭舉而不並行也。其禮則賓長取觶酬，兄弟長交錯以辯，不拜私人之卒飲者，洗酌反之。長兄弟乃取觶酬，賓長亦交錯以辯。卒飲者亦洗酌，反之。賓與兄弟又皆迭舉，如初禮。爵行無數，至醉而止。賓尸至於飲酒，而堂上不行無筭爵者，此雖變於祭禮，然尸猶有餘尊，不宜無所別。無筭爵之儀太簡，不崇敬。

右堂下相酬爵無筭

尸出，侑從，主人送于廟門之外，拜。尸不顧。送尸於廟門外，以其賓之也。

此云不顧，見士於大夫之禮也。

拜侑與長賓，亦如之。衆賓從。

從，從長賓也。

司士歸尸、侑之俎。

尸侑尊，司士徹俎而歸之，賓長而下則自徹而授其人以歸。

主人退。

注曰：反於寢也。

有司徹。

徹，徹胙俎與堂上、下之薦羞之屬也。婦人不徹，則其所徹者不以入於房與？

右尸出禮畢

若不賓尸，

此下之禮。視賓尸者爲少質，則是制禮之序此先彼後，如《冠禮》之醴與醮者然也。而上、下篇以賓尸者爲主，至是乃更端言不賓尸者焉。周禮尚文，抑又可見是雖與《冠禮》言醴、醮之序者不同，意則相類也。然既有新儀，又存舊禮，使夫人自擇而行之，是又聖人至公無我之心，固不專主於所尚而已。

則祝侑亦如之。

注曰：謂尸七飯時。

尸食，

注曰：八飯。

乃盛俎，臑、臂、肫、脡、脊、横脊、短脅、代脅，皆牢。盛，音成。下同。

注曰：盛者，盛於肵俎也。

繼公謂：先正體而後脊脅，亦以尊卑也。前體先臑後臂者，肩未舉，若自下而上。然此所取者三體四骨，與所舉正脊、幹骼則羊豕各四體六骨矣。肩既舉而俎但有六骨，以爲所釋者也。

魚七。

注曰：盛半也。魚十有五而俎，其一已舉。

繼公謂：魚盛七，并前所舉者一，僅八而已。牢之骨體匕多，此可以略。《特牲》少，故魚盛十有二。

腊辯，無髀。

注曰：亦盛半也。言「無髀」者，云一純而俎嫌有之。

繼公謂：前升腊於鼎俎時，不云髀不升，故此明之腊用一純，故得取其半。云「辯」者，明右體及其脅與脊皆盛也。腸、胃、膚不盛者，以其於骨體爲賤。既取骨體，則賤者略之可也。

卒盛，乃舉牢肩。尸受，振祭，嚌之，佐食受，加于肵。

先盛衆骨體乃舉肩，變於士禮，亦爲舉肩之後，又實他俎，不宜與肵俎之事並行也。

佐食取一俎于堂下，以入奠于羊俎東。

「羊」當作「魚」，字之誤也。

乃摭于魚、腊俎，俎釋三个，其餘皆取之，實于一俎以出。摭，之石反。

摭，猶取也。其餘，謂三个之外者也。魚摭四个，腊摭八个。其所釋者，腊則短脅、正脅、代脅各一，骨魚三个而已。魚腊俎，釋三个而牢俎六个者，肵俎於三脊、三脅，惟當各取一骨而已。故牢俎之所釋，不容不有六骨。

祝、主人之魚、腊取于是。

注曰：祝、主人、主婦俎之魚、腊取於此者，三者各取一魚。其腊，主人臂、主婦臑，不言主婦，未聞。

繼公謂：此亦大夫之禮異者也。取於是者，主人、主婦之魚、腊及祝之魚也。祝俎之腊，用髀，儐與不儐同耳。

尸不飯，告飽。主人拜侑，不言。尸又三飯。飯，並符晚反。

惟云「主人拜侑」，省文。

侑食受牢舉，如儐。

注曰：舉肺脊。

繼公謂：此儐者賓之之謂，蓋指賓尸之禮也。惟言賓，則意有所不備，故以儐言之。經先見儐禮已有成文，故此以如蒙之，省文耳。不言如初者，見是禮元不在儐禮後也。

右不賓尸尸食之禮

主人洗，酌，酳尸，賓羞肝，皆如儐禮。卒爵，主人拜，祝受尸爵，尸答拜。

自卒爵以下，不蒙如儐禮者，欲與後禮相屬也。凡與儐禮同而重見之者，其意皆然。

右主人酳尸

祝酌，授尸。尸以醋主人，亦如儐。

此與上文所謂儐者，皆前篇室中之事，初非儐禮，乃以儐旗〔一〕文者，以其已入儐之節内故爾。下文放此。

其挼祭，其嘏，亦如儐。

「挼」，亦當作「授」，「挼」去「授」字又差近也。

〔一〕　摛藻堂本改「旗」作「爲」，其校文云：「刊本『爲』訛『其』，今改。」亦知，摛藻堂本所據元刊本「旗」字作「其」。

右尸酢主人

其獻祝與佐食，其位、其薦脀皆如儐。

祝之薦脀如儐，則牢與腊皆髀明矣。祝與儐亦有肝從，不言者，與「佐食」連文，故略之耳。惟言位與薦脀，不及其儀者，可知也。下文類此者皆然。

右主人獻祝及佐食

主婦其洗獻于尸，亦如儐。

此如儐，謂拜送爵以上之禮。

主婦反取籩于房中，執棗、糗，坐設之。棗在稷南，糗在棗南。婦贊者執栗脯，主婦不興，受，設之。栗在糗東，脯在棗東。主婦興，反位。

注曰：反位，反主人之北拜送爵位。

繼公謂：籩位自左而右綪之，變於敦位也。此饋食之禮則四籩者，其饋食之籩與？《周官·籩人職》饋食之籩五，有棗栗無[二]糗脯，蓋「棗」下脱「糗」，「栗」下脱「脯」也。天子、諸侯饋

[二]「無」原作「而」，摛藻堂本改作「無」，當是。

食之籩亦八，當與其豆數同。此從獻之禮，儐則闕之者，詳於堂上，故略於室中，隆殺之宜也。

尸左執爵，取棗、糗。祝取栗脯以授尸，尸兼祭于豆祭。祭酒，啐酒。次賓羞牢燔，用俎，鹽在右。尸兼取燔抨于鹽，振祭，嚌之。祝受，加于肵。

注曰：自主婦反取籩至此，異於儐。

卒爵，主婦拜。祝受尸爵，尸答拜。

右主婦獻尸

祝易爵洗，酌，授尸。尸以醋主婦。主婦主人之北拜受爵，尸答拜。主婦反位，又拜。上佐食綏祭，如儐。卒爵拜，尸答拜。

此夾爵拜，内子正禮也，儐則略之。「綏」亦當作「授」。

右尸酢主婦

主婦獻祝，其酌如儐。拜，坐受爵，主婦主人之北答拜。

如儐，其酌以前之禮。

宰夫薦棗、糗，坐設棗于菹西，糗在棗南。祝左執爵，取棗、糗祭于豆祭。祭酒，啐酒，次賓羞燔，如尸禮。

注曰：自宰夫薦至此，亦異於儐。

繼公謂：內子不薦而使官爲之者，遠下尸，亦大夫禮異也。士禮，主婦薦豆籩於祝。卒爵，主婦受爵，酌，獻二佐食，亦如儐。主婦受爵以入于房，祝卒爵而主婦受，是亦不拜既如儐也。此以上如儐者，皆在前篇。

右主婦獻祝及佐食

賓長洗爵，獻于尸。尸拜受，賓户西北面答拜。爵止。

此三獻爵止之義，與《特牲饋食禮》同。受爵而即止，亦大夫禮異也。

右賓長獻尸爵止

主婦洗于房中，酌，致于主人。主人拜受，主婦户西北面拜送爵。司宫設席。

設席，亦於主人立處之南也。

主婦薦韭菹醢，坐設于席前，菹在北方。婦贊者執棗糗以從，主婦不興，受，設棗于菹北，糗在棗西。佐食設俎，臂、脊、脅、肺皆牢，膚三，魚一，腊臂。

臂，左臂也。腊、臂亦如之。肺，離肺也。脊、脅各一骨，脊、脅之數皆少者，以俎實多故爾，亦遠下尸也。魚一亦横之，與牲腊異。既設俎，主人乃升筵坐，與主婦升筵之節同。

主人左執爵，右取菹，抨于醢，祭于豆間，遂祭籩奠爵，興，取牢肺，坐絶祭，嚌之，興，加于俎。坐挩手，祭酒，執爵以興。坐卒爵，拜。

此籩祭不贊且無從，與士禮異者，其辟尊者之禮與？此牢肺則絶祭嚌之者，各一也，亦卒爵於席者。室中之禮已在席，則宜卒爵於席，不必於拜受之處成禮也。

主婦答拜，受爵，酌以醋，户内北面拜。主人答拜。卒爵，拜。主人答拜。主婦以爵入於房。

李寶之曰：主人不致爵於主婦，異於士。

繼公謂：主婦亦坐祭、立飲而卒爵，此文略也。

右主婦致爵於主人

尸作止爵，

注曰：自爵止至此，亦異於儐。

祭酒，卒爵。賓拜，祝受爵，尸答拜。

尸爵受爵而即止，故於是祭之。於三獻而無從，與士禮異者，其亦辟尊者之禮與？

祝酌，授尸，賓拜，受爵。尸拜送，坐祭，遂飲，卒爵，拜。尸答拜。

此賓受酢，不夾爵拜而卒爵之儀又略，以其間有爵止之事，既變於上，故此儀亦不得同於主人，是與儐少異者也。

右尸作止爵酢賓

獻祝及二佐食。

賓獻祝，亦北面拜。獻佐食，亦西面拜與？上篇此節獻祝不卒爵，又不言獻佐食之禮，此經文略也。其或以主婦獻禮通之與？《特牲禮》曰：「獻祝及佐食，皆如初。」

右賓長獻祝佐食

洗，致爵于主人。主人席上拜，受爵。賓北面答拜。坐祭，遂飲，卒爵，拜。賓答拜，受爵。

主人雖拜於席，亦立受爵，與祝異。

酌，致爵于主婦。主婦北堂，司宮設席，東面。

注曰：賓致爵於主婦，異於儐。北堂，謂立於北堂，即所設席之北也。《特牲記》曰：「宗婦北堂東面，北上。」主婦之席北堂東面，則在宗婦之北也，亦異於儐。此設席，亦北上也。賓尸之禮，席主婦於房中，南面，主婦立於席西，是東上而上左也。此禮設席雖變而東面，亦宜上左，則北上也。

主婦席北東面，拜受爵。賓西面答拜。

席北上，主婦乃拜於席北者，以其先立於此，故由便也。不拜於席南者，其以切近於宗婦長之位故與？

婦贊者薦韭菹醢，菹在南方。

以篇首設豆之例言之，菹在南方，則席北上明矣。

婦人贊者執棗、糗授婦贊者，婦贊者不興，受，設棗於菹南，糗在棗東。

佐食設俎于豆東，羊臑，豕折，羊脊、脅祭，肺一、膚一、魚一，腊臑。

豕折，不言其所用之體，未詳。此肺，嚌羊肺也。曰祭者，誤衍爾。豕折而腊臑者，腊與牲並用，則宜放其尊者。

主婦升筵，坐，左執爵，右取菹，擩于醢，祭之。祭籩，奠爵，興，取肺，坐絕祭，嚌之，興，加于俎。坐挩手，祭酒，執爵，興。筵北東面立，卒爵，拜。賓答拜。賓受爵，易爵于篚，洗，酌醋于主人，户西北面拜。主人答拜。卒爵，拜。主人答拜。賓以爵降奠于篚。

易爵於篚，亦下篚也。自及佐食至此，亦儐之所殺者，其義與上同。自是而後，以至於末獻室中之事，無復如儐者，以内外之禮異故耳。

右賓長致於主人主婦

乃羞，宰夫羞房中之羞。司士羞庶羞于尸、祝、主人、主婦，内羞在右，庶羞在左。

注曰：不賓尸，則祝猶侑耳。

右羞於尸、祝、主人、主婦

主人降，拜衆賓，洗，獻衆賓。其薦脀，其位、其酬醋皆如儐禮。主人洗，獻兄弟與内賓與私人，皆如儐禮。其位、其薦脀，皆如儐禮。

注曰：此與儐同者，在此篇。

繼公謂：此禮長賓之俎其異於儐者，無切肺耳。

右主人獻賓以至於私人

卒，乃羞于賓、兄弟、内賓及私人，辯。

卒，謂皆獻畢也。獻畢即羞之，亦其節之異於儐者。羞者，羞庶羞。

右羞於堂下及房中

賓長獻于尸，尸醋，獻祝，致，醋。賓以爵，降實于篚。

注曰：致，謂致爵於主人、主婦。

疏曰：此次賓長爲加爵也。

繼公謂：此亦洗觚以獻，與《特牲》兄弟長加爵之器同。經見此禮之殺於上者，惟爵不止與不及佐食耳，餘則略之，以其可知故也。此亦衆賓長也，惟言賓長，説見於前。

右次賓獻致

賓、兄弟交錯其酬，無筭爵。

李寶之曰：此兄弟舉觶於其長，亦當如儐禮在羞於私人之後，賓長加獻之，前文不具耳。

繼公謂：此亦儐、不儐同。不言如儐，未詳。《特牲禮》，衆賓長以觶爲加爵於尸，爵止堂下，乃舉觶而旅酬。既作止爵，復旅酬，遂行，無筭爵。大夫賓尸之禮，賓一人舉觶於尸，尸乃行酬，徧及於下，然後在庭者爵無筭。以是二者觀之，則庭中之行觶皆以尸用觶之時爲節也。此於衆賓長以觚加獻之後，而賓兄弟乃舉觶以相酬而爲無筭爵，似非其節，蓋此上之文不具者多矣，固不止如李氏所云也。

右賓兄弟相酬爵無筭

利洗爵，獻于尸。尸醋。獻祝，祝受，祭酒，啐酒，奠之。

奠之，亦北面奠於其筵前也。祭事將畢，其禮漸殺，衆賓長獻不及佐食，故祝於此亦不終其獻，以見己禮亦宜殺之意，是亦異於士。

右上利獻尸祝

主人出，立于阼階上，西面。祝出，立于西階上，東面。祝告於主人，曰：「利成。」祝入，主人降，立于阼階東，西面。尸謖，祝前，尸從，遂出于廟門。祝反，復位于室中。祝命佐食徹尸俎。

祝反，復位於室中，主人亦入於室復位，經有脱文也。

佐食乃出尸俎于廟門外，有司受，歸之。徹阼薦俎。

徹阼薦俎，亦佐食爲之。既徹阼俎，則堂下俎畢出，與特牲禮同也。

右尸出祭禮畢

乃餕，如儐。

注曰：謂上篇自司宫設對席，至上餕興出也。

右餕

卒餕，有司官徹饋，饌于室中西北隅，南面，如饋之設，右几，厞用席。納一尊于室中。厞，扶味反。

注曰：官徹饋者，司馬、司士舉俎，宰夫取敦及豆。佐食不舉羊豕俎，親餕，尊也。古文「厞」作「茀」。

繼公謂：南面，亦大夫禮異。

司宫埽祭。

注曰：埽豆間之祭。舊説云，埋之西階東。

繼公案：舊説謂埋祭於西階東者，據《聘禮》埋幣之處而言也。

右改設

主人出，立于阼階上，西面。祝執其俎以出，立于西階上，東面。司宫闔牖户，祝告利成，乃執俎以出于廟門外。有司受，歸之。衆賓出，主人拜送于廟門外，乃反。

注曰：拜送賓者，亦拜送其長。

婦人乃徹。

言婦人，乃爲徹事也，其事在下。

徹室中之饌。

室中之饌，即改設者也。婦人徹此饌者，爲其當以入於房與？凡徹饌而以入於房者，婦人乃得爲之，不然則否。室中之饋改饌而闔牖户，自闔牖户至此須臾之頃耳。然則改饌之，不爲厭神，益可見矣。

右禮畢

【正誤】

以羊鉶之柶扱羊鉶，遂以扱豕鉶

鄭本「扱」作「挹」。繼公案：上經云「以挹湆」，注曰「今文『挹』皆作『扱』」，皆此經文也。案，《士昏禮》、《聘禮》賓以柶祭醴，二《記》皆云「始扱，一祭」，又《公食大夫禮》曰「扱上鉶以柶，辯擩之，上鉶之間祭」，蓋以柶取物，而祭則必扱之，此亦以柶祭鉶也，宜云扱與彼同，不宜云挹當從今文。

南面立於席西

鄭本無「南面」字。注曰：「今文曰南面立於席西。」繼公謂：宜從今文「入南面」字。

其撫祭

鄭本「撫」作「綏」。注曰：「綏，古文爲『撫』。」繼公謂：此當云「授祭」，綏、撫二字皆誤也。但「撫」於「授」字爲尤近，故宜取其近者。

啐酒皆如尸禮

本云「拜啐酒」。疏曰：或此經「啐酒」之上無拜文。繼公謂：啐酒之上不當有「拜」，今從疏之所謂「或本」者，去「拜」字。

敖繼公儀禮集説後序

《禮》古經十七篇，其十三篇之後皆有《記》，四篇則無之。四篇者，《士相見》、《大射》、《少牢》上、下也。然以意度之，此四篇者未必無一《記》之可言，或者有之而亡逸焉爾。夫《記》者，乃後人述其所聞以足經意者也。舊各置之於其本篇之後者，所以尊經而不敢與之雜也。《漢・藝文志》言《禮》經與《記》各自爲篇數，是班固之時經、《記》猶不相合也。今乃各在其本篇後者，其鄭氏置之與？

朱子作《儀禮通解》，乃始以《記》文分屬於經文每條之下，謂「以從簡便，予作集説」，而於此則不能從也。予非求異於朱子也，顧其勢有所不可耳。何以言之？《儀禮》諸篇之《記》有特爲一條而發者，如《士冠記》云「始冠之緇布冠」之類是也。有兼爲兩條而發者，如《聘記》云「大夫來使無罪饗之過，則餼之」是也。亦有兼爲數條而發者，如《冠記》云「適子冠於阼，以著代也。醮於客位，加有成也」云云之類是也。亦有於經意之外别見他禮者。如《鄉射記》言君射之禮、《士冠記》言無大夫冠禮而有其昏禮、《士昏記》言壻見妻父之類是也。若其但爲一條而發者，固可用《通解》之例矣。非是，則未見其可也。何則？《通解》之書規模大而篇數繁，其記文有不可附於本篇每條之下者，則或於其篇末見之。否則於他篇附之，故雖未必盡如其所謂以從簡便之説，而其於《記》文亦皆包括而無所遺也。然以《記》者之意考之，則亦不爲無少異矣。

予之所撰者，但十七篇之集説耳。若亦用此法，則其所遺者不既多乎？故不若仍舊貫之爲愈，而不敢效朱子《通解》之爲也。魯人所謂以「吾之不可學柳下惠之可」者，吾有取焉爾。夫豈敢有求異之意哉？且夫《易》之爲書也，更四聖而后成。伏羲畫卦爻，文王、周公作卦爻之辭，孔子作《文言》、《彖》、《象》之辭。其始也，四聖之書或前或後，各居一處，不相雜也。後世學者乃各分而合之，以從簡便。及至朱子復釐正之，以復古經之舊。夫《文言》與《彖》、《象》之辭可以附於每卦、每爻之下者也，朱子猶且正之，蓋不欲其相雜也，而况此《記》之文有不可盡入於本篇每條之下者乎？由是言之，則予之不敢用《通解》之法也亦宜矣，又何足怪焉？

大德辛丑仲秋望日，長樂敖繼公書。

附録

一、序、跋及四庫提要

錢大昕《跋儀禮集説》

君善此書不顯于元明之世，自納蘭氏刊入《九經解》而近儒多稱之。其説好與康成立異，而支離穿鑿，似是而非。吾友褚刑部寅亮有《儀禮管見》三卷，攻之不遺餘力矣。《既夕篇》：「薦馬纓，三就入門，北面交轡，圉人夾牽之。御者執策立于馬後，哭成踊，右還出。」「哭成踊」者，主人也，敖氏以爲圉人與御者，引《雜記》「薦馬者哭踊」證之。按彼疏云「馬是牽車爲行之物，行期已至，孝子感之而哭踊」，是哭踊非薦馬者明矣。主人不哭踊而圉人、御者反哭踊，揆諸禮節，必非人情。敖之疏謬如此，乃譏鄭爲「疵多醇少」，豈其然乎？

（清錢大昕撰《潛研堂集》文集卷二十七，上海古籍出版社點校本，1989年11月版）

俞正燮《書儀禮集説少牢二篇後》

敖繼公寂寂焉改變鄭義，而語多陋誤。《少牢饋食》「主婦被錫衣侈袂」，敖云：「『錫』當作『緆』，與『褖』通，褖衣素沙是也。其祭服褖衣而又侈袂，所以甚別于士妻，疑用鄭《周禮·追師》注，而其説不可通。經下文云『主婦贊者一人，亦被錫衣侈袂』，經欲甚抑士妻，又甚尊大夫妻之贊者，必不可通也。」檢鄭證之，則被錫即髲鬄，《詩箋》、《周禮》注引皆作「髲鬄」，蓋有一本如此，鄭注通矣。《少牢饋食》「主人受嘏黍出，宰夫以籩受嗇黍，主人嘗之，納諸内」，敖云：「内，謂籩中。按，《特牲饋食禮》『主人出寫嗇于房，祝以籩受』，是納於籩，主人以歸於東房，與主婦共之。故《特牲》尸不嘏主婦，今《少牢》尸亦不嘏主婦，而主人受嘏，使宰夫將之以去，隔絶倫常，褻棄福胙，必不可通也。」檢鄭證之，則納猶入也，猶《特牲》也，鄭注通矣。《有司徹》「衆賓長其脅體儀也」，敖云：「體儀，謂或體或儀，尊者用體折，卑者但用儀。儀者，其脊若脅之屬歟？下經言『長兄弟之脅折脅一膚一』，則此非折而儀者，惟有膚而已。按，經云『兄弟先生之脅折脅一膚一，其衆儀也』，儀，象也，榦也。膚不象骨，又無榦，以儀爲膚，其義爲失。又《祭統》云『貴者取貴骨，賤者取賤骨。貴者不重，賤者不虚。此何得虚之？必不可通也。」檢鄭證之，則云尊體盡，儀度餘骨，可用而用之，尊者則用尊體，卑者用卑體而已，鄭注通矣。敖何故必以不通之説改之？非常情所能測度。嘉慶戊寅冬初阜陽書。

（清俞正燮撰《俞正燮全集》第一册《癸巳類稿》卷三，黄山書社點校本，2005年9月版）

周中孚論《儀禮集説》十七卷

繼公字君美，長樂人。家於湖州，趙孟頫嘗從受業。後以江浙平章高彦敬薦，授信州教授。《四庫全書》著録，倪氏、錢氏《補元志》，焦氏《經籍志》，朱氏《經義考》俱載之。前有大德辛丑自序，稱此書舊有鄭康成注，然其間疵多而醇少，學者不察也。予今輒删其不合於經者而存其不謬者，意義有未足，則取疏記或先儒之説以補之。又未足，則附之以一得之見焉，因名曰《儀禮集説》。又於《喪服傳》卷後識云：「今考傳文，其發明禮意者固多，而其違悖經義者亦不少。然則此傳亦豈必皆知禮者之所爲乎？而先儒謂乃得之子夏，過矣。」案，禮是鄭學，無取妄滋異端，君美務加詆訾，未免沿宋學氣習。然其於鄭注，有所去取而無所攻擊，其中所改經字，亦皆各有所本。其詳每卷後正誤條内，知非出於臆改。雖以《喪服傳》爲非子夏所作，而仍依其舊次，不敢妄有釐正云。末又有自撰後序，納喇容若取元本重刊，復爲之序。

（周中孚撰《鄭堂讀書記》卷四「經部」三之二，民國《吴興叢書》本）

《四庫全書總目·儀禮集説提要》

《儀禮集説》十七卷，元敖繼公撰。繼公字君善，長樂人，家於吳興。趙孟頫嘗從受業，後以江浙平章高彦敬薦，授信州教授。是書成於大德辛丑，前有自序稱：「鄭康成注疵多而醇少，删其不合于經者，意義有未足，則取疏記，或先儒之説以補之；又未足，則附以一得之見。又疑《喪服傳》違悖經義，非子夏作，皆未免南宋末年務詆漢儒之餘習。然於鄭注之中録其所取而不攻駁所不取，無吹毛索垢、百計求勝之心，蓋繼公於禮所得頗深，其不合于舊説者不過所見不同，各自抒其心得，初非矯激以爭名，故與目未睹注、疏之面而隨聲佐鬭者有不同也。且鄭注簡約，又多古語，賈公彦疏尚未能一一申明，繼公獨逐字研求，務暢厥旨，實能有所發揮，則亦不病其異同矣。卷末各附正誤，考辨字句頗詳，知非徒騁虚詞者。其《喪服傳》一篇以其兼釋《記》文，知作於《記》後。又疑爲鄭康成散附經、《記》之下，而不敢移其舊第。又十三篇後之《記》，朱子《經傳通解》皆割裂其語，分屬經文各條之下。繼公則謂諸篇之記有特爲一條而發者，有兼爲兩條而發者，有兼爲數條而發者，亦有於經義之外别見他禮者，不敢移掇其文，失《記》者之意。自比於以魯南子之不可，學柳下惠之可，卷末特爲後序一篇記之，則繼公所學猶有先儒謹嚴之遺，固異乎王柏、吳澄諸人奮筆而改經者也。

（清永瑢等撰《四庫全書總目》卷二十「經部」，中華書局影印本，1965年6月版）

《四庫全書簡明目録·儀禮集説提要》

《儀禮集説》十七卷，元敖繼公撰。其書於鄭注有所去取而無所攻擊，於鄭注字句隱奥者爬抉詮釋，較賈疏頗爲分明。其知《喪服傳》當改附《記》後，而不敢移其舊第，亦漢唐諸儒篤實之遺，非悍然移易經文者比。

（清永瑢等撰《四庫全書簡明目録》卷二「經部四·禮類」，上海古籍出版社點校本，1985年1月版）

二、傳、學案

《元史類編》卷三十四《敖繼公傳》

敖繼公（原注：《烏程縣志》作「翁」），字君善，福州長樂人。後寓家吴興，築一小樓，坐卧其中。冬不爐，夏不扇，日從事經史。吴下名士多從之游，趙孟頫其弟子也。初仕定成尉，以父任當補京官，讓於弟。尋擢進士對策，忤時相，遂不仕，益精討經學。嘗以魯高堂生傳《士禮》十七篇，即今《儀禮》也。生之傳既不存，而王肅、袁準、孔倫、陳銓、蔡超宗、田僧紹諸家注亦未流傳於世，鄭康成舊注《儀禮》疵多醇少，學者不察。因復删定取賈疏及先儒之説補其闕，又未足，附以己意，名曰《儀禮集説》，凡十三卷。其序曰：……

成宗大德中，以江浙平章高彦敬（原注：一作顯卿）薦，擢信州教授，未任而卒。有倪淵者，字仲深，烏程人。嘗受業於繼公，得《禮經》、《易》數之奥。平居動必以禮，著《易説》二十卷、《圖説》、《序例》各一卷，官湖州教授。

（清邵遠平撰《元史類編》，清康熙三十八年原刻本）

《宋元學案·教授敖先生繼公學案》

敖繼公字君善，長樂人，後寓家吴興，築一小樓，坐卧其中。冬不爐，夏不扇，日從事經史。初仕定成尉，以父任當補京官，讓于弟。尋擢進士對策，忤時相，遂不仕，益精討經學。嘗以魯高堂生傳《士禮》十七篇，即今《儀禮》也，生之傳既不存，而王肅、袁準、孔倫、陳銓、蔡超宗、田僧紹諸家注亦未流傳于世，鄭康成舊注《儀禮》疵多醇少，學者不察，因復删定，取賈疏及先儒之説補其闕，猶未足，附以己意，名曰《儀禮集説》，凡十七卷。成宗大德中，以江浙平章高彦敬薦，（雲濠案：「高彦敬」一作「高顯卿」。）擢信州教授，未任而卒。……

敖氏門人：主簿倪文静先生淵、文敏趙松雪先生孟頫，别見《雙峰學案》。倪氏門人敖氏再傳：縣尹楊鐵崖先生維楨。

（清黄宗羲撰《宋元學案》卷五十二，中華書局點校本，1986年12月版）

《閩中理學淵源考·教授敖君善先生繼公》

敖繼公字君善，長樂人。後寓家吴興，築一小樓，坐卧其中。冬不爐，夏不扇。出入進止，皆有常度。日從事經史，吴下名士多從之游。初仕定成尉，以父任當補京官，讓於弟。尋擢進士對策，忤時相，遂不仕。益精討經學，而尤長於三禮。嘗以魯高堂生傳《士禮》十七篇即今《儀禮》也，生之傳既不存，而王肅、袁準、陳銓、蔡超宗、田僧紹諸家注亦未流傳於世，鄭康成舊注《儀禮》疵多醇少，學者不察，因復删定，取賈疏及先儒之説，補其闕文，附以己見，名曰《儀禮集説》，凡十七卷。成宗大德中，以江浙平章高彦敬薦，擢信州教授，未任卒。趙孟頫、倪淵皆師事之。

（清李清馥撰《閩中理學淵源考》卷三十五，《文淵閣四庫全書》本）

《儀顧堂集》卷十四《湖州府志》「人物傳·寓賢」《敖繼翁傳》

敖繼翁一作公字君善，長樂人。寓居湖州，築一小樓。冬不爐，夏不扇。邃於經術，規行矩步。吴下名士咸出其門，菰城文獻趙孟頫師事之。平章高顯卿薦於朝，授信州教授，命下而卒。所著有

《儀禮集説》。

（清陸心源撰《儀顧堂集》卷十四，《續修四庫全書》第1560册影印清光緒刻本）

《新元史》卷二百三十五《敖繼公列傳》

敖繼公字君善，福州長樂人。後寓平江，築一小樓，坐卧其中。日從事于經史，趙孟頫其弟子也。初爲定成尉，以父任當得京官，讓于弟。尋擢進士，對策忤時相，遂不仕，著《儀禮集説》十三卷。大德中以高克恭薦，授信州教授，未仕而卒。

（柯劭忞撰《新元史》，開明書店1935年版）

三、清人評論輯要

梁章鉅論《儀禮集説》

《儀禮》不特經難讀，即注疏亦難讀。鄭注簡約，又多古語。賈疏繁贍而傷於蕪蔓，端緒亦不易尋。《朱子語録》且苦其不甚分明，何况餘子？蓋《周禮》猶可談王談霸，《禮記》猶可言敬言誠，《儀禮》則全爲度數節文，非空辭所可敷演。故講學者避而不道，淺學者又欲言而不能。今欲爬梳剔抉，使條理秩然，不復以辭義轇轕爲病。方於後學有功，則宋魏了翁之《儀禮要義》、元敖繼公之《儀禮集説》、我朝張爾岐之《儀禮鄭注句讀》、吴廷華之《儀禮章句》，皆可稱善本。

（清梁章鉅撰《退庵隨筆》卷十「五讀經二」，江蘇古籍廣陵刻印社影印本，1997年12月版）

沈欽韓《書〈讀禮通考〉》論敖繼公《儀禮集説》

崑山徐原一《讀禮通考》淹貫該洽，蓋自杜佑以後未有之書也。……徐氏于是書，凡有異論，採摭靡遺。其推元之敖繼公爲尤至，若欲祧鄭而祖敖，異矣哉！余謂敖氏穿窬之黠者耳。其説《儀禮》，大約與鄭異同參半，同者固已攘取之而乾没其本來，異者又不欲訟言之。若疑讞所自及，設陽捭陰闔之文，堅似是而非之説，使人不以爲空疏，反以爲達禮，墮其雲霧而不之覺。然有識者觀之，撏撦割裂，辟戾衡決，呷嗄歎嗚，潦倒龘沾，等諸下里僞物而已。其幸存至今，適丁厭故喜新之會，兼爲《儀禮》者至少，學士大夫不暇治經，何從而衡其淺深得失哉！然儇給者遂欲以積薪處之，是一手而掩萬目也。徐氏綜數千年之大典，爲實事求是之學，而以巵言弔詭殽其間，亦狃于俗習而不之思爾。如吕坤之書號爲《四禮疑》者，則舍儒而攻聖者也，如之何而列之也？

（清沈欽韓撰《幼學堂詩文稿》「文稿卷二」，清嘉慶十八年刻道光八年增修本）

王士讓論《儀禮集説》

歷代訓釋有百餘家，今存者如漢末鄭康成之注，唐初賈公彦之疏，宋聶崇義之《三禮圖》，陳祥道之《禮書》，朱子、黄勉齋、楊信齋合成之《儀禮經傳通解》，元敖繼公之《儀禮集説》，其最著也。

（清王士讓撰《儀禮紃解》卷一「序」，乾隆三十五年張源義刻本）

褚寅亮《儀禮管見·自序》論《儀禮集説》

至敖氏繼公著《儀禮集説》一編，自謂：於鄭注之不合於經者，删之；意義有未足，則取先儒之説補之；又未足，則附以己見。其致力亦云勤矣，用心亦良苦矣。然爲之反復而紬繹焉，其意似不專主解經而維在與康成立異。特含而不露，使讀之者但喜其議論之創獲，而不覺其有排擊之跡。由是後之言禮家，主鄭者十之一二，主敖者乃十之八九矣。究之以敖氏之説，深按經文，穿鑿支離，破碎滅裂，實彌近似而大亂真。又其甚者，於説有不通處，則改竄經文以遷就其辭，毋乃近於無忌憚乎？夫鄭氏之注《儀禮》，簡而核，約而達，精微而廣大，禮家莫出其範圍。一旦敖氏之説行，而使人舍平平之正道，轉入於歧趨，竊恐鄭學晦而《禮經》之文亦將從是而晦矣！不揣檮昧，摭敖説之故與鄭違而實背經訓者，一一訂而正之。其指摘偶有一二條可採者，亦間附焉。

（清褚寅亮撰《儀禮管見》卷前序三，《續修四庫全書》第88册，影印清乾隆刻本）

錢大昕《儀禮管見序》論《儀禮集説》

三禮之有鄭注，所謂懸諸日月不刊之書也。……至元吴興敖君善出，乃詆爲疵多醇少。其所撰《集説》雖云采先儒之言，其實自注疏而外皆自逞私意，非有所依據也。然自敖氏之説興，綴學者厭注疏之繁而樂其易曉，往往舍古訓而從之。近儒方侍郎苞、沈徵士彤亦頗稱其善，予雖不敢以爲然，而所得膚淺，間有駁正，僅百之一二耳。

同年友褚君鶴侶于經學最深，持論最平，從事禮經者幾三十年，乃確然知鄭義之必可從，而敖説之無所據。嘗謂予曰：「君善意似不在解經，而專與鄭立異。特其言含而不露，若無意于排擊者，是以入其玄中而不悟。至于説有不通，甚且改竄經文以曲就其義，不幾于無忌憚乎？」予益拊掌嘆服，以爲篤論，然未得讀其全稿也。……敖書今雖未大行，然實事求是之儒少，而喜新趨便之士多，不亟辭而闢之，恐有視鄭學爲可取而代者，而成周制作之精意益以茫昧，則是編洵中流之砥柱矣夫！

（清錢大昕撰《潛研堂集》文集卷二十四，上海古籍出版社點校本，1989年11月版）

王鳴盛《儀禮管見序》論《儀禮集説》

近日萬充宗、沈冠雲於鄭注亦多所糾駁，至張稷若、馬德淳但粗爲演繹，其於敖氏之似是而非均未能正其失，以明鄭學之精也。吾友褚先生搢升冷面隔俗，沉思好古，著《儀禮管見》三卷。於敖氏洞見其癥結，驅豁其雺霧。宛然而入，劃然以解。嘻！先生豈好辨哉？辨敖氏之失，而鄭氏之精乃明，抑其特爲鄭氏之功臣哉！所以欲明鄭氏之精者，正爲鄭注明而經義乃明也。其自序謂：「敖之意不專在解經，而惟在與鄭立異。及其説有不通，則改竄經文以遷就其詞。」此言可謂切中敖氏之病，微先生之詳審、善讀書，何由發其覆耶？

（清褚寅亮撰《儀禮管見》卷前序一，《續修四庫全書》第88册，影印清乾隆刻本）

四庫館臣《儀禮義疏提要》論《儀禮集説》

《儀禮》至爲難讀，鄭注文句古奥，亦不易解。又全爲名物度數之學，不可以空言騁辯，故宋儒多避之不講。即偶有論述，亦多不傳。惟元敖繼公《儀禮集説》疏通鄭注而糾正其失，號爲善本。故是編大旨以繼公所説爲宗，而參核諸家以補正其舛漏。……所分章段則多從朱子《儀禮經傳通解》，而以楊復、敖繼公之説互相參校。

（清永瑢等撰《四庫全書總目》卷二十「經部」，中華書局影印本，1965年6月版）

曹元弼《駁胡氏申敖繼公「爲人後者爲本宗服」説》

敖繼公之説，非背經反傳，不通之極者乎？奈何後儒不審，降其小宗之義，竟舉謬説而堅信之，以爲非是無以尊大宗也。……胡氏力宗敖説，轉斥注義爲非，未免昧於所蔽矣。……惟始作俑之繼公，則意在駁注而忍於絶小宗，誣經旨，背《傳》文，無所忌憚。學者以繼公爲有無親之心，而後有非聖之説，故力闢之以正人心。

（清曹元弼撰《復禮堂文集》卷四，清宣统丁巳刊本）

曹元弼《禮經纂疏序》駁敖繼公《儀禮集説》

元明之際，經術荒蕪。學者名宗朱子，而於朱子深信篤好之《禮經》束之不讀。妄人敖繼公，襲王肅故智，務與鄭立異。或隱竊疏義而小變之，即成巨謬。改竄經文，以就其私。郝敬繼之，重悖貤謬，狂妄之極。至於詆經，當時無有能正言力辨之者，蓋聖經雖存若亡矣。

（清曹元弼撰《復禮堂文集》卷四，清宣统丁巳刊本）

張鑒《儀禮集編序》論《儀禮集説》

《儀禮》一書於諸經中通習者固少，而流傳者尤不多。……《元史》不列志，今所存者亦止有敖繼公《集説》、吴澄《逸經》及傳、汪克寬《禮經補逸》三者。明人於經訓尤鹵莽，故今傳者無一人，則甚已讀者難而傳者之不易也。

（清張鑒《冬青館集》乙集卷五，民國《吴興叢書》本）

朱景英《三禮授受考》論《儀禮集説》

元初又有敖繼公《儀禮集説》十七卷，則與《通解》異。有識者恒以細密精確稱之，其書殆不可湮没已。

（清朱景英撰《畬經堂詩文集》之《文集》卷二，清乾隆刻本）

皮錫瑞論《儀禮集説》

敖繼公《儀禮集説》疏解頗暢，惟詆鄭注疵多醇少，近儒褚寅亮、錢大昕、俞正燮已駁正之。

（清皮錫瑞《經學通論》，中華書局，1954年10月版）

趙爾巽《清史稿·褚寅亮傳》論《儀禮集説》

惟敖繼公《集説》多巧竄經文，陰就己説，後儒苦經注難讀，喜其平易，無疵之者。萬斯大、沈彤於鄭注亦多所糾駁，至張爾岐、馬駉但粗爲演繹，其於敖氏之似是而非，均未能正其失也。寅亮著《儀禮管見》三卷，放敖氏洞見其癥結，驅豁其雺霧。

（趙爾巽撰《清史稿》卷四百八十一《儒林傳二》，中華書局點校本，1977年12月版）

圖書在版編目(CIP)數據

儀禮集説／（元）敖繼公撰;何俊主持整理;孫寶點校.
—上海：上海古籍出版社，2017.12
（“馬一浮編選《群經統類》”整理叢書）
ISBN 978－7－5325－8393－5

Ⅰ.①儀…　Ⅱ.①敖…　②孫…　Ⅲ.①禮儀—中國—古代　Ⅳ.①K892.9

中國版本圖書館CIP數據核字(2017)第058954號

儀禮集説
[元] 敖繼公　撰
孫　寶　點校
上海古籍出版社出版、發行
（上海瑞金二路272號　郵政編碼200020）
(1) 網址：www.guji.com.cn
(2) E-mail：gujil@guji.com.cn
(3) 易文網網址：www.ewen.co
南京展望文化發展有限公司排版
常熟市人民印刷有限公司印刷
開本890×1240　1/32　印張35.25　插頁14　字數711,000
2017年12月第1版　2017年12月第1次印刷
印數：1—1,500
ISBN 978－7－5325－8393－5

B·994　定價：186.00元
如發生質量問題，讀者可向工廠調换